HERMES

在古希腊神话中，赫耳墨斯是宙斯和迈亚的儿子，奥林波斯神们的信使，道路与边界之神，睡眠与梦想之神，亡灵的引导者，演说者、商人、小偷、旅者和牧人的保护神……

西方传统 经典与解释 **HERMES**
Classici et Commentarii
柏拉图注疏集
刘小枫 甘阳 ● 主编

克力同章句
Notes and Commentaries on Plato's Crito

程志敏 郑兴凤 | 撰

华夏出版社

教育部哲学社会科学研究后期资助项目（12JHQ011）最终成果

"柏拉图注疏集"出版说明

"柏拉图九卷集"是有记载的柏拉图全集最早的编辑体例,相传由亚历山大时期的语文学家、数学家、星相家、皇帝的政治顾问忒拉绪洛斯(Θράσυλλος)编订,按古希腊悲剧的演出结构方式将柏拉图所有作品编成九卷,每卷四部(对话作品三十五种,书简集一种,共三十六种)。1513年,意大利出版家Aldus出版柏拉图全集,被看作印制柏拉图全集的开端,遵循的仍是的忒拉绪洛斯体例。

可是,到了十八世纪,欧洲学界兴起疑古风,这个体例中的好些作品被判为伪作;随后,现代的所谓"全集"编本跌出,有31篇本或28篇本,甚至24篇本,作品前后顺序编排也见仁见智。

俱往矣!古典学界约在大半个世纪前已开始认识到,怀疑古人得不偿失,不如依从古人受益良多。回到古传的柏拉图"全集"体例在古典学界几乎已成共识(Les Belles Lettres 自上世纪二十年代始陆续出版的希法对照带注释的 *Platon Œuvres complètes* 以及 Erich Loewenthal 在上世纪四十年代编成的德译柏拉图全集均为36种+托名作品7种),当今权威的《柏拉图全集》英译本(John M. Cooper 主编,*Plato, Complete Works*, Hackett Publishing Company 1984, 不断重印)即完全依照"九卷集"体例(附托名作品)。

"盛世必修典"——或者说,太平盛世得乘机抓紧时日修典。对于推进当今中国学术来说,修典的历史使命当不仅是续修中国古代典籍,同时得编修古代西方典籍。中山大学比较宗教研究所属内的

"古典学研究中心"拟定计划,推动修译西方古代经典这一学术大业。我们主张,修译西典当秉承我国清代学人编修古代经典的精神和方法——精神即:敬重古代经典,并不以为今人对世事人生的见识比古人高明;方法即:翻译时从名家注疏入手掌握文本,考究版本、广采前人注疏成果。

"柏拉图注疏集"将提供足本汉译柏拉图全集(36 种 + 托名作品 7 种),篇序从忒拉绪洛斯的"九卷集"。尽管参与翻译的译者都修习过古希腊文,我们主张,翻译柏拉图作品等古典要籍,当采注经式译法(即凭靠西方古典学者的笺注和义疏本迻译),而非所谓"直接译自古希腊语原文"(如此注疏体柏拉图全集在欧美学界亦未见全功,德国古典语文学界于 1994 年开始着手"柏拉图全集:译本和注疏",体例从忒拉绪洛斯,到 2004 年为止,仅出版不到 8 种;Brisson 主持的法译注疏体全集,九十年代初开工,迄今未完成一半)。

柏拉图作品的义疏汗牛充栋,而且往往篇幅颇大。这个注疏体汉译柏拉图全集以带注疏的柏拉图作品为主体,亦收义疏性质的专著或文集。编译者当紧密关注并积极吸取西方学界的相关成果,不急欲求成,务求踏实稳靠,裨益於端正教育风气、重新认识西学传统,促进我国文教事业的新生。

古典文明研究工作坊
2005 年元月

柏拉图注疏九卷集篇目

卷一
1. 游叙弗伦（顾丽玲 译）
2. 苏格拉底的申辩（吴飞 译）
3. 克力同（程志敏 译）
4. 斐多（刘小枫 译）

卷二
1. 克拉提洛斯（刘振 译）
2. 泰阿泰德（贾冬阳 译）
3. 智术师（柯常咏 译）
4. 治邦者（张爽 译）

卷三
1. 帕默尼德（曹聪 译）
2. 斐勒布（李致远 译）
3. 会饮（刘小枫 译）
4. 斐德若（刘小枫 译）

卷四
1. 阿尔喀比亚德前篇（梁中和 译）
2. 阿尔喀比亚德后篇（梁中和 译）
3. 希普帕库斯（胡镓 译）
4. 情敌（吴明波 译）

卷五
1. 忒阿格斯（刘振 译）
2. 卡尔米德（彭磊 译）
3. 拉克斯（罗峰 译）
4. 吕西斯（黄群 译）

卷六
1. 欧绪德谟（万昊 译）
2. 普罗塔戈拉（刘小枫 译）
3. 高尔吉亚（李致远 译）
4. 美诺（郭振华 译）

卷七
1. 希琵阿斯前篇（王江涛 译）
2. 希琵阿斯后篇（王江涛 译）
3. 伊翁（王双洪 译）
4. 默涅克塞诺斯（李向利 译）

卷八
1. 克利托普丰（张缨 译）
2. 王制（史毅仁 译）
3. 蒂迈欧（叶然 译）
4. 克里提阿（叶然 译）

卷九
1. 米诺斯（林志猛 译）
2. 法义（林志猛 译）
3. 厄庇诺米斯（程志敏/崔嵬 编译）
4. 书简（彭磊 译）

杂篇　（唐敏 译）

（篇名译法以出版时为准）

目　录

前言 · 1
缩写 · 5

柏拉图 克力同 · 7

《克力同》章句 · 23
题解 · 25
序幕 · 29
　　一、探视与寒暄（43a1–43c3） · · · · · · · · · · · 29
　　二、噩耗与美梦（43c4–44b4） · · · · · · · · · · · 41
第一章　劝说 · 59
　　三、名声与意见（44b5–44c5） · · · · · · · · · · · 61
　　四、大众与贤能（44c6–44d10） · · · · · · · · · · 68
　　五、友谊与钱财（44e1–45c4） · · · · · · · · · · · 78
　　六、责任与救赎（45c5–46a8） · · · · · · · · · · · 95
第二章　回应 · 120
　　七、原则与道理（46b1–47a8） · · · · · · · · · · 120
　　八、专家与生活（47a9–48a4） · · · · · · · · · · 140
　　九、高贵与正义（48a5–49a3） · · · · · · · · · · 152
　　十、正义金规则（49a4–49e8） · · · · · · · · · · 169

第三章　法律 ····································· 184
十一、恩典与驯服（49e9–51c5）············· 184
十二、权利与选择（51c6–53a7）············· 215
十三、越狱的危害（53a8–54b1）············· 247
十四、结论与诫命（54b2–54d1）············· 267

尾声 ··· 274
十五、神明的指引（54d2–54e2）············· 274

附录　人物志 ···································· 280

前　言

我们究竟应该如何着手研读柏拉图？

柏拉图的传世作品（包括所谓的伪作）共有 35 部，另有 13 篇书信，合算一篇，则总共有 36 部。古罗马皇帝 Tiberius 的监天正忒拉叙洛斯（Thrasyllus）按照古希腊戏剧编排方式，把柏拉图的著作全部编排成"四联剧"的形式，共得九部。忒拉叙洛斯的编排顺序，显然不是柏拉图著作的"成书"或写作顺序，而是阅读或学习柏拉图著作的顺序。而且我们完全可以推想，忒拉叙洛斯的这种编排方法，显然是有根据的。一方面，柏拉图的著作本身就是"戏剧"，忒拉叙洛斯按照"四联剧"的方式来排列，正好符合柏拉图著作的外在形式——柏拉图著作首先不是"哲学"或"政治"、"法律"著作，这种"四联剧"的编排能够让我们更好地进入柏拉图著作。另一方面，忒拉叙洛斯的编排也许不是他一个人的理解，很可能是"时代精神的精华"，甚至更可能受到了柏拉图学园门人的指点——柏拉图学园在当时几乎是西方惟一活跃的"高等学府"（其余如漫步学派、花园学派和廊下学派等都远远无法跟柏拉图学园相比），或者说，由于柏拉图学园的巨大影响，忒拉叙洛斯的排列方式在当时已经是一个"常识"。

在忒拉叙洛斯的体例中，第一部四联剧是《游叙弗伦》、《苏格拉底的申辩》、《克力同》和《斐多》，这个单元谈论的是"虔敬"、"义务"和"灵魂"，首先要求研读者"诚心"和"正意"，此乃为学第一要务。接下来才是《克拉提洛斯》、《泰阿泰德》、《智术师》和《治邦者》，这个单元谈论的是"知识"，也就是"格物致知"，接下来直到第八单元的《王制》和第九单元的《法义》，最终完成了柏拉图"修齐治平"的大（哲）学体系。

　　从这个顺序来看，首先学会如何做人，就成了最恰当的入学进路。《克力同》在第一部四联剧中，上接《苏格拉底的申辩》，下启《斐多》，从故事情节和基本内容上说，延续了《苏格拉底的申辩》中的主题：苏格拉底这位遭人诬陷的哲人其实是一个好公民，他没有引入新神，也没有不信仰城邦所信的神，更没有败坏青年。苏格拉底由此而遭死刑判决，在狱中等待执行。在此期间，殷实的老友克力同来劝他逃跑，苏格拉底义正词严而又委婉客气地拒绝了朋友们的好意，表现出一个哲人顾全大局的胸怀，身体力行地教导人们任何时候都要做一个奉公守法的公民，这就是《克力同》的内容。接下来，苏格拉底在生命中的最后一天里向自己的后辈学生们讲授了最后一堂课（见《斐多》）："灵魂不死"以及自己的"再次起航"。哲人从容走完自己的人生，以此向世人指点"人应该如何活着"——这也是柏拉图著作的核心主旨。

　　翻译各有不同的目的，相应地也就有各种不同的方法，甚至学科上的差异也会严重影响到翻译的结果，比如，从哲学的角度翻译柏拉图的《斐多》，大至文意，小至遣词造句，都必定与"文学"的或"宗教"的翻译大相径庭，甚至在个别地方还会针锋相对。但不管哪个实质性的学科，都必须以词语句读为基础，也就是以"语文"为出发点，否则任何高明的解读都只能是自说自话。正是出于这种考虑，我选取了一个最基本的角度来翻译这本内容涉及政治、法律、哲学（政治哲学）、伦理、宗教甚至文学的作品，那就是，尽量按照古典语文学的要求，忠实地、甚至笨拙地传达原文的意思。我不敢肯定柏拉图在哪个地方会有怎样的深意，最保险的办法便是尽可能保持自己的"无知"，因而也可能最没有"偏见"或"先入之见"——尽管无法彻底摆脱"成见"，但并不因此就可以随意"六经注我"。尽可能少地"以讹传讹"，大概是翻译的基本伦理。

　　因此，我们在翻译的时候尽量贴近原文。而对于精思明辨的学者来说，如此死板的翻译虽然难看，却不会干扰他们的理解。译者最不愿做的事情，就是越俎代庖为每一个学者固化经典的内涵。译者不管外语水平如何，都没有资格以一己孔见左右他人判断。尤其对经典来说，原作者在文中或许埋藏了重要信息，译者无权随随便便把这些看似不起眼的东西丢弃掉。正如本书的初衷一样，既然是经典的翻译以及通过经典来提升古典语文修养，那么就不必太过追求流畅，尽可能忠实地传递出原作者的意思，恰恰是为了给高明的读者以更大的解释空间。译者必须为"说者无意、听者有心"的思想滋生之路，留下足够的可能性。何况，说者有意，听者更应该留心。

本书的希腊原文依据 John Burnet 编校牛津古典文本《克力同》原文第一版（OCT[1]），另外参照了 H. N. Fowler 的 Loeb 古典丛书希英对照本中的希腊文，也参考了 J. G. Stallbaum、C. S. Stanford、J. Adam、C. Emlyn-Jones、L. Dyer、W. S. Tyler 和 F. Schleiermacher 等的数个希腊原文版本。由于柏拉图著作希腊文抄本中的巴黎抄本、威尼斯抄本和伦敦抄本等文献之间存在很大的差异，几乎每一行希腊文都有异文现象，我们采用了校勘极为精细也最为权威的牛津本为底本。

本书在翻译时参考了严群、王太庆、王晓朝的中译文，参考了 R. E. Allen、H. N. Fowler、D. Gallop、G. M. A. Grube 和 H. Trednenick 的英译文，参考了 F. Schleiermacher、Otto Apelt 的德译文。本书的翻译主要以八个注疏本为基础，在这些古典学家解读的指引下，仔细研究他们的心得体会，最终落笔。在翻译过程中，由于无法直接吃透歧义丛生的希腊原文，笔者往往先翻译各家的注疏，充分搞懂每一个词的具体含义以及它们在当前语境中的特殊用法后，才回过头翻译正文，以保证译文的质量。

笔者收集了《克力同》的八个注疏本（不包括如 Otto Apelt 等译本中的简注），对它们进行求同存异、去粗取精的整理工作，在比较和鉴别后，采用了自认为最为恰当的注疏，把它们翻译过来，以帮助读者理解。这个工作甚至比直接从希腊文翻译柏拉图的著作更为复杂，也更为重要，因此，本书的主要精力都放在了注疏上。对于经典著作的翻译来说，如果没有西人注疏的帮助，一方面，译者无法准确把握原文的含义，另一方面，读者也不能真正读懂和领会经典的精髓。仅有经典的译文，是远远不够的。引入西方经典的第一个阶段当然以原文的翻译为主，但目前我国的西学的引介已经达到一定的高度，急需西方扎实的注疏成果来帮助我们推进西学的研究。

在众多注疏本中，W. S. Tyler 和 L. Dyer 的注疏最为简单，J. Adam 和 J. Burnet 的注疏最受学界关注，影响也最大，C. S. Stanford 的注疏较为古雅，而最为重要的当数 J. G. Stallbaum 的注疏，这位德国著名古典学家、柏拉图研究专家用拉丁文来注疏柏拉图的希腊原文，可谓功力深厚，他在注疏中已经指出了文艺复兴时期的柏拉图学者 M. Ficino 的诸多错误。笔者在注疏过程中，对西人的少量"注"进行了解释，称之为"疏"，另外还加上了自己的一些理解，以"按"的形式放在每一条注疏末尾。最后，笔者按照传统学问的做法，参照西人的研究，将《克力同》及其注疏进行了"章句"化处理，为每一章节加上了自拟的标题。最后，特别感谢黄薇薇博士对部分章节的辛勤校对，也感谢李致远博士的订正。

缩　写

译本

严群=《游叙弗伦 苏格拉底的申辩 克力同》，严群译，商务印书馆 1983 年
水建馥=《古希腊散文选》，水建馥译，人民文学出版社 2000 年
王晓朝=《柏拉图全集》，王晓朝译，第一卷，人民出版社 2002 年
王太庆=《柏拉图对话集》，王太庆译，商务印书馆 2004 年
A 译= R. E. Allen. *Socrates and legal obligation*. Minneapolis: University of Minnesota Press, 1980.
F 译 = H. N. Fowler. *Plato: Euthyphro Apology Crito Phedo Phaedrus*. Cambridge: Harvard University Press, 1914（即 Loeb 丛书）.
Ga 译 = D. Gallop. *Plato: Defence of Socrates, Euthyphro, Crito*. Oxford University Press, 1997.
Gr 译 = G. M. A. Grube. Crito. In J.M. Cooper (ed.). *Plato: Complete Works*. Indianapolis: Hackett Publishing Company, 1997.
Ap 译 = Otto Apelt. *Platon Saemtliche Dialoge*. Hamburg: Felix Meiner Verlag, 2004.
S 译 = F. Schleiermacher. *Platon Saemtliche Werke in zehn Baenden*. Frankfurt am Main: Insel Verlag, 1991.
T 译 = H. Trednenick. Crito. In E. Hamilton and H. Cairns (eds.). *The Collected Dialogues of Plato*. Princeton University Press, 1963.

注疏本

A 注 = J. Adam. *Platonis Crito*. Cambridge University Press, 1888.
B 注 = J. Burnet. *Plato's Euthyphro, Apology of Socrates and Crito*. Oxford: Clarendon Press, 1924.

D 注 = L. Dyer. *Plato: Apology of Socrates and Crito*. Revised by T. D. Seymour. Boston: Ginn & Company, 1908.

E 注 = C. Emlyn-Jones. *Plato: Crito*. London: Bristol Classical Press, 1999.

G 注 = D. Gallop. *Plato: Defence of Socrates, Euthyphro, Crito*. Oxford University Press, 1997.

S 甲注 = J. G. Stallbaum. *Platonis Apologia et Crito*. London: Gothae Sumptibus Fridericae Hennings, 1846. cf. Platon: *The Aology of Socrates, the Crito and part of the Phaedo*. London: Taylor Walton and Maberly, 1852.

S 乙注 = C. S. Stanford. *Plato's Apology of Socrates, Crito and Phaedo*. Dublin: William Curry, Jun., and Company, 1834.

T 注 = W. S. Tyler. *Plato's Apology and Crito*. New York: D. Appleton and Company, 1866.

克力同

——或论义务；伦理的

柏拉图　著

苏=苏格拉底　　克=克力同

苏：[43a]你怎么这个时候就来了，克力同？不是还早吗？

克：的确还早。

苏：大概什么时候了？

克：凌晨拂晓前。

苏：[a5]我很惊讶，那位监狱的守卫怎么愿意应你开门。

克：我现在跟他已经很熟了，苏格拉底啊，进进出出那么多回，而且我还给了他一点点好处。

苏：你是刚到，还是来了一阵子？

克：[a10]好一阵子了。

苏：[43b]那你咋不马上就叫醒我，反倒静悄悄坐在一旁？

克：凭宙斯起誓，我才不会呢，苏格拉底，我自己都不愿陷在那样的失眠和痛苦之中啊。不过，看你睡得那么香甜，倒让我[b5]惊讶了好一阵子，所以我才故意没叫醒你，好让你尽情享受最安逸的时光。我过去多次为你平生的性情感到幸福无比，尤其是你面对当前的遭遇时，竟如此安之若素，平和泰然。

苏：[b10]是啊，克力同，像我这么一大把年纪的人，如果为必然的大限来临而恼羞成怒，岂不是乱弹琴！

克：[43c]其他这把年纪的人，苏格拉底呀，在这样的遭际中，就会被击垮，相反，年龄丝毫没有让他们在厄运临头时，从恼怒中解脱出来。

苏：是那么回事。那你究竟为何那么早就到了呢？

克：[c5]我带来了，苏格拉底呀，难受的消息，不是对你，在我看来，而是对我以及你所有忠实的朋友来说，都太难受，太痛苦了，尤其是我，我觉得，最难以忍受的痛苦。

苏：什么样的消息？船从德洛斯回来了吗，它一[43d]到我就得死？

克：还没到，但我想今天就会到，据有些从苏尼翁回来的人报信，那些人是在那里离开那条船的。据那些报信人[d5]说，船显然今天就到，那你明天就必然会，苏格拉底啊，终结你的生命。

苏：好啊，克力同，愿好运相随，如果神们喜欢的话，就让它来吧！不过，我知道船今天不会到。

克：[44a]你凭什么这样断定？

苏：我给你说吧。船如果一回来，第二天我就得死。

克：主管这件事的那些人就是这么说的。

苏：[a5]不会在即将到来的这一天回来，我知道，而是明天才会到。我从昨晚一小会儿前所做的一个梦推断出来的——你碰巧没有叫醒我，那真是恰到时机。

克：那究竟是一个什么样的梦？

苏：[a10]我仿佛看到有个美丽而端庄的女人朝我走来，[44b]她身着白衣，叫着我的名字，对我说：''苏格拉底，你第三天就到富饶的福提亚来吧。''

克：这个梦好奇怪，苏格拉底。

苏：清楚异常，在我看来，克力同。

克：[b5]太过清楚了，似乎。不过，鬼精灵的苏格拉底哟，现在也仍然听我一劝，救救你自己吧。对我来说，如果你死去，那就不止是一重灾难了：而是除了失去这样一位我再也找不到的挚友以外，很多对你和我都了解得不够清楚的人还会认为，[44c]如果我愿意散财的话，本可以救你，但我居然甘愿撒手不管！还有什么比这种认为我把钱财放在比朋友更重要地位的名声更让我丢脸的吗？大伙儿根本不会相信是你自己不愿意离开这里的——[c5]我们对此可是全力以赴啊。

苏：但是，多福多寿的克力同啊，我们为什么要如此在乎大众的意见呢？而那些最贤能的人，他们的意见更值得考虑，因为他们会这样认可已然做出的事情，只要它一旦被做出来了的话。

克：[44d]你看你看，苏格拉底，但也必须在乎大众的意见啊。如今你眼下这个样子本身就清楚地表明，大众能够造成的祸害绝不会最小，而几乎会最大化，如果有人在他们面前谁[d5]谤的话。

苏：惟愿，克力同啊，大众是那种能够造成最大祸害的人，那么也就是那种能够干出最大好事的人——那才好呢。但现在看来，他们两样都不能：他们既没有能力把人变审慎，也没有能力把人变愚蠢，他们对这个人的所作所为，[d10]要随机缘而定。

克：[44e]他们也就那么回事。那么，苏格拉底，请告诉我这一点：你莫不是在为我和其他挚友们预先担心起来了？假如你从这里逃跑了，那些告密者会找我们的麻烦，因为我们一旦把你从这里偷偷弄走了，我们要么就会被[e5]迫丧失全部财产，要么损失大半钱财，要么还会遭受其他某些刑罚。如果你竟有些[45a]担心这一点，且请宽心好了：冒这个险，甚至如果有必要的话，冒更大的险去救你，我们才算得是正义的。所以，就听我一句劝吧，不要拒绝。

苏：我担心这些东西，克力同，还担心其他[a5]很多东西。

克：那好说，你既不要害怕这些东西——事实上，用不了几两银子，某些人愿意拿来救你，把你从这里捞出去。再者说了，你难道没有看出，那些个告密者多么烂贱，根本不需要花多少银子就可以摆平他们？[45b]我的钱财就是你的，我晓得，足够了。再说，如果你有些关照我，认为不应该花我的，那么，这里的异方人他们早已准备破费了：其中一人已为此带来了足够的银子，这就是忒[b5]拜人辛米阿斯，当然克贝斯和其他很多人也都准备好了钱。所以，正如我说的，既不要害怕这些东西而不去救你自己，也不要让你曾在法庭上说过的话而让你觉得难办，那就是你一旦流亡，就不知道何以自处——因为很[45c]多地方，就正如以前一样，如果你去了的话，他们都会热情款待你：那里有我一些异邦世交，他们会非常敬重你，他们会向你提供安稳保障，可以保证在忒塔利亚没有人惊扰你。

[c5]再说，苏格拉底啊，我认为你打算要做的事情乃是不正义的——在能够有救的情况下断送自己的性命，而且，你渴盼为自己达到的那些结果，正是你的敌人所渴盼的，他们一直都渴盼着能够想方设法毁灭你。而且，我还认为，你也把你的儿子们一并断送到那些人手中了，而你本来[45d]能够把他们抚养长大、教育成人，你却一走了之，把他们丢在身后，对你来说，他们似乎就只能如此听天由命了：他们很可能会成为那种在孤苦无依之中习惯于孤儿生活的可怜虫。要么就不该生下[d5]这些孩子，要么就该与他们始终共患难，抚养和教育他们，但我认为，你却选择了最漫不经心的道路。相反，一个男人如果选择当善良而勇敢的人，就应该选择这些辛劳，尤其对于一个终生都在宣谕要关心德性的人来说，更应如此——所以，我[45e]对你以及对我们这些你的挚友感到羞耻，大家莫不以为，在你身上发生的这整件事情，都是由于我们某种程度的怯懦造成的，而且通向法庭的官司之门本来可以不进去的，官司本身[e5]又打成那个样子，还有最后这个似乎荒唐可笑的结局，人们会认为都是因我们某种卑鄙和懦弱而从我们手上错[46a]失了，我们这些人既没有救你，你也没有救自己，即便可行也可能，假如我们还有那么一丁点用处的话。这些鬼东西，苏格拉底呀，你看，不仅卑鄙，而且可耻，对你和对我们，都是。所以，你考虑吧——或毋宁说现在不是考[a5]虑的时候，而应该是已经考虑好的时候了——只能有一种考虑：今夜，所有这一切都应该已经付诸行动了，如果我们还继续等下去，那就既不可能也不可行了。所以无论如何，苏格拉底呀，就听我一句劝吧，你可千万不要拒绝啊。

苏：[46b]亲爱的克力同啊，你的关心非常可贵，如果是出于某种最正确[的东西]的话；而如果不是，那么，你的关心越大，就越让人为难。因而我们必须考察，这件事是应该做的，还是不应该做的：因为我不是现在才第一次，而是一直都是这样一种人——咱绝不听从别的，而是听从那种经过我的[b5]推理似乎最好的道理。我现在不能因大限降到我头上，就抛弃我以前在这方面说过的道理，相反，那些道理对我来说，几乎还是相同的东西，[46c]我现在还像以往那样敬重和尊荣它们：如果我们不能就这种现状说出更好的[道理]来，你要知道，我绝不会向你让步，绝不，哪怕大众能够比现在更变本加厉地恫吓我们，就像用妖怪来[c5]吓唬我们这些"小孩"一样，说什么要处以囚禁甚至死刑，还要没收财产云云。

那么，究竟怎样最恰当地考察它呢？首先，我们重新讨论你就[大众]意见所说的那个道理。是否每次都可以正确地说，[46d]有些意见必须得注意，有些则不必？是不是我被判死刑以前说的就正确，而现在则似乎变得很清楚：徒劳地为了说而说，真正地不过是玩话和胡诌？然而我渴望[d5]，克力同啊，与你一起共同考察，处在目前的情形下，我的话究竟变了样，还是原来那样，我们究竟该放弃它还是听从它。我知道，那些认为自己讲得有道理的人每次都这样说，正如我刚才所讲，在人们[46e]提出的意见中，有的必须予以更多重视，有的则不必。看在神明的分上，克力同哦，你难道不认为这话说得很好吗？——你呀，按人之常理来说，既然不存在明天注定要[47a]死的情况，那即将到来的灾难就不应该让你误入歧途：请你想一想——你难道不觉得我们可以很恰当地说，人们的意见并非所有的都必须予以尊重，而是说，有的是，有的则不必，也并非所有人的意见都值得尊重，有的值得，有的不值得？你怎么看？[a5]这些话说得不好吗？

克：说得好。

苏：是不是应该尊重有益的意见，而不尊重那些糟糕的意见？

克：那当然。

苏：有益的意见不就是明智者的意见，糟糕的意见不就是愚蠢者[a10]的意见吗？

克：怎么会不是呢？

苏：那好，这类事情以前又是怎么说的？一个从事体育锻炼[47b]且打算以此为业的人，究竟该专注于每一个人的赞许、责备和意见，还是只留心这样一个人，他碰巧既是医生又是教练？

克：只听那一个人的。

苏：[b5]岂不是该畏惧那个人的责备，欣受那个人的赞许，而不理会众人的褒贬？

克：显然该当如此。

苏：那么，此人在做事、锻炼、[b10]饮食方面，都应遵从那一个人的意见——因为他既是主管又是内行，远胜于听从其他所有人的意见。

克：是这样。

苏：[47c]那好。如果不听从这个人，不尊重他的意见和赞许，反倒尊重多数人[的说法]，还敬重那些根本不懂行的人，岂不是要遭殃？

克：怎么不是呢？

苏：[c5]那是什么样的害处，针对哪里，祸害不听从者的哪个部分？

克：显然是身体：这个部分毁灭。

苏：说得好。难道说对于其他事情，克力同啊，岂不是一样的，我们不必全部详述，至于说正义与[c10]不义、丑与美、善与恶，也就是我们眼下正考虑的，我们究竟[47d]应该听从众人的意见，并畏惧它，还是应该听从那一个人的意见——既然他对这些东西很内行，我们是否应该对他感到羞耻并敬畏他，胜于其他所有人？如果我们不听从，就会败坏和损毁那个东西，它曾因正义而[d5]变得更好、因不义而彻底毁灭。难道不是这样吗？

克：我也这么认为，苏格拉底。

苏：那好。倘若我们由于不听从内行的意见，毁坏了这个靠健康而变得更好、因疾病而败坏的部分，那么，[47e]这个部分毁灭之后，我们的生命还值得一过吗？这个部分就是身体——不是吗？

克：当然是。

苏：难道随着身体的糟糕甚至毁坏，我们的生活还值得一过吗？

克：[e5]绝对不值得。

苏：那么，随着那个部分的毁坏——不义可损毁之、正义则可帮助之，我们的生活还值得过吗？我们的那个部分，无论究竟叫做什么，[48a]既然关乎不义和正义，我们难道会认为那个东西比身体更低等吗？

克：绝非更低。

苏：而是更值得尊重？

克：远远更值得尊重。

苏：[a5]那么，我的好人呐，我们千万不能如此在意众人对我们说的什么，而要考虑那个精通正义和不义的人的说法，也就是听从那一个人和真理本身。所以，你在这方面的提议一开始就不正确，说什么我们必须考虑众人关于正义、高贵、[a10]善及其对立面的意见。"不过啊，"有人会说，"大众的确有能力处死我们。"

克：[48b]这显而易见，有人会这样说，苏格拉底。你说得在理。

苏：但是，可敬的朋友啊，我倒认为我们已经详细讨论过的那个观点，仍然跟以前相同：你且来[b5]考察这一点，我们是不是仍然认为，[必须做的]最重要的事情不是生活，而是美好生活。

克：当然还这么认为。

苏：美好生活本身就是高贵和正义的生活，是不是还这么认为？

克：[b10]还这么认为。

苏：从已经同意的道理，我们必须考察这一点，我试图从这里出去，而[48c]雅典人并没有无罪释放我，这究竟是正义的，还是不正义的：如果看起来是正义的，我们不妨一试；而如果不正义，咱们就算了吧。至于你所说的那些关于耗费钱财、意见名声和养育孩子等方面的考虑，真正说来，克力同啊，恐怕都是那些大众的想法，他们草菅[c5]人命，也起死回生，只要他们能够办到的话，毫无理智可言。而我们，既然道理已证明如此，除了我们刚才所说的那一点外，根本就不应该另作他想，即，如果在那些[48d]打算把我从这里捞出去的人身上花钱并且还对他们感恩戴德，那么，不管救人的还是被救的，我们这样做正义吗，抑或我们所做的这一切真正说来都将是在行不义——如果我们劳神费力做的那些看起来不正义，恐怕就不应当计较如果坚持不动[d5]静静等待是否必定送命，也不应当计较要遭受的其他任何苦难，毋宁是要先考虑是否行了不义的问题。

克：我觉得你说的好极了，苏格拉底，你看我们应该干什么。

苏：我的好人呐，我们就来共同考察，而且在我说话的时候，如果你有什么反对[48e]意见，就请反驳，我会听你的；但如果没有，好福气的人哟，那现在就请停止向我翻来覆去地说那句同样的话，居然应该在雅典人不情愿的情况下让我从这里离开云云——尽管我认为以前劝你这样做很重要，但[e5]绝不勉强。你且看，如果考虑的起点能够说得让你[49a]满意，就请试着以可能最出色的方式来回答我问的话。

克：好吧，我会试一试。

苏：我们应该说任何情况下都不能故意行不义，还是说[a5]有的情况下可以行不义而有的则不能？还是说行不义绝对既不良善也不高贵，正如我们在过去的日子里多次同意过的？难道[以前说的那些]我们以前都同意的，在这短短几天内全部都已抛弃掉了？这么久以来，克力同哦，我们是不是未曾注意到，[a10]我们这种年纪的[老]人即便在相互进行严肃的对[49b]话时，我们自己竟然丝毫不比孩童高明？或者毋宁说我们仍然还坚持那时所说的话：不管大众承认还是不承认，也不管我们必须遭受比这些更严酷还是更温和的惩罚，行不义在任何情况下[b5]对于行不义的人来说，都同样是既邪恶且可耻？我们可否这样说？

克：我们是这样说的。

苏：因而绝对不应当行不义。

克：当然不应该。

苏：[b10]因此，不要像大众所认为的那样，对行不义者反行不义，既然绝对不应当行不义的话。

克：[49c]显然不应当。

苏：这又如何呢？应该干坏事，克力同，还是不应该？

克：当然不应该呀，苏格拉底。

苏：怎么讲？像[c5]众人所说，如果遭到了伤害，就要反过来报复，这是正义的，还是不正义？

克：绝对不正义。

苏：因此，无论在任何地方对人干坏事，都与行不义没有任何区别。

克：你说得在理。

苏：[c10]那么，既不应当反行不义，也不应该对任何人干坏事，即便受到他人怎样的伤害。你看，克力同[49d]啊，你在逐渐同意这些道理时，可不要违心地同意哟——我清楚得很，某些少数人相信这些话，而且也只有少数人才会相信。有的人这样相信了，而有的人不相信，他们之间没有共同的看法，反而必然在审视[d5]对方的定论时互相轻贱。你且好好地考虑一下，你究竟是否跟我有共同的想法，并且一起认为，我们应该从这里决议的原则出发，任何时候都不要把行不义、反行不义以及遭受祸害者以怨报怨来保护自己视为正确之举。你难道会不在此列，不共同地把它视为出发点？[49e]至于我嘛，以前就这么认为，并且现在仍然这么想，但如果你有什么另外的高见，请说出来指教指教。如果你还坚持以前那些原则，那就请听由此而来的推论。

克：我当然还坚持，并且也同意——那就请讲吧。

苏：[e5]我与其再次讲由此而来的推论，毋宁更愿意问：假使有人同意某种原则乃是正义的，究竟应该付诸行动还是拿来骗人？

克：应该付诸行动。

苏：那就请由此往下看。假如我们没有[50a]说服城邦同意就从这里离开了，我们是不是就对那些最不应该伤害的人干了坏事？我们是不是还要坚持自己同意为正义的原则？

克：我没法回答你问的话，苏格拉底，[a5]因为我不明白[你的意思]。

苏：那你就这样考虑。如果我们从这里逃跑——无论应该把这种行为叫做什么，这时法律和城邦共同体走过来站在面前，问道："告诉我，苏格拉底，你脑子里打算干什么？你做的这件[50b]事情，除了成心试图尽你所能彻底毁灭我们法律以及整个城邦而外，又还能是别的什么呢？你是否认为那个城邦还能够继续存在而不是已被推翻，如果在该城邦中，已生效的判决没有丝毫力量，反倒被私人弄得[b5]不再有效而遭毁灭？"克力同啊，对于这个问题以及诸如此类的其他问题，我们该怎么说呀？有人对此还有很多要说的呢，尤其是法律辩护人，他会代表这条被彻底毁灭的法律说，法律规定，已判定的判决必须生效。[50c]或者我们对它们说"城邦对我们行了不义，因为它没有正确地判决"吗？我们就这样说，还是怎么说？

克：宙斯在上，就要这样说，苏格拉底。

苏：如果法律这样说，又当如何："苏格拉底，[c5]难道我们与你以前同意过[你]那个说法吗，还是同意说要遵守城邦判定的判决？"如果我们对它们所说的话感到惊讶，它们也许还会说："苏格拉底呀，你对所说的这些事情不要感到惊讶，而是要回答，既然你惯于使用问答的方法。说吧，你对[50d]我们和城邦有什么好控告的，竟而至于试图彻底毁掉我们？首先，难道不是我们生了你，也就是你父亲通过我们才娶了你母亲并生下了你？你倒说说，对于我们这些人，这些关于婚姻的法律，你指责什么，[d5]有哪点不好？""没有什么好指责的，"我会说。"或者还要指责我们那些关于出生者的抚养和教育的法律，而你本人也是受那些法律教养出来的啊？

还是说我们这些规定了这一条养育的法律不曾很好地预先规定,也就是规劝你父亲在[50e]文教和体育方面教育你吗?""很好地预先规定了。"我会说。

"还是的呀。既然你生下来了,被养大成人,受到了教育,你竟然能够首先说你本人以及你的祖先就不是我们的子孙和奴隶?如果果真[e5]那样,难道你会认为你与我们在正义上就平等,因而你就把无论我们试图对你做任何事情,你都可以反过来做同样的事情视为正当之举?还是说你对于你的父亲和主人——如果你碰巧有主人的话——在正义上曾经不平等,不能把你所遭受到的报复回去,既不能因为听[51a]到不受用的话就顶嘴反驳,更不能因为挨了打就还手反击,也不能干诸如此类其他很多忤逆之事;然而,对于祖国和法律,你难道就能够把你所遭受到的报复回去吗,以至于如果我们打算彻底毁掉你,而我们认为这是公正的,那么,你竟然会竭尽全力反过来试图彻底毁灭我们这些法律以及[a5]祖国,你还会说对我们这样做是行正义之举吗?你这位真正关心德性的人啊!

"难道说你那样聪明,竟而至于没有注意到,与你的母亲、父亲和其他所有祖先相比,祖国更受尊重、更庄严肃穆和更神圣纯洁,[51b]甚至在神明和有理智的凡人那里都受到了更大的尊敬,还必须敬畏、顺从和抚慰盛怒之下的祖国远胜于你的父亲,要么说服、要么执行祖国之所命,必须[b5]安然承受祖国下令让你承受的东西,无论是鞭打还是监禁,哪怕率领你参加会让人受伤甚或送命的战斗,也必须干,因为这样做就是正义之举,绝不应退让,也不该撤退,更不能放弃阵地,相反,在战斗中、在法庭上以及在任何地方都应该做[51c]城邦和祖国所命令的事情,要么则应该以那自然就是正义的东西来劝说祖国——对母亲父亲动粗使暴已不虔敬,对祖国动粗使暴岂不是远胜于此?"

克力同啊,我们对此该怎么说哟?法律说得在理不在理?

克:[c5]我觉得在理。

苏:法律同样还会说:"苏格拉底呀,你再考虑,如果我们所说的这些都在理，那么，你以现在的打算来试图对待我们，就不正义了。我们可是生下了你，养大了你，教育了你，尽我们所能[51d]给予了你以及其他所有邦民一切美好的东西，尽管如此，我们还公开宣布曾赋予雅典人中那种有此愿望的人以这样的权力：一旦通过了成人审查，并且已熟悉城邦事务，也已了解我们法律，如果我们不能让他满意，他就可以拿上[d5]自己的东西离开，去往任何想去的地方。而且我们法律中没有哪一个会阻碍，也没有谁禁止，如果有人想离开我们去往殖民地——假使我们和城邦不能让他满意的话，如果有人想移民到他愿意去的其他任何地方，就拿上自己的东西，去他[51e]想去的那个地方好了。

"但那种看到我们司执正义和不同的治理城邦的方式，仍然留下来跟我们在一起的人，我们要说，此人就已经以行动向我们同意了我们命令他去做的这一切，如果不服从，我们说，他就行了[e5]三重不义：不把我们当成生身父母来服从，不服从[我们这些]抚育者，虽然向我们同意了要服从我们，却既不服从我们，也不说服我们，如果我们有什么做得不好的话，[52a]尽管我们提供了选择，并没有野蛮地强制他去做我们所命令的事情，而是允许他二者选一：要么说服我们，要么[按我们说的]做，他却两样都不干。我们说，苏格拉底呀，你也要遭到这些罪名的指控，如果真的实施了你打的鬼主意，[a5]那么，你丝毫不亚于其他雅典人，反倒最容易受这些指控。"

如果我问："为什么呢？"他们同样会公正地责备我，说在雅典人中，我恰巧已同他们签订了那样最易受指控的协议。他们会说：[52b]"苏格拉底，我们有非常强有力的证据说明，我们让你满意，城邦也让你满意：否则你此前也不会与其他所有雅典人相比异乎寻常地待在了城邦里的家中，如果城邦不曾异乎寻常地让你满意的话，而且你从来不走出[b5]城邦，哪怕是去看赛会，除了去过一次伊斯忒摩斯之外，你也未曾因为别的事情去过任何地方，除了当兵打仗之地而外，你也从来没有像其他人那样曾背井离乡去异国，你并不渴望去了解其他城邦，也不想精研其他法律，相反，我们[52c]以及我们的城邦对你来说，就已足矣——所以，你就坚定地选择并同意按照我们的要求当一个公民，尤有甚者，你在该城邦中还生了一大堆孩子呢，似乎城邦让你很满意嘛。

"再者说，你在那场审判中，本来可以提出流放之刑，如果你愿[c5]意的话，而你现在打算做的违背城邦意愿的事情，那时本可得允而行。你那时却往自己脸上贴金，说什么即便必死无疑也不嗔不恼，而是——如你所说——宁愿选择去死，也不愿意流放；但如今呢，既不在那些话面前感到羞耻，也不转而敬重我们法律，反倒试图毁灭我们，你现在[52d]做的可是最卑贱的奴隶才会做的事情，试图违背条约和协议而逃走，但你以前可是向我们订约同意按照那些条约和协议当公民的啊。那么，你首先回答我们这样一个问题，我们说你是以行动、而不是以言辞同意了按照我们的要求[d5]当一个公民，究竟说得在理，还是不在理？"克力同啊，我们对此又该说什么？我们除了同意还能有别的什么回答吗？

克：必须同意，苏格拉底。

苏：法律还会说："你无非就是在违背你跟[52e]我们自己签订的条约和协议，你以前同意之时可不是出于被强迫，也不是由于被欺骗，更不是被逼迫在很短时间内做出的决定，而是有七十年之久哇，在这七十年间，你完全可以离开，如果我们不能让你满意，或者你认为[e5]那些协议不公正的话。然而，你既不愿意去拉栖岱蒙，又不愿意去克里特，你可是每次都说它们治理得很好，你既不去其他任何[53a]一个希腊城邦，也不去蛮族人的城邦，你反而比瘸子、盲人和其他残疾人都更少外出离开过她——所以说，与其他雅典人相比，城邦让你异乎寻常地满意，我们这些法律也显然让你很满意：因为[a5]一个没有法律的城邦会让谁满意呢？难道你现在竟然还不信守那已同意了的协议吗？是啊，苏格拉底呀，如果你服从我们——就不会因为离开这个城邦而变得荒唐可笑。

"你好好考虑，违犯了那些协议和犯这样一些错误，将给你自己或[53b]你自己的挚友带来什么样的好处。你的那些个挚友，他们自己将处于遭放逐、失去城邦或者丧失财产的危险之中,几乎确然无疑——首先就你自己来说,如果你去了某些最近的城邦,要么去忒拜,要么去墨伽拉——[b5]两者都治理得很好,那么,苏格拉底呀,对于他们的政制来说,你是作为敌人而到来,那些心忧自己城邦的人,要对你侧目而视,把你视为法律的破坏者,而且你还会证实法官们的意见,以至于他们认为自己以前正确地判了这个[53c]案子——任何人如果是法律的破坏者,都很可能要被视为年轻人和没有理智的人的败坏者。那么,你要逃离治理得好的城邦和安分守序的人们?这样做的话,难道[c5]你的生命还将值得过吗?还是说,你要接近这些安分守序的人,恬不知耻地与他们谈话——苏格拉底呵,你好意思跟他们谈什么样的道理呢?莫非谈你在我们这里说的那些,什么德性和正义,以及习俗和法律,乃是凡人最有价值的东西云云?你难道不知道这会让苏格拉底这个老东西[53d]显得很可耻吗?你当然应该知道。

"抑或说你要离开那样一些地方,去忒塔利亚投奔克力同的异方朋友吗?那里当然最混乱无序和放纵不节,他们大概也乐于听到你当时如何裹上某种服装滑稽可笑地[d5]从监狱逃跑出来,你要么穿上兽皮外套,要么穿上逃亡者习惯穿上的那类其他东西,改变你自己的外貌——难道没有人会说,这样一个老头儿,生命中所剩时间[53e]很可能已经不多了,你居然还有脸面如此贪婪地渴望活命,不惜违犯最重要的法律?也许没有人会这样说,假如你没有惹恼什么人的话;但如果不是这样,苏格拉底呀,你就会听到很多把你自己说得一无是处的话。因此,你将对所有人摇尾乞怜甚至屈尊为奴来度过余生——[e5]你在忒塔利亚除了饱食终日,就好像背井离乡来到忒塔利亚专为赴宴似的,还能做什么呢?你那些关于[54a]正义以及其他德性的大道理,对我们来说,又将何在?

"莫非你愿意苟且偷生正是为了孩子们,以便把他们抚养大并教育成人?这怎么可能?难道你把他们带到忒塔利亚去抚养和教育,就为了把他们变成异方人,好让他们也享受这种异域飘零?[a5]

还是说，如果你不那样做，他们便在雅典这里接受抚养，难道他们就会因为你还活着而被抚养和教育得更好，哪怕你并没有跟他们在一起？诚然，你的那些挚友会关照他们。是不是说如果你离家到了忒塔利亚，他们会关照你的孩子们，而如果你离家去了哈得斯，他们就不关照了呢？如果那些自[54b]称是你挚友的人还有点用处的话，他们当然应该知道去关照。

"所以说啊，苏格拉底，听从我们这些抚育了你的人吧，不要把孩子、生命和其他东西看得比正义更为重要，以便你去了哈得斯之后，才有全部[b5]而充分的理由向那里的统治者申辩。如果你做了[克力同提议的]那些事，对你在今生这里显然没有任何好处，既不更正义也不更虔敬，对你其他亲友也一样，而且你到了那里也不会有什么好处。不过，你如今遭受不义而去哈得斯了，[54c]如果去了的话，也不是被我们这些法律、而是被凡人行了不义——但如果你如此无耻地逃跑了，也就是反行了不义和反过来报复，违犯了你自己向我们签订的协议和条约，并且对最不[c5]应该伤害的，你自己、你的朋友、你的祖国以及我们法律，干了坏事，那么，你还活着的时候，我们要对你大为光火，而你到了那里，我们那些在哈得斯的兄弟，也不会友善地接纳你，因为他们知道你试图尽你所能彻底毁灭我们。好啦，你不要[54d]听从克力同去做他说的那些事，不如听我们的。"

亲爱的老伙计克力同啊，你要知道，我认为自己所听到的那一切，就好像参加科吕班特祭仪的人认为自己听到了笛声一样，而且这些言辞的回声本身还在我耳中隆隆作响，[d5]让我无法听到其他的：你要知道，这就是我眼下的想法，假如你要反驳那些话语，说了也是枉然。不过，你如果真的认为自己还有什么更多的要做，就请讲吧。

克：既如此，苏格拉底，我没有要说的啦。

苏：[54e]那就到此为止吧，克力同呀，咱们就这样办，既然这是神明指引的。

《克力同》章句

题　解

　　[A 注]在柏拉图著作的抄本上，每篇对话一般都有两个甚或三个标题：例如，牛津大学波德莱图书馆（Bodleian）的抄本中第一部四联剧（Tetralogy）的其他三部著作列为：Εὐθύφρων, ἢ περὶ ὁσίου[优提弗伦，或论虔敬]。πειραστικός, Ἀπολογία Σωκράτους[不确定的，苏格拉底的申辩]，Φαίδων, ἢ περὶ ψυχῆς. ἠθικός[蒲法伊东，或论灵魂。伦理的]。在每一种情况下，这些标题中只有第一个标题可以追溯到柏拉图时代，柏拉图一般（但并非总是）用对话中出现的一个角色来命名这篇对话。第二个标题是忒拉绪洛斯（Thrasylus，卒于公元 36 年）加的，这位修辞学家和文学批评家鼎盛于基督教纪元初期；这就可以解释对话的副标题了。不大清楚的是，第三个标题是否如格罗特（Grote）所认为的那样，乃是忒拉绪洛斯所加，或第欧根尼·拉尔修本人据自己的理解或尊奉其他权威所加（参《名哲言行录》3.49）；不管怎样，第三个标题的目的是要指明对话的正式领域——要么是一篇说明性（ὑφηγητικός, ἠθικός[伦理学]为其分支）的对话，要么是一篇探索性（ζητητικός）的对话。《克力同》在这里被正确地归入伦理对话之列，因为它讨论的是责任问题——靠犯法来保命，这正确吗？

　　[E 注]柏拉图的《克力同》是一篇苏格拉底及其朋友克力同两人之间的对话。时在公元前 399 年，就在苏格拉底被处死前两天的凌晨，地点是在雅典的国家监狱。苏格拉底的审判以及因 ἀσέβεια[不敬神]的控告而被判处死刑，大概已过去了一个月。苏格拉底的罪名是"不承认城邦所承认的神，而是引进不同的新神。而且他还犯了败坏青年的罪"。这就是控告者所提出的 ἀντωμοσία[誓状]，据拉

尔修《名哲言行录》2.40 所载，演说家和哲人 Favorius 曾亲眼见过，它直到公元二世纪都还存于 Metroon[神母庙]，那是保存公共档案的雅典集市（Athenian Agora）的一座建筑。柏拉图也在几个地方引用过这条控告，如，《申辩》24b8-c1（按：本书所引《申辩》，如非特别说明，均指柏拉图的《苏格拉底的申辩》，而不是色诺芬的《苏格拉底向法官的申辩》）。判决的执行要等到去德洛斯朝圣的船回来，那条船是在审判的前一天出发的，还没有回来，但很快就会回来了；圣船不在期间，城邦必须保持洁净，不能处死任何人（详情见《斐多》58a-c，色诺芬《回忆录》[旧译"回忆苏格拉底"]4.8.2）。

对话表现了克力同做出最后努力，试图劝说苏格拉底越狱并在希腊其他地方避难，以挽救苏格拉底性命。作为回报，苏格拉底拒绝考虑这样一种方案，还解释了为什么越狱与正义（τὸ δίκαιον）不相一致。从苏格拉底最后日子的重要时刻方面的戏剧情节来看，《克力同》在传统上被认为与柏拉图其他三篇对话相连：《优提弗伦》，这篇对话发生在雅典集市中的国王门廊（King's Stoa），苏格拉底正要去那里面对指控他的最初听证；《申辩》，苏格拉底的辩护词；以及《斐多》，描写苏格拉底在仰药离世之前与朋友最后的相聚。

这四篇对话以事情发生的顺序构建了一幕幕重要剧情，这些事件整体上看，是为了证明柏拉图的老师兼朋友杰出的智识和道德品质，尤其要证明他面对死亡时的从容沉静。不大清楚的是，这些对话在柏拉图时代如何甚或是否有所联系；它们在创作分组上的紧密联系是忒拉绪洛斯做出的，此人乃是公元一世纪提比留皇帝的哲学家和监天正。

苏格拉底以未曾亲自著述而闻名。留下来的鸿沟不仅如我们看到的那样，由柏拉图所填，也由苏格拉底的其他朋友和伙伴所填充，他们也创作哲学对话和回忆录，即所谓的 Σωκρατικοὶ λόγοι（苏格拉底的言辞，见亚里士多德《论诗术》1447b11），这些著作也像柏拉图的对话一样，表现了苏格拉底生活与信念的方方面面。柏拉图之外对苏格拉底最后日子的描述，与柏拉图的著作相比，保存得很糟糕，在很多重要方面也与柏拉图不一致，尤其是对苏格拉底辩护词内容的描述上，或者他是否曾经做过一篇辩护词（色诺芬《申辩》1ff. Maximus of Tyre III.1-8）。

去德洛斯朝圣的船造成了苏格拉底的审判与执行之间的这段间隙，也必定给他的朋友们探监提供了大量的时间（柏拉图《斐多》59d1ff.），而《克力同》也并非唯一一对这样一次探视中很可能发生的对话所进行的文学再现。拉尔修（2.60，3.36）复述了一个故事，不是克力同劝说苏格拉底逃跑，起劝说作用的人原本是 Sphettos 的埃斯基涅斯（著名的苏格拉底分子，其作品的简短摘要得以传世），是因为柏拉图对埃斯基涅斯有敌意，才把劝说者说成克力同。尽管我们对拉尔修的可信性表示怀疑，但这也决不能排除这样的可能性：埃斯基涅斯的确曾试图劝说苏格拉底逃跑，而且他甚至还就这个问题写过一篇对话。

新近出版的一份用公元前四世纪的希腊文写成的莎草纸文献，[①] 包含了苏格拉底与一位不知名的伙伴对话的残篇，苏格拉底在这篇对话中，分辨了人们对他未能在审判时做出让人满意辩护的谴责，苏格拉底问道，过完有意义的一生之后，他是否还应该在死亡临近时悲悲戚戚；此外，根本就没有理由去假定死亡会比活着更让人痛苦或快乐。一位无名的朋友回答说，这也许让苏格拉底满意，但对于那些并不必然把快乐和痛苦视为限定标准的人，他苏格拉底又该说些什么呢？然而，不幸的，文本在此戛然而止。该残篇作者不详（Gronewald 猜是居勒尼的阿里斯提波 [Aristippus of Cyrene]，此人生卒年不详，大约与柏拉图同时代），但承认即将来临的死亡（苏格拉底在公元前 399 年时已七十高龄）是苏格拉底未能做出严肃辩护的原因，甚至还是他不愿意越狱的原因，这在其他文献中也找得

---

① M. Gronewald, *Sokratischer Dialog*, 见 *Koelner Papyri*, 5 (1985), 33-53.

到，最著名的便是色诺芬的《申辩》23：ἔπειτα τῶν ἑταίρων ἐκκλέψαι βουλομένων αὐτὸν οὐκ ἐφείπετο, ἀλλὰ καὶ ἐπὶ σκῶψαι ἐδόκει ἐρόμενος εἴ που εἰδεῖέν τι χωρίον ἔξω τῆς Ἀττικῆς ἔνθα οὐ προσβατὸν θανάτῳ[后来，当他的同伴们想把他偷偷带出监牢时他也不肯跟他们走，反而似乎开玩笑地问他们是不是知道在阿提卡以外，有什么死亡不会临到的地方]（吴永泉译文）。色诺芬那段期间实际上并不在希腊，但他后来的记述无疑以该故事更早的版本为基础，或者也许以口头传说为基础。色诺芬的记述在极为重要的方面与柏拉图的记载不同，正如我们即将看到的，尤其是在苏格拉底为宁死都不愿流放所做的论证上。

序　幕

章解：[E 注]柏拉图在戏剧开头处运用快捷的对话来建立场景，这乃是早期苏格拉底对话的典型风格（另参《优提弗伦》2a 以下）；然而，《克力同》的场景也有着不少特别的特征：时候尚早，这就给他们的见面以特定的亲密感（几乎其他每一个人，差不多都还在睡觉）；在克力同与苏格拉底对照性的人格上所作的清浅简要却颇有说服力的刻画，后者的 εὐδαιμονία [幸福]（43b7-8）以及内心的确信无疑，而前者按捺不住的焦虑和关切，生动地表现在强调性的、重复性的以及有时还杂乱无章的句法中——这种情绪上的距离也预示了他们理智上的差距；最后还有苏格拉底在预言性的梦中所得到的洞见，在对话末尾再次浮现，突出强调的宗教意味，构筑起了整篇对话。

一、探视与寒暄（43a1-43c3）

节解：[E 注]就在天亮前，克力同走进监狱，坐在苏格拉底的床边，苏格拉底仍在酣睡。苏格拉底醒来后，问克力同为什么任由他继续睡。克力同惊讶于苏格拉底杰出的能力，居然死到临头了还能保持宁静，这种能力甚至对老年人来说也不是很常见的。克力同早早就来探监，因为从德洛斯进香回来的圣船马上就要到了——船不在的这段时间，不能执行死刑——这就预示着苏格拉底死期临近。

苏：[43a]你怎么这个时候就来了，克力同？不是还早吗？[Τί τηνικάδε ἀφῖξαι, ὦ Κρίτων; ἢ οὐ πρῴ ἔτι ἐστίν;]

43a1：τηνικάδε[这个时候]，[B 注]与其相关词 Πηνίκα（a3）一样，该副词在这里严格用于指称一天的某个时间。《普罗塔戈拉》310b7 中，苏格拉底被希珀克拉底敲醒后对后者说的 τοῦ ἕνεκα τηνικάδε ἀφίκου[为何你一大早就来？]（刘小枫译文），当时也是在 ἔτι βαθέος ὄρθρου（天快要亮的时候，另参 a3 注）；以及《斐多》76b11 中的 αὔριον τηνικάδε[明天这个时候]，都是一样的用法。

[T 注]一天的这个时候，也就是，如此早的时候。该词及其相关词和派生词在阿提卡用法中，都不是泛泛地指时间，而是指"一天的某个时候"。[S 乙注]阿提卡作家用来指一天的某个特定时间，比如早上、中午或夜晚。该词的普通用法表示"那时"、"这时"。

[A 注]τηνικάδε 表示"这个时候"，τηνικά 则表示"那个时候"，好比 τοιόσδε 表示"这一类"，而 τοῖος 则表示"那一类"。这种区别就好像 ὅδε 和 οὗτος 之间的差别。τηνικά 最初是多里斯方言中的副词（多里斯方言中的 τῆνος 表示 ἐκεῖνος）：后缀也出现在 αὐτ-ίκα[现在、立即]中。

43a1：πρώ[早]，[S 乙注]白天之前（before the day）。[A 注]苏格拉底不是惊讶于看到了克力同，因为我们从《斐多》（59d；另参色诺芬《回忆录》4.8.2）知道，从苏格拉底判决到执行死刑这段时间，他的朋友每天都要去看望他；他是惊异于"如此早"就看到了克力同。监狱的开门时间一般更晚一些（ἀνεῴγετο γὰρ οὐ πρῴ,《斐多》59d6）。[按]《斐多》："我们经常于拂晓在那举行审判的法庭里见面，因为那里离监狱很近；我们每天都要等一会儿，彼此谈几句，直到监狱开门；门一开我们就走进去看苏格拉底，在那里同他一起消磨一整天光景。"（王太庆译文）

[E 注]苏格拉底的惊讶与克力同背离了日常的习惯有关，也就是每天都见面，并且谈话直到监狱开门，这不会很早（按：作者对《斐多》的理解似乎有误）。克力同早早来访的特殊原因，下文 31c5

以下得以说明。

克：的确还早。[Πάνυ μὲν οὖν.]

43a2：πάνυ μὲν οὖν[当然是]，[T 注]certainly it is，这是柏拉图对话中表示完全同意的最常见用法。它有时与一个副词连用，如《申辩》26b，但单独使用的情况更常见，比如此处。πάνυ γε 也常用于肯定性的回答，另参《申辩》25c。πάνυ 表示同意，μὲν 和 γε 表示限制，οὖν 则表示一致，即，就你所说而言，那是当然的。

苏：大概什么时候了？[Πηνίκα μάλιστα;]

43a3：πηνίκα μάλιστα，[A 注]πηνίκα 指"具体什么时候了"，πότε 仅仅指"何时"。μάλιστα 让问题更加模糊："现在几点了？"（什么时辰了？）另参《高尔吉亚》448d。[S 乙注]这里的 μάλιστα，常与数字连用，表示"差不多"、"大概"、"几乎"。[S 甲注]这里的 μάλιστα，似乎被视为后面接了数字。[T 注]μάλιστα 接数词，表示不确定性或不明确。[E 注]与数字连用（回答时也要求包含数词的答案）表示近似的[时间]："大概几点了"。

克：凌晨拂晓前。[Ὄρθρος βαθύς.]

43a4：ὄρθρος βαθύς，[A 译]Depth of dawn, before first light，较为准确，与 Ap 译本近。[王太庆]"天刚亮"，不确（但合于词典内容）。[王晓朝]"就要拂晓了"，近之。[严群]"才黎明"，不确。

[S 甲注]克力同用这两个词更为精确地界定了时间，因为 πρῴ 与 ὄρθρος 不同，好似拉丁语中的 mane 和 diluculum，在古代的时间划分法中，前者指一天的时间中从 twilight[曙光]到第三个小时这一时段，而后者指 twilight 本身，另参奥维德 Amat. 1.5.6。希腊人

用形容词 βαθύς 来表示时间，就好像我们说"深冬"中的"深"。另参《普罗塔戈拉》310a。

[T 注] πρῴ 仅仅表示早上，ὄρθρος 表示黎明或一天的"兴起"（按：该词与"正确"、"直立"、"起来"同根）。βαθύς 起强调作用，表示"非常早"。我们说"深"更半夜，"深"夜。希腊人也以同样的方式表示夜晚和早上——用于前者表示很晚，用于后者表示很早。

[A 注] 虽然 ὄρθρος 指"曙光"，而 βαθύς 则表示黑暗多于光明。
[E 注] βαθύς 暗示还处在那个时期的"深处"，即黎明仍在远处的路上。[按] 苏格拉底与克力同的对话始于黎明前的黑暗中。

[B 注]"鸡鸣时分"，夜晚的最后一个部分，与白天第一个部分即 ἕως[黎明]相对。文中所说时间是在第一缕亮光之前，而不是它与日出之间的时间。《普罗塔戈拉》310a8 把它算作"夜晚"的一部分。另参阿里斯托芬《马蜂》行 216：ἀλλὰ νῦν γ᾽ ὄρθρος βαθύς[现在天色还暗着呢]（张竹明译文），也算作夜晚。

[D 注] ὄρθρος βαθύς 与其说表示白天的开始，毋宁说表示夜晚的结束。另参色诺芬《上行记》（旧译"长征记"）4.3.8：在黎明前的黑暗中，色诺芬做了一个梦。[按] 色诺芬这个梦与下文苏格拉底所做的梦一样，似乎都是好梦。色诺芬在梦中"被上了枷锁，但是枷锁自动脱落了，于是他自由了，能够想走多大步子就走多大了"（崔金戒译文，页 93）。

苏：[a5] 我很惊讶，那位监狱的守卫怎么愿意应你开门。
[Θαυμάζω ὅπως ἠθέλησέ σοι ὁ τοῦ δεσμωτηρίου φύλαξ ὑπακοῦσαι.]

43a5：Θαυμάζω ὅπως ἠθέλησέ[我惊讶于他怎么愿意]，[S 乙注] Stallbaum 作 Miror qui factum sit ut（我奇怪，那是怎么回事）。另参色诺芬《回忆录》1.1.20：Θαυμάζω οὖν, ὅπως ποτὲ ἐπείσθησαν οἱ Ἀθηναῖοι[因此，我很奇怪，雅典人怎么会认为……]（吴永泉译文）；欧里庇得斯《美狄亚》行 51：πῶς λείπεσθαι θέλει[她怎么愿意离开]。

苏格拉底看到克力同居然获准这么早就进到监狱里来，表达了自己的惊讶；另参《斐多》59d5-6。

43a5：*ὁ τοῦ δεσμοτηρίου φύλαξ*[那位监狱的守卫]。雅典有三座公共监狱，第一座在 forum[古代政治集会和司法审判的公共广场]附近，主要关押欠债者和罪行轻微的犯人；第二座叫做*σωφρονιστήριον*，纠改所或感化所（另参《法义》908a4，按：与阿里斯托芬《云》中的"思想所"对应，Pangle 译作 Moderation-Tank）；第三座在荒郊野外无人居住的地区，关押死刑犯；另参柏拉图《法义》908a5-8：*ὅπηπερ ἂν ἐρημός τε καὶ ὡς ὅτι μάλιστα ἀγριώτατος ᾖ τόπος, τιμωρίας ἔχων ἐπωνυμίαν φήμην τινά*[在乡村中，尽可能荒无人烟的地方，拥有某种报复性的声名]。苏格拉底很可能就关押在第三座监狱中。正如《斐多》所示，苏格拉底也戴上了镣铐。但他是否戴上了 *χοῖνιξ*[带孔足枷]或者 *ποδοκάκη*[足枷]，一种用绳索来固定的戴在脚和腿上的木质刑具，还是戴上了 *πέδη*[脚镣]，一种限制双脚的锁链，那就不太清楚了。关于守卫，另参《斐多》59e4 中的 *θυρωρός*[看门人、守门人]。

[E 注]此人也许就是典狱官，他是"十一人委员会"（城邦主管监狱的官员）的仆从，他不是一个放探视者在常规时段进来的看门人（*θυρωρός*），毋宁是审批"上班时间之外"（out of hours）的探视的人。[B 注]这也是《斐多》开篇就出现的那个 *θυρωρός* 或"守门人"，但他不大可能晚上还在值班，可以设想，那时狱门是关着的。它更可能表示 *ὑπηρέτης τῶν ἕνδεκα*[十一人委员会的助手]，柏拉图在《斐多》116d5 以下让这位典狱官对苏格拉底的善意名垂千古（按：他常常陪苏格拉底说话解闷，苏格拉底临死前，他也流泪哀伤）。

[T 注]苏格拉底惊讶于"他"在如此早的时候让"你"进来，因为从《斐多》59d 可知，以前不是那么早就打开监狱之门。这个监狱，也许就在旧 Agora[市场]附近劈开坚硬的岩石而成，现有

"苏格拉底的监狱"之名。

43a6：ὑπακοῦσαι[应门]，[E 注]最初的含义表示听到有人敲门，τοῖς κρούουσιν，因此表示"开门"，并"让人进来"；最好译作 listen。[按]：严群和王太庆都译作"进来"，A 译作 admit you，G 译作 listen to you，F 译作 let you in，都可。王晓朝译作"奇怪的是狱卒竟然没有注意到你"，显因 T 译本而错。

[B 注]看门人（warder），色诺芬《会饮》1.11 很好地阐明了该词的用法：Φίλιππος ...κρούσας τὴν θύραν εἶπε τῷ ὑπακούσαντι εἰσαγγεῖλαι[菲利布斯告诉门丁，请他向里面通报，要求在这里借宿一晚]（沈默译文）。按：译者沈默在该处对"门丁"给出了详细的解释，见《色诺芬的会饮》，华夏出版社 2005 年，页 17。

克：我现在跟他已经很熟了，苏格拉底啊，进进出出那么多回，而且我还给了他一点点好处。[Συνήθης ἤδη μοί ἐστιν, ὦ Σώκρατες, διὰ τὸ πολλάκις δεῦρο φοιτᾶν, καί τι καὶ εὐεργέτηται ὑπ᾽ ἐμοῦ.]

43a8：φοιτᾶν[进进出出]，[S 乙注]该动词对应于拉丁文的 itare 和 ventitare，尤其用于指常常去学校的人，这种人因此就叫做 φοιτηταί[学生，门徒]。它也用来表示梦境的再次出现，见《斐多》60e4-5：πολλάκις μοι φοιτῶν τὸ αὐτὸ ἐνύπνιον[我多次做同样的梦]。按：该词本指"走来走去，经常去"。

43a8：καί τι καὶ[而且还有一些]，[B 注]这一幕立即表明了克力同的善良。那人（按：指典狱官）欠了克力同的人情（under obligation，有义务），而不应该像某些编校者那样，庸俗化为收了"小费"（tip。按：典狱官欠了克力同什么情，他有义务帮助克力同早早前来探视即将受刑的老友，莫非是受克力同的善良情谊所感动？）。καί τι καὶ 这样的表达法，在柏拉图著作中，仅此一见，不过，在修昔底德那里倒有几次。

[E 注]第一个 kai ="并且"（相当于英语的 and），第二个是副

词性的用法，表示"此外"，ti 修饰 εὐεργέτηται（给好处）。那位官员收了一点小恩小惠；这里显明地刻画了克力同的富有，尤其是他愿意为了朋友而花钱，这就预告了下文劝苏格拉底逃跑的理由。

[S 甲注]这表达了克力同的谦逊，他并不想夸耀自己给那个人的好处，而只是表明自己得允进来的原因。克力同说得很谦和，细心地表达了他对这位品德高洁朋友的尊重，他说他习惯于给监狱看守一些小东西。[严群]"同时他也对我留点情"，直白（也因感动？），但似不确。

苏：你是刚到，还是来了一阵子？[Ἄρτι δὲ ἥκεις ἢ πάλαι;]

克：[a10]好一阵子了。[Ἐπιεικῶς πάλαι.]
43a10：Ἐπιεικῶς πάλαι，[S 甲注]有一会儿（pretty long since）或好一会儿（a good while ago）。《泰阿泰德》开头处 142a1 以下以及《斐多》80c5-6 有类似的表达。[A 注]"一小会儿"（some little time）。按：王太庆译作"来了不多会儿"，与此近。

苏：[43b]那你咋不马上叫醒我，反倒静悄悄坐在一旁？[Εἶτα πῶς οὐκ εὐθὺς ἐπήγειράς με, ἀλλὰ σιγῇ παρακάθησαι;]
43b1：Εἶτα πῶς...，[S 甲注]"那么，怎么……"，表惊奇。[B 注] Εἶτα，拉丁文 mirantis。另参《申辩》28b3。苏格拉底惊奇的是，为什么克力同不一进来就叫醒他，反而静静地坐着，直到老友自己醒来。[D 注] Εἶτα，指克力同所说的 Ἐπιεικῶς πάλαι[好一阵子了]，语气上有一丝惊讶，也许还有温和的责备之意。

克：凭宙斯起誓，我才不会呢，苏格拉底，我自己都不愿陷在那样的失眠和痛苦之中啊。不过，看你睡得那么香甜，倒让我[b5]惊讶了好一阵子，所以我才故意没叫醒你，好让你尽情享受最安逸的时光。[Οὐ μὰ τὸν Δία, ὦ Σώκρατες, οὐδ' ἂν αὐτὸς ἤθελον ἐν τοσαύτῃ τε ἀγρυπνίᾳ καὶ λύπῃ εἶναι, ἀλλὰ καὶ σοῦ πάλαι θαυμάζω αἰσθανόμενος ὡς ἡδέως καθεύδεις· καὶ ἐπίτηδές σε οὐκ ἤγειρον ἵνα ὡς ἥδιστα διάγῃς.]

43b3：Οὐ μὰ τὸν Δία[凭宙斯起誓，我才不会呢]，[按]μὰ，小品词，用于强烈的抗议和发誓，前面表示肯定或否定，后接所呼求的神明或物品（宾格，亦可省略）。王太庆译作"不敢，不敢。宙斯在上"，颇具神韵。Gr 译（By Zeus no）和两个德译本（施莱尔马赫译作 beim Zeus，Ap 译作 beim Himmel）近之，其余多为意译。

[B注]与上文的 ἐπήγειράς[叫醒]和下文的 ἐπίτηδές[有意，蓄意]相关。意为"不，的确"，"我认为不应该"。克力同并没有立即回答苏格拉底的问题，而是拒绝了叫醒苏格拉底的这个想法。克力同本人如果遇到这种大限临近的情况，自己也不会是醒着的，但悲伤让他不能成眠。[A注]这里的 Οὐ 并不是在预告下文紧接着 οὐδ' ἂν αὐτὸς[ne ipse quidem，自己也不]中的 οὐδέ，而是克力同回答苏格拉底问题"那你咋不马上就叫醒我，反倒静悄悄坐在一旁"的一部分。

[E注]克力同首先是在回答苏格拉底的责备（你应该叫醒我），而且只是间接地回答了苏格拉底实际提出的问题。这里的省略句法也许暴露了克力同的情绪状态，他可能还在想着为苏格拉底所设计的逃跑计划。

43b3：οὐδ' ἂν αὐτὸς ἤθελον...[我自己都不愿]，[S甲注]"我自己都不喜欢处在那样一种醒着和痛苦的状态中，如果我处在你的位置上的话，因为，既然如此悲伤的一种沉静威胁着你，耽误你休息那就很不对头了。"小品词 ἂν，用在过去时后面，表示一种与实际存在的情况相反的推测。另参《斐多》94d,《法义》796d, 希罗多德《原史》7.106。

[S乙注]克力同的本意是指不要叫醒苏格拉底，假如他自己处于这样巨大的痛苦之中，也不希望别人来打断自己的休息。

[T注]"我自己不愿意处在这样大的失眠和痛苦中"，也就是说，如果我能够自由地仅仅是为了"我自己"而选择的话；但为了"你的利益"，我觉得不能惊扰你香甜的睡眠。这里间接交代了原因，

而下文 b5-6 则作了更充分的阐释：ἐπίτηδές σε οὐκ ἤγειρον ἵνα ὡς ἥδιστα διάγῃς[故意不叫醒你，好让你尽情享受最安逸的时光]。ἐν τοσαύτῃ, 如此大的程度就好像感同身受。小品词 τε 在 ἀγρυπνίᾳ[失眠]之前，表明 τοσαύτῃ 即不仅修饰 ἀγρυπνία, 也修饰 λύπῃ[痛苦；按：另参 S 甲注]，表明失眠和痛苦的程度都是如此之大。

43b4-5：ἀλλὰ καὶ σοῦ πάλαι θαυμάζω[不过，我惊讶于你]，[A 注]也就是说，正如"你"刚才（43a）所表示的惊讶一样（按：现在轮到我惊讶了）。[按]"看"，αἰσθανόμενος, 本意为"感觉"，包括"看"和"听"等。

43b6：οὐκ ἤγειρον[没有叫醒]，[B 注]"没有让自己叫醒你"（I kept from waking you），这个否定性的过去时，与 οὐκ ἤγειρα[我没有叫醒你]有区别。显得更生动的从句 ἵνα ὡς ἥδιστα διάγῃς, 在柏拉图笔下，不常见。[按]ἐπίτηδές, "故意"，与下文 43c6、44b8、44e2、45e1、53a9、53b1、54a7、54b1 中的"挚友"是同根词。

43b6：ἵνα ὡς ἥδιστα διάγῃς[好让你尽情享受最安逸的时光]，[S 乙注]尽管前面的动词是过去时，ἵνα 后面也常常用虚拟语气，以表示一件延伸到现在的行为。另参《伊利亚特》4.127。

[A 注]克力同在回答苏格拉底问他为何不立即叫醒自己这个问题，后面的虚拟语气表示克力同仍然希望苏格拉底享受最快乐的东西（另参 E 注）。另参《王制》472c。苏格拉底在《申辩》40d 中说，没有什么比无梦的香甜睡眠 ἄμεινον καὶ ἥδιον[更好也更安逸]。

我过去多次为你平生的性情感到幸福无比，尤其是你面对当前的遭遇时，竟如此安之若素，平和泰然。[καὶ πολλάκις μὲν δή σε καὶ πρότερον ἐν παντὶ τῷ βίῳ ηὐδαιμόνισα τοῦ τρόπου, πολὺ δὲ μάλιστα ἐν τῇ νῦν παρεστώσῃ συμφορᾷ, ὡς ῥᾳδίως αὐτὴν καὶ πρᾴως φέρεις.]

43b6-8：καὶ πολλάκις μὲν δή ...πολὺ δὲ μάλιστα[许多次……尤甚]，[A 注]意在不断强调克力同一以贯之的希望。在克力同简短的话语中，其句法，尤其小品词，传递出他压抑的情绪，能够表示苏格拉底已然醒来，可以听他说话了。我们也可以透过克力同的眼睛，感觉到苏格拉底处变不惊的安宁。苏格拉底在死亡面前的镇定自若，另参《申辩》41c-d，《斐多》58e3-4。

43b6-7：σε...ηὐδαιμόνισα τοῦ τρόπου[为你……的性情感到幸福]，[S 甲注] τρόπου 指"一个人一生所展示的思考和行动的方式"，即他的性情或倾向（disposition）。[S 乙注] 另参柏拉图《会饮》194e6-7：τοὺς ἀνθρώπους εὐδαιμονίζειν τῶν ἀγαθῶν ὧν ὁ θεὸς αὐτοῖς αἴτιος [而这位神恰是这些好东西的原因]（刘小枫译文）；另参维吉尔《埃涅阿斯纪》11.126。

[B 注]"我一直相信你性情中的好运"，另参《申辩》41c3 和《斐多》58e3。[T 注] 思想的转变，或生活方式，因此就等于性格（character）。

[按] ηὐδαιμόνισα，"幸福"，动词，不定过去时。直译为：我幸福着你的性情。色诺芬《回忆录》4.8.2-3 绝佳地阐释了它的含义："按法律规定，在朝圣团未从德拉斯回来之前，不得处死犯人，苏格拉底就不得不在判刑以后又活了三十天。在这一段时间中，所有和他在一起的人都清楚地看出，苏格拉底生活得和以前的时候没有一点两样，其实，在这以前，人们对于他比任何人都生活得愉快而恬静就已经非常赞叹了。任何其他人怎么能死得比这更好？有什么样的死比这样最英勇地死去更高尚呢？有什么样的死比这样最英勇地死去更幸福呢？有什么样的死比最幸福的死更为神所喜爱呢？"（吴永泉译文） τρόπος 本意指方向、方式，引申为习惯、性情和品格。"遭遇"，多指厄运。"安之若素，平和泰然"，直译为"平易而温顺地承受它"。

苏：[b10]是啊，克力同，像我这么一大把年纪的人，如果为必然的大限来临而恼羞成怒，岂不是乱弹琴！[Καὶ γὰρ ἄν, ὦ Κρίτων, πλημμελὲς εἴη ἀγανακτεῖν τηλικοῦτον ὄντα εἰ δεῖ ἤδη τελευτᾶν.]

43b10：τηλικοῦτον ὄντα[这把年纪]，[A 注]苏格拉底已七十高龄，参下文 52e。[T 注]我这个年龄的人，另参《申辩》17d。[E 注]克力同也差不多同样的年纪，参《申辩》33d9。[按]本指人的年纪（高），也指东西块头大。

43b10：πλημμελὲς[乱弹琴]，[E 注]（音乐上）错误的调子（按：不在调上），Tarrant 巧妙地保留了它的基本意思"奏出了奇怪的和弦"（strike an odd chord。参氏著 *Plato: The Last Days of Socrates*. London, 1963）。该句开头的两个小品词 καὶ γὰρ，就已拒斥了这种荒谬："（是啊，我的确安之若素）因为，那会很荒谬……"

[S 乙注]就会不协调（incongruous）。[S 甲注]一个这么大年纪的人，居然不愿意结束自己的生命，就会很荒谬。另参《申辩》22d8。[按]"大限"，本指"完成"、"达到终点"，引申为"死亡"，即俗语所谓"船到码头车到站"。

克：[43c]其他这把年纪的人，苏格拉底呀，在这样的遭际中，就会被击垮，相反，年龄丝毫没有让他们在厄运临头时，从恼怒中解脱出来。[Καὶ ἄλλοι, ὦ Σώκρατες, τηλικοῦτοι ἐν τοιαύταις συμφοραῖς ἁλίσκονται, ἀλλ' οὐδὲν αὐτοὺς ἐπιλύεται ἡ ἡλικία τὸ μὴ οὐχὶ ἀγανακτεῖν τῇ παρούσῃ τύχῃ.]

43c1-2：ἐν τοιαύταις συμφοραῖς ἁλίσκονται[在这样的遭际中被击垮]，[S 甲注]同样的结构还见于《菲勒布》45b6、《王制》395e1、《斐多》108c1、索福克勒斯《埃阿斯》270。大意是：但老年并不能让他们免于对死亡的恐惧。冠词 τὸ 修饰 αγανακεῖν，构成一个绝对宾格。μὴ οὐ 保留着 ne non[并没有]的恰当用法，如果它用于一个否定性的小品词之后。因此，这句话可以如此翻译：然而，老年并没有让他们免于此，即，他们不应该为死亡而费神。参拉丁语 quo minus 的用法。对于该处的宾格，参欧里庇得斯《希波吕托斯》行 48、埃斯库罗斯《普罗米修斯》行 243、柏拉图《王制》354b8-9。

[按]"击垮",本意为"征服"。

43c1-3：οὐδὲν αὐτοὺς ἐπιλύεται...τὸ μὴ οὐχί... [没有让他们解脱出来……从……]，[B 注]"他们的年纪丝毫没有让他们从中释怀"，ἐπιλύεσθαι 的用法在其他地方似乎找不到，仅见于埃斯库罗斯《七雄攻忒拜》134 行，ἐπίλυσις 在那里明确地表示"释放"或"解除"。[T 注]"但他们的年纪丝毫没有让他们从对眼前运道的悲伤中解放出来"，字面意思即不要悲伤。

[S 乙注]"但年纪丝毫没有让他们在当前的苦难面前一点没有烦恼的感觉"，另参希罗多德《原史》5.101。[E 注]动词后面带有双重否定的不定式，其中的否定词表示后置或限制，"并没有阻止他们发怒"。

[按]后面半句话共有三个否定词，比否定之否定还复杂，为了保持原样而译得有些拗口，其意本为：年龄并没有让他们在厄运面前免于烦恼。另参[A 注]：Whitelaw 在 *Transaction of the Cambridge Philological Society* III. 1, p. 41 foll.中力图证明，这两个否定词都有价值，以便让这个不定式更加连贯，我认为他的证明是成立的。众多译本中，Fowler 的 Loeb 英译本和施莱尔马赫的德译本（而 Apelt 却没有）表现出这种多重否定的意味来，前者作 but their age does not in the least prevent them from being disturbed by their fate（其中 least 和 prevent 都有否定的意味），后者作 aber ihr Alter schuetzt sie nicht davor, sich nicht unvillig zu gebaerden gegen das eintretende Geschick。

[E 注]柏拉图其他著作也谈到了老年人对待死亡的态度，如《王制》330d 以下。苏格拉底干脆地中断这个话题，不让它继续（43C4：的确如此），是为了转向他最初的问题，在此就没有谈到沉静在死亡面前的伦理基础——"无论生前还是死后，什么东西都无法伤害一个好人"（《申辩》41c9-d2）；但这个简短话语不仅继续描绘着苏格拉底，而且也预示了后面 46b1-48b5 中论证的发展，在

苏格拉底的宣言 οὐ τὸ ζῆν περὶ πλείστου ποιητέον ἀλλὰ τὸ εὖ ζῆν[最重要的事情不是生活，而是美好生活]中达到高潮。苏格拉底在对话的末尾反思个体身后的命运时，又（以法律的面目）再次回到了这个主题（54b3-d2）。

二、噩耗与美梦（43c4-44b4）

节解：克力同早早来到监狱探望老友，是因为他听到了一个坏消息：去祭祀的船今天就要回来——根据雅典的法律，这就意味着苏格拉底在船回来的第二天就会被处死。这对克力同来说，不啻一个噩耗，尽管这个消息早已在意料之中，但仍然让克力同夜不能寐，便一大早就到监狱中来传递这个噩耗，并想方设法劝说苏格拉底越狱。苏格拉底虽然没法出去，但他早知道船就要回来了，因为他在克力同进来探望他时，正好做了一个梦：船不是今天到，而是明天才会到。梦中有一位美丽而端庄的女人告诉他，让他第三天"回家"，到达极乐世界——这是苏格拉底一辈子都在盼望的完满飞升。对克力同是噩耗，对苏格拉底却是美梦成真。

苏：是那么回事。那你究竟为何那么早就到了呢？[Ἔστι ταῦτα. ἀλλὰ τί δὴ οὕτω πρῲ ἀφῖξαι;]

43c4：Ἔστι ταῦτα，[按]"是那么回事"，王太庆译作"的确如此"。它指其他人白活了一大半年纪，都没有能够在死亡的威胁面前表现出丝毫智慧和淡定。苏格拉底在这里中断了克力同对老年与死亡关系的讨论，也打断了克力同对自己的奉承或夸赞，转而回到最初的问题，问克力同为什么这么早就来了，苏格拉底撇开了克力同的"惊讶"（43b5，即苏格拉底居然死到临头了还能安然高卧），转而寻求自己"惊讶"（43a5）的答案。

43c4：ἀλλὰ τί δή[那究竟为何]，[S 甲注]也就是，"但是"、"回到前面的话题"、"那为什么"等等。[E 注]苏格拉底重复了原来的问话，打断了克力同的道德说教（moralising），还特别强调原来的问话实际上还没有得到回答呢。

克：[c5]我带来了，苏格拉底呀，难受的消息，不是对你，在我看来，而是对我以及你所有忠实的朋友来说，都太难受，太痛苦了，尤其是我，我觉得，最难以忍受的痛苦。[Ἀγγελίαν, ὦ Σώκρατες, φέρων χαλεπήν, οὐ σοί, ὡς ἐμοὶ φαίνεται, ἀλλ' ἐμοὶ καὶ τοῖς σοῖς ἐπιτηδείοις πᾶσιν καὶ χαλεπὴν καὶ βαρεῖαν, ἣν ἐγώ, ὡς ἐμοὶ δοκῶ, ἐν τοῖς βαρύτατ' ἂν ἐνέγκαιμι.]

43c5-6：οὐ σοί, ὡς ἐμοὶ φαίνεται[不是对你，在我看来]，[S 甲注]这些添加的词汇可谓美不胜收。他说："那个消息对您来说，不可怕，或产生什么焦虑，我知道那是人间最大的麻烦，甚至就是死亡本身，但对我们来说……"因为 ὡς ἐμοὶ φαίνεται，即，"对我来说"，也就是"我完全相信"。

43c6：τοῖς σοῖς ἐπιτηδείοις[你那些忠实的朋友]，[S 乙注]苏格拉底的朋友和门徒，他们经常被如此描述，参《斐多》。[按]：Ap 译作 nahestehen，贴近希腊原文（S 意译作 Freunden，朋友，其他译本多译作 friend），本指"合适的、有用的、怀好意的、忠实的（朋友）"，与上文克力同没有叫醒苏格拉底的"故意"（43b5）是同根词。

43c7：καὶ χαλεπὴν καὶ βαρεῖαν[难受而痛苦]，[D 注]对第一个χαλεπήν 一种有效的而且几乎感伤的重复（reiteration），这两个 καὶ 让一切都变得强烈起来。

43c7-8：ἐν τοῖς βαρύτατα[在最大的痛苦中]，[B 注]"最悲伤的"，另参 52a5，οὐχ ἥκιστα...ἀλλ' ἐν τοῖς μάλιστα[丝毫不亚于……反倒

最……]。用 ἐν τοῖς 来强调形容词的最高级，在希罗多德中仅有一见（7.137），在修昔底德那里也有几见，而在柏拉图笔下，则有 13 次。在演说家或色诺芬那里，找不到这种用法。

[D 注]希罗多德、修昔底德、柏拉图和后来的作家，把 ἐν τοῖς 当做一个惯用法，以限制最高级。以前在这样一种表达法中，还用分词，如 ἐν τοῖς βαρέως φέρουσι ...。因此，ἐν τοῖς 就变成了一个副词，它不是表示一种绝对的先行词，而是一般性地表示最高特性。

[A 注]注意层层递进的手法（climax）：χαλεπήν[难受]—χαλεπήν καὶ βαρεῖαν[难受且痛苦]—ἐν τοῖς βαρύτατα[最痛苦]。短语 ἐν τοῖς，为最高级添加强调功能。当出现形容词最高级时，最好附上一个与冠词一致的贴近的最高级来解释，另参《克拉提洛斯》427e，《会饮》195e，修昔底德《战争史》3.17。[E 注]作者用重复的手法：χαλεπή ... χαλεπήν ... βαρεῖαν ... βαρύτατ᾽，进一步营造感伤的氛围（produce pathos），并进一步刻画克力同的性格特征。克力同提到他自己所认为的对苏格拉底异常特别的感受（ἤν...ἐνέγκαιμι，忍受），由此达到高潮（climax）。克力同认为苏格拉底是在遭罪，他对此作出的反应，被柏拉图幽默地表现为对自己的苦难总是至少不大理睬（见下文）。

[按]从语气和句式来看，克力同说话有些结结巴巴，甚至有点语无伦次，表现出心中的恐慌和痛苦，他不是苏格拉底，他虽然也是这么一大把年纪的人了，但还是没有免于死亡的困扰。这谈不上苏格拉底所讥讽的"乱弹琴"（43b10），倒显示出克力同对友谊的忠诚。"尤其是我，我觉得，最难以忍受的痛苦"，直译为"而我，我觉得，在这件最痛苦的事情中忍受着"。克力同所谓"不是对你"[οὔ σοί, 43c5]，表明克力同深知老友已超然洒脱到对死亡无所谓的境界：苏格拉底在法庭"奋不顾身"（即丝毫不为自己开脱）的假"申辩"，早就让包括克力同在内的所有人明确地感受到，苏格拉底已抱必死之志。但出于友情和道义，克力同依然一大早就到监狱来劝苏格拉底逃跑。可以推想，克力同彻夜无眠的思考和筹划中，

已知道自己前来劝说的结局是怎样的了——尽管他并不知道，修辞在顽固的哲学和高尚的道德以及超越性的宗教中，其实没有任何用处。

苏：什么样的消息？船从德洛斯回来了吗，它一[43d]到我就得死？［Τίνα ταύτην; ἢ τὸ πλοῖον ἀφῖκται ἐκ Δήλου, οὗ δεῖ ἀφικομένου τεθνάναι με;］

43c9：Τίνα ταύτην［什么样的东西（消息）］，[S 甲注]也就是你带来了什么样的消息，另参《游叙弗伦》14e10。在这样的句子中，冠词表示前面已经说到过的东西。

43c9：ἢ τὸ πλοῖον ἀφῖκται［船回来了吗］，[S 甲注]施莱尔马赫错误地把这句话翻译成 ist etwa das Schiff aus Delos zurueckgekommen［船已经从德洛斯回来且到了吗］，因为小品词 ἤ，一般用在由两个部分构成的疑问句的第一部分之前，后来才开始这样用，即压制第一部分，而且 ἤ 这个词有着限制和纠正的作用。因此这段话当如是理解："但我为什么要问？船当然已经到了，它一回来……"雅典人感激阿波罗从克里特把忒修斯及其同伴安全送了回来，就每年派一个公共使团去德洛斯，向阿波罗献祭，并用颂诗致以礼赞。这些使节被称作 θεωροί［观礼员］，或 θεωρία，它来自动词 ὠρεῖν［看］，即 φροντίζειν［思考］，而其名词 θεός［神］，就是阿波罗。[按]"德洛斯"在希腊语中如果不指地名（小写），就指"显然"（43d4）、"清楚"（44d2）。

[T 注]这里所提到的船，就是忒修斯从克里特返回时乘坐的船，它安全地带回了七个童男和七个童女，他们是每年被迫进贡给克里特国王米诺斯的礼物。从此以后，这条船（不断修补和翻修，直到其身份在思辨哲人眼里变成了一个争论不休的问题为止）每年都被派到德洛斯岛朝圣进香，向阿波罗还愿感恩。在该船船尾带着神圣的花环归来以前，任何公开的处决都是在非法地玷污这个圣洁的城

邦。于是，这条船在苏格拉底受审的头一天就起航去了德洛斯。苏格拉底由此获得大约三十天的缓刑期，这期间他被关押在监狱里，但可以与朋友自由交谈。详细的说法另参《斐多》58a，色诺芬《回忆录》4.8.2。另参 A 注。

43c9-d1：οὔ...ἀφικομένου [一到达]，[E 注]绝对属格，字面意思为"它既然已经到达"（which [the boat] having arrived）。表达了苏格拉底必死这一重要思想的 δεῖ [得，必须]，打断了话语进程。

43d1：τεθνάναι [杀死]，[A 注]比 ἀποθνῄσκειν 稍微更表示强调的意味，参《申辩》30c，以及下文 52c。阿提卡的优秀散文作家几乎都不用不定式 θνῄσκειν，而是用 ἀποθνῄσκειν，只有 τέθνηκα，ἐτεθνήκη，而没有 ἀποτέθνηκα，ἀπετεθνήκη 这样的用法。[按]苏格拉底似乎是在说"到达的船必会杀死我"。苏格拉底一听克力同所谓难受、痛苦的消息云云，就知道其内容了：是苏格拉底率先想到并提到了死亡的问题。

克：还没到，但我想今天就会到，据有些从苏尼翁回来的人报信，那些人是在那里离开那条船的。[Οὔτοι δὴ ἀφῖκται, ἀλλὰ δοκεῖν μέν μοι ἥξει τήμερον ἐξ ὧν ἀπαγγέλλουσιν ἥκοντές τινες ἀπὸ Σουνίου καὶ καταλιπόντες ἐκεῖ αὐτό.]

43d2：ἀλλὰ δοκεῖ μέν μοι ἥξειν [但我想……就会到]，[S 甲注]在动词 οἴμαι [知道]、δοκεῖ [认为]以及其他类似的动词之后，μέν 常常为一个不需要回答 δέ 的所代替。但这个句子应该与其他句子相反，总是很容易理解。而且其作用当理解为：σαφῶς δ' οὐκ οἶδα,（我认为显然不）。但既然克力同后来说了 δῆλον οὖν ἐκ τούτων τῶν ἀγγέλων, ὅτι ἥξει τήμερον [据那些报信人说，船显然今天就到]，很明显，这里的时态必定要求某种很不相同的东西。同样的情况见于《斐多》61c。

[T 注] δοκεῖ μέν [我认为]是阿提卡都市风格的用语，以避免肯定性的申明，即便说话者意在表达丝毫都不怀疑的想法。[B 注]

柏拉图常用的短语是 ἐμοὶ δοκεῖν。

43d3：Σουνίου[苏尼翁]，[A注]地名，阿提卡半岛的一个海角，它对船员来说，是一个很大的地标。另参荷马史诗《奥德赛》3.278："我们到达神圣的苏尼翁，雅典的海岬。"（王焕生译文）[E注]苏尼翁角（Cape Sunion），雅典东南三十英里，雅典南端最远处，从德洛斯回来的船只必经之地。船到达雅典海港佩莱坞（Piraeus 旧译"比雷埃夫斯"）后，苏格拉底就要被处死。

[G注]阿提卡东南端的海岬，离雅典大约50公里。那个时节常有逆风（《斐多》58c），乘客们在那里下船后，船就停在那里避风。

43d4：καταλιπόντες ἐκεῖ αὐτό[在那里离开它]，[E注]在连接苏尼翁海峡和大陆的下伊斯忒摩斯（low Isthmus）东侧，有一个狭窄的港湾，那些不能平安通过苏尼翁角的船只，就在那里避风。我们从《斐多》58b8 知道，那个时候的风总不大合适。

[按]各英文译本大都译作"离开"（left）或"登岸"（embark），严群译作"下船的人已经到了"（译掉了"传言"），王太庆添加了不少的内容，作"离船登岸，已经从陆路回来了"，王晓朝的译本也与此相近。该词本有"留下"、"放弃"之意，可以解作"弃"船登岸，但该词偶有"同意"之意，或可解作"那里的人都那么说"。

据那些报信人[d5]说，船显然今天就到，那你明天就必然会，苏格拉底啊，终结你的生命。[δῆλον οὖν ἐκ τούτων [τῶν ἀγγέλων] ὅτι ἥξει τήμερον, καὶ ἀνάγκη δὴ εἰς αὔριον ἔσται, ὦ Σώκρατες, τὸν βίον σε τελευτᾶν.]

43d4-5：δῆλον...τούτων [τῶν ἀγγέλων]...ἀνάγκη[显然……那些（报信人）……必然]，[E注] Burnet 在牛津古典文本第一版（OCT[1]）中把"传言"（τῶν ἀγγέλων）括起来，认为是窜入的页边对文本的解释，不能与上面 d3 的 ἐξ ὧν[据此]严格一致，但牛津古典文本第二版（OCT[2]，按：由 E. A. Duke, W. F. Hicken, W. S. M. Nicholl, D. B. Robinson, J. C. G. Strachan 编，其中《克力同》由 Nicholl 编，

Oxford, 1995）又去掉了括号，因为这样的文字站得住脚，反映出他在焦虑的思想状态下，句法上有些轻微的不合，实际上也反映了克力同的人格：他极易接受别人（包括苏格拉底）认为有道理的东西。比较而言，苏格拉底则依赖于内在的（在他那里，就是神明的启示）确定性，下文 43d8 可见（按：即苏格拉底著名的"精灵"daimon）。从 δοκεῖ μοι [我认为，我猜想] 这个前提，到 δῆλον οὖν [显然] 的推论，明显不合逻辑，但这自然反映出克力同把刚才还承认是道听途说的传言表述成一个清晰的事实，从而急切地想让苏格拉底认识到情况已刻不容缓。

43d4-5：ἀγγέλων [报信人]，[A 注] 也就是 ἥκοντές τινες [有些回来的人]。ἄγγελοι [传报者]，在波利比乌斯（Polybius）以前还不是表示"消息"（nuntii）之意。

苏：好啊，克力同，愿好运相随，如果神们喜欢的话，就让它来吧！不过，我知道船今天不会到。[Ἀλλ', ὦ Κρίτων, τύχῃ ἀγαθῇ, εἰ ταύτῃ τοῖς θεοῖς φίλον, ταύτῃ ἔστω· οὐ μέντοι οἶμαι ἥξειν αὐτὸ τήμερον.]

43d7：Ἀλλ' [但是]，[E 注] 引导一种希望，标志着"从已知的现在温和地转向未知而渴求的将来"，即，"那好……"（well...）。[D 注] 引入苏格拉底兴高采烈的希望，与克力同的垂头丧气形成生动的对照。[按] 原来意译为"阿弥陀佛"，虽有些不伦不类，但意在宣扬苏格拉底的心理：等了一个月（甚至大半辈子）的"美好"结局，终于要来了。校者建议译为"善哉"。

43d7：τύχῃ ἀγαθῇ [好运]，[B 注] "但愿那就是最好的"（and may it be for the best），以 ταύτῃ ἔστω（就让它来吧）为结尾。τύχῃ ἀγαθῇ 这个短语属于官方文件（选举的结果、合约等）中常见的用语。

[S 甲注] 希腊人用来表示好兆头的一个著名形式，他们自己或

别人在做任何事情时，就会这么祈祷。它等同于拉丁语 quod bene vertat, quod felix faustumque sit。另参《会饮》177E，修昔底德 4.118。因此，当苏格拉底听到他必须死的消息时，丝毫不惧怕死亡，他甚至把死亡视为一个值得当做福报（blessing）去寻求的对象。

[T 注]一种表示美好愿望的祈祷程式，希腊人在进行任何一件事情或提到任何预期的事件时，常常会用到它。苏格拉底在这个语境中用它，就是要突出地阐明他面临死亡时的欢欣快乐和充满希望（cheerfulness and hopefulness）。

[按]"愿好运相随"，本意指"好运"，与格，程式化用语，表示祈祷和愿望，故加上语法意味而作此译，与下文"就让它来吧"（ταύτῃ ἔστω，原译作"但愿如此"，经黄薇薇女士提醒而改作此译，英文多作 let it be）一脉相承。王太庆把 ταύτῃ ἔστω 译作"就这样吧"，似乎表现的是苏格拉底的无可奈何，而没有体现出苏格拉底的"希望"和"高兴"。

"愿好运相随，如果神们喜欢的话，就让它来吧"云云，是一种程式化的"套话"，大概没有多少深刻的内涵，但我们不妨想一想：接下来苏格拉底明确地说，船今天不会回来，是不是表明"神明"即便喜欢，也不见得立即就能"来"吧？这里的"神明"显然指城邦的神明，而不是苏格拉底接下来所说的那位梦中白衣女神，当然更不是苏格拉底特有的精灵。与苏格拉底自己的神明相比，城邦的神明似乎不大灵光和灵验。

进言之，下文苏格拉底所谓"知道"[οἴμαι]，而不是克力同的"认为"[δοκεῖν]，可谓意味深长——即便苏格拉底身陷囹圄，没有外界的确切消息，但苏格拉底仍然能够肯定地"知道"船在今天不会回来，因为他自己具有与众不同的"通天"本事，而这正是他获罪的原因之一。他在狱中仍然像他在法庭上那样，大肆宣扬自己"通神"，其不信城邦所信的神，信矣。

克：[44a]你凭什么这样断定？[Πόθεν τοῦτο τεκμαίρῃ;]

44a1：*τεκμαίρῃ*[断定]，[按]E 注和 Loeb 丛书的希腊文本作 *τεκμαίρει*，但 Burnet 的牛津本和施莱尔马赫所依据的希腊文本都是前者，E 注特别说明了它的语法属性后，加了一句："常常（牛津古典文本第二版 OCT^2）写作 *τεκμαίρῃ*"。该词是 *τεκμαίρομαι* 的一般现在时第二人称单数中动态（另参 44a6），本意指"凭记号或迹象来确定和断定"，引申为"推断"和"估计"（柏拉图《王制》578c4 作"推论"），由此看来，克力同无意中已经表达了苏格拉底的推断已经蕴含了某种"迹象"，也就是苏格拉底在法庭申辩时供认不讳的"神迹"，即，精灵，daimon。苏格拉底很清楚，对方控告他"信新的精灵"（《申辩》24c1，26b5），苏格拉底在一通让人眼花缭乱（其至超过智术师的伎俩）的辩护——诡辩之后（27c1-28a1），公然承认了对方的控诉：他的确有一种精灵在指导自己（31d1），并骇人听闻地把他自己才有的这种东西叫做"神迹"（*θεοῦ σημεῖον*，或"神的信号"——吴飞译）。克力同的话语中丝毫没有我们所说的这方面含义，但从下文来看，苏格拉底的确是从"神迹"而推断出船今天不会到达，反倒强化了克力同的无心之语。

苏：我给你说吧。船如果一回来，第二天我就得死。[*Ἐγώ σοι ἐρῶ. τῇ γάρ που ὑστεραίᾳ δεῖ με ἀποθνήσκειν ἢ ᾗ ἂν ἔλθῃ τὸ πλοῖον.*]

44a2：*Ἐγώ σοι ἐρῶ*[我给你说吧]，[按]施莱尔马赫的译文 Das will ich dir sagen（我会给你说的）比 Apelt 的译文 Du sollst es hoeren（你该听一听，或，你且听好了）更为准确。其中，*ἐρῶ* 既可理解为将来时（就像大多数英译本所理解的那样），也可以理解为现在时。苏格拉底这句话本无必要，在对话过程中，苏格拉底径直解释即可。柏拉图如此命笔，似乎要刻意突出苏格拉底因神明附体而自信满满。

44a3：*ᾗ ἂν ἔλθῃ*[一旦回来]，[S 甲注]在 *ὑστεραίᾳ*[第二天]后面加了一个小品词 *ᾗ*，是因为那个词完全有着比较级的意味。另参

《会饮》173a。这里没有采用祈愿式的 ἔλθοι（回来吧），而是采用虚拟式，因为它的意思即是：无论哪一天，它都会回来的。按：另参 A 注和 B 注中的语法讲解。

[S 甲注]这是上文"船今天不会到"这个结论的第一个前提，第二个前提包含在下面对梦的解释中。按：苏格拉底似乎又开始他著名的"辩难法"（elenchus）了。

克：主管这件事的那些人就是这么说的。[Φασί γέ τοι δὴ οἱ τούτων κύριοι.]

44a4：φασί γέ τοι δή[就是这么说的]，[B 注]意为"无论如何"（at any rate），比 γοῦν（无论如何，确实）更强烈。[T 注]φασί[说]，是强调性的，指他们所"说"的乃是确定无疑的，尽管克力同也许对这样的说法感到很勉强，并试图表明他们的说法是错误的，如果他真的能够说服苏格拉底的话。限定性的小品词 γέ τοι = 根本无法否认的"那么一些事实"，即，他们如是"说"的。然后，δή 肯定性地认可了同样的事情：他们当然就是这样"说"的。

44a4：οἱ τούτων κύριοι[主管这件事的那些人]，[S 甲注]即，十一人，οἱ ἕνδεκα[十一人委员会]，他们的职责就是关押和惩处经过公开审判的犯人。τούτων（这件事）指的就是惩处。至于一连串的小品词 γέ τοι δή，其作用在于有限制地表示肯定。[A、B 注]"那些掌管这件事的人"，另参《斐多》59e6、85b9。

苏：[a5]不会在即将到来的这一天回来，我知道，而是明天才会到。我从昨晚一小会儿前所做的一个梦推断出来的——你碰巧没有叫醒我，那真是恰到时机。[Οὐ τοίνυν τῆς ἐπιούσης ἡμέρας οἶμαι αὐτὸ ἥξειν ἀλλὰ τῆς ἑτέρας. τεκμαίρομαι δὲ ἔκ τινος ἐνυπνίου ὃ ἑώρακα ὀλίγον πρότερον ταύτης τῆς νυκτός· καὶ κινδυνεύεις ἐν καιρῷ τινι οὐκ ἐγεῖραί με.]

44a5：Οὐ τοίνυν τῆς ἐπιούσης ἡμέρας[不会在即将到来的这一天]，

[按]苏格拉底把 ou[不]放在句首，与其说他在否定船今天回来，不如说他在强调自己对船今天不会回来这件事的肯定态度：借否定之名，行肯定之实。此外，苏格拉底没有直接说"今天"，而是说"即将到来的这一天"（Gr 译本作 on this coming day，贴近，其余大多意译作"今天"。施莱尔马赫译作 an dem jetzt anbrechenden Tage，如今即将到来的这一天，比 Apelt 的译文 am heutigen Tage，今天，更贴近希腊文），指现在的黎明之后即将开始的"今天"（即 Ga 译本的 on the day that is just dawning）——克力同刚才说的 τ-ἡμερον[43d2-3，今天]，被苏格拉底拆开，中间加上了分词"即将到来的"。苏格拉底这样说，一方面当然是因为天还没有亮（参 T 注），而更可能的是为了强调他与克力同的"不同"。在希腊语中，ἡμέρα 指"一天"，加上冠词后再合拼为一个单词，则表示"今天"，苏格拉底反其道而用之。此外，τοίνυν，虽然指"因此，所以，那么"，但后半部分的 νυν，也可以表示"如今"（即施莱尔马赫所译的 jetzt），如果我们把它拆开来看，它显然也是在强调"即将到来的这一天"。"知道"，即上文 43d8 中的 οἶμαι。

44a6：τῆς ἑτέρας[下一天，另一天，即明天]，[A 注]"明天"，即，第二天，或正在开始的一天。另参索福克勒斯《俄狄浦斯王》781 行。从《斐多》59d-e 可见，苏格拉底似乎是对的：船第二天才到。

[B 注]从日落到日落算作一天，上文 ἡ ἐπιοῦσα ἡμέρα 一般指"第二天"和"明天"，而克力同所说的 τήμερον[今天，43d2, d5]更准确。然而，由于天还没有亮（参 43a4"黎明拂晓前"），苏格拉底用这个说法，也并无不可。

44a6：τεκμαίρομαι δὲ ἔκ τινος[从某个……推断]，[S 甲注]这是运用动词 τεκμαίρεσθαι 的常见模式，在这里必须要理解为还有一个 τοῦτο[这个、那个]或 αὐτό[它]。[按]即推断出的这个或那个结论。另参《王制》406d，《高尔吉亚》484b，《斐多》108a 等处。此处

还加了 ὀλίγον πρότερον[一小会儿前]，是因为午夜以后所看到的梦被认为是真的（另参 S 乙注。T 注：古人把午夜以前的梦视为错误的）。另参荷马《奥德赛》4.842 以下，20.82-91。另参贺拉斯《讽刺诗集》（Satir）1.10.33：Quirinus post mediam noctem visus，quum somnia vera（战神奎里纳斯午夜过后看到的，就是真梦）。[按]"前"，即上文"早"的比较级，英译多做 earlier。

44a6：ἐνυπνίου[梦]，[E 注]柏拉图笔下的苏格拉底与梦的重要关系，另参《申辩》33c5 以下，在那里，这种中介方式特别地向苏格拉底传达德尔斐的那位神明的神圣命令，而苏格拉底则宣布，这种神旨决定着他的生活所要走的方向（亦参《斐多》60e1 以下）。

[B 注]苏格拉底所作梦的重要性，也许可以追溯到俄耳甫斯教的影响，俄耳甫斯教义认为"灵魂"只有在身体睡着了的情况下才会变得活跃（另参品达残篇 131）。[按]直译应为"看到的梦"，即我们所谓"做梦"。古希腊人和古罗马人都说"看"梦。总之，苏格拉底别有通神的手段，其中，精灵之外，便是"梦"，以及梦中的白衣女神。

44a7：κινδυνεύεις[你碰巧]，[S 甲注]阿提卡作家用 κινδυνεύειν 表示"看起来"（to seem）。[A、T 注]在阿提卡作家那里，就等于 δοκεῖς[认为]，常见于对话体风格中。[按]本意指"冒险"，也指"碰巧"、"恰好"。这里当然不能把苏格拉底话理解为"幸好克力同没有冒冒失失地把我叫醒"。

44a7-8：ἐν καιρῷ τινι[在某种时机中]，[S 甲注]"非常适时"（peropportune）。阿提卡作家用 κινδυνεύειν 表示"看起来"（to seem）。[B 注]"并非不合时宜"（not inopportunely）。[A、E 注]其中的 τινι（某种），起到间接肯定（litotes）的作用（underemphasis for effect，对效果强调不够）。

克：那究竟是一个什么样的梦？[Ἦν δὲ δὴ τί τὸ ἐνύπνιον;]
44a9：Ἦν δὲ δὴ τί τὸ ἐνύπνιον[那究竟是一个什么样的梦]，[A

注]"关于那个梦——是什么?"关于其语序,比较 λέγω δὲ δὴ τί τοῦτο[我这样说指的是什么呢?](刘小枫译文,《会饮》178d1)。苏格拉底受梦境和神谕(oracle)影响很大,一般来说还受 μαντική[预言术]影响,另参《申辩》33c: ἐμοὶ δὲ τοῦτο, ὡς ἐγώ φημι, προστέτακται ὑπὸ τοῦ θεοῦ πράττειν καὶ ἐκ μαντείων καὶ ἐξ ἐνυπνίων[正如我说的,这是神派我干的,通过神谕,通过托梦](吴飞译文)。第欧根尼·拉尔修在《名哲言行录》2.5.35 以及西塞罗在《论预言》(de Div.) 1.52 中再次提到了这个梦。另参《斐多》60e。苏格拉底极为尊重预言(divination),与柏拉图形成最为鲜明的对照,柏拉图在《政治家》(290c 以下)中,把祭祀术(priestcraft)和预言术视为众多技艺中最低等的。对此,可参 Hohle 的杰出论文《柏拉图思想发展历程中的国家学说》(Die Statslehre Platos in ihrer geschichtlichen Entwicklung),Jena,1880。

苏:[a10]我仿佛看到有个美丽而端庄的女人朝我走来,[44b]她身着白衣,叫着我的名字,对我说:"苏格拉底,你第三天就到富饶的福提亚来吧。"[Ἐδόκει τίς μοι γυνὴ προσελθοῦσα καλὴ καὶ εὐειδής, λευκὰ ἱμάτια ἔχουσα, καλέσαι με καὶ εἰπεῖν "Ὦ Σώκρατες, ἤματί κεν τριτάτῳ Φθίην ἐρίβωλον ἵκοιο."]

44a10:Ἐδόκει τίς μοι γυνὴ[我仿佛看到某个女人],[S 乙注]δοκεῖν[认为,看来,仿佛。按:即上文克力同所说的"我想"]恰当地用来指梦境和幻象。见欧里庇得斯《伊菲革涅亚在陶洛斯人中》44 行:ἔδοξ' ἐν ὕπνωι[我仿佛在梦中……](罗念生译文);《奥瑞斯特斯》行 402(B 注:另参《泰阿泰德》158c5,阿里斯托芬《马蜂》行 31)。古人认为梦中或幻象里出现的那些人具有神圣的本性,因此一般说来表示有着比凡夫俗子更高贵更庄严的外貌。另参 Juvenal 13.221: Te videt in somnis: tua sacra et major imago humana,色诺芬《居鲁士劝学录》8.7.2.2,κρείττων τις ἢ κατὰ ἄνθρωπον[比凡人更强大],Dion. Cass. 4.1,γυνὴ γὰρ τις μείζων, ἢ κατ' ἀνθρώπου φύσιν[某个比常人的体格更大的女人]，塔西佗《编年史》6.21，普林尼，7.27。所以，这里的 εὐειδής，就是"面容姣好、风采优雅"。据说，她们都穿着白衣，白色标志着梦境吉祥。另参《马太福音》28.3，τὸ ἔνδυμα - λευκὸν ὡσεὶ χιών[他的相貌如同闪电，衣服洁白如雪]，另参《马可福音》16.5，《约翰福音》20.12。按：居鲁士老年的时候，作了一个梦："好像是有一个人来到他这里，那人比一般人（引按：凡夫俗子）要高一些，对他说：'把你的家安排好，居鲁士，现在该走了，你要到神那里去了。'"（沈默译文，《居鲁士的教育》，华夏出版社 2007 年，页 472）

44a10: γυνή ... καλή καὶ εὐειδής[美丽而端庄的女人]，[A 注]M. Wohlrab（1834-1913）指出，白衣有着"高兴"之意，比较《法义》947b4-6，柏拉图谈到葬礼时，规定 λευκὴν μὲν τὴν στολὴν ἔχειν πᾶσαν, θρήνων δὲ καὶ ὀδυρμῶν χωρὶς γίγνεσθαι[所有衣服都是白色，而且还不能有挽歌和悲痛]。同样见于埃斯库罗斯《波斯人》行 301：λευκὸν ἦμαρ νυκτὸς ἐκ μελαγχίμου[暗夜后的明亮白天]（王焕生译文）。苏格拉底也许把这个梦境等同于 ἡ εἱμαρμένη[命中注定的东西]了，见《斐多》105a5-6，ἐμὲ δὲ νῦν ἤδη καλεῖ, φαίη ἂν ἀνὴρ τραγικός, ἡ εἱμαρμένη[正如一个悲剧中的角色所说，命中注定的东西现在召唤我了]。

[E 注]身着白衣的女人很可能（如 Adam 所认为）是"命运女神"（fate）。T. Payne 试图把《克力同》的结构与《伊利亚特》第 9 卷遣使劝阿基琉斯的过程相联系，虽详细但不够有说服力，《作为神话学模仿的〈克力同〉》（The Crito as a Mythological Mime），刊于《解释》（Interpretation），11 (1983) 1-23。

[按]εὐ-ειδής 本意指"好的容貌"，这里根据语境采用王太庆的译法，转作"端庄"。在色诺芬《回忆录》中，苏格拉底讲了年轻的赫拉克勒斯刚成年时，在人生的十字路口碰到了两个身材魁梧的女人，其中一个是"德性女神"阿蕾特，一个是"邪恶女神"卡吉娅。德性女神"面貌俊美，举止大方，肌肤晶莹，眼光正派，形态

安详，穿着洁白的衣服"（2.1.22，吴永泉译文。吴译与希腊原文差异较大，Loeb 本的英译文为 The one was fair to see and of high bearing; and her limbs were adorned with purity, her eyes with modesty; sober was her figure, and her robe was white。Bonnette 本译作 one of the two was becoming to look at and freeborn in nature. For adornment her body had purity, her eyes modesty, her bearing moderation, and she had white clothing）。

44b2: ἤματί κεν τριτάτῳ... ［第三天……］，[S 甲注]阿基琉斯因阿伽门农的侮辱而激怒，打算回家，他希望第三天（按：指从动身之日算起）就可以到家。然而，在荷马史诗中，"回、到"用的是 ἱκοίμην（按：与苏格拉底这里化用典故时的用词差别仅在于，阿基琉斯用的是第一人称"我"，苏格拉底用的是第二人称"你"）。Fischer 正确地指出，我们要把苏格拉底的话理解为指他所希望的另一个世界的生活。

[S 乙注]福提亚，忒塔利亚（旧译"帖撒利"）的一个城邦，阿基琉斯的出生地，在苏格拉底梦中福提亚应该理解为苏格拉底死后的住处（按：福提亚是阿基琉斯的"家"，"死"在苏格拉底这里就是"回家"）。另参《申辩》32，对苏格拉底来说，生命只不过是"过场"（the passage）。按：苏格拉底在《申辩》28a-29b 中也自比为阿基琉斯。

[B 注]见《伊利亚特》9.363: ἤματί κε τριτάτῳ Φθίην ἐρίβωλον ἱκοίμην[第三天我会到达泥土深厚的佛提亚]（罗念生译文）。这些话是阿基琉斯说的，他的意思是他在三天之内就可以到"家"了，而这也是苏格拉底以为自己的梦所表达的含义。认为生命就是从我们天上家园的流放这一观点，乃是俄耳甫斯教的观点。另参恩培多克勒的残篇 115 和残篇 13（Diels）: τῶ καὶ ἐγὼ νῦν εἰμι, φυγὰς θεόθεν καὶ ἀλήτης[我现在也是个众神斥逐的漂泊者]（徐开来译文，见苗力田编《古希腊哲学》，中国人民大学出版社 1989 版，页 135。按：KR 本的英译文作 Of these I too am now one, a fugitive from the gods and a wanderer），第欧根尼·拉尔修说（2.35）：ὄναρ δόξας τινὰ αἰτῷ λέγειν· ἤματί κεν τριτάτῳ Φθίην ἐρίβωλον ἵκοιο πρὸς Αἰσχινην ἔφη· Εἰς τρίτην ἀποθανοῦμαι[他似乎做了一个梦，梦中有人对他说："在第三天，你就会来到弗西亚的沃野上。"于是他对埃斯基涅斯说："第三天我就会死去。"]（徐开来译文，见《名哲言行录》，广西师大出版社 2010 版，页 166-167）。当然，苏格拉底的这场梦在历史上是真实的（historical），而且墨伽拉（Megara）的苏格拉底学派（Socratics）肯定经常谈到这场梦。那么，这似乎是在表明，埃斯基涅斯（Aeschines，按：苏格拉底的弟子）就这个题目写了一篇对话来当礼物。对于上述解释，另参亚里士多德对话中归在塞浦路斯的优德谟（Eudemus）的那场梦，西塞罗在《论预言》1.25 中引用过它。据说，优德谟曾做了一个梦，一个漂亮的年轻人告诉他，他五年后就会回家。实际上，他五年后在叙拉古的战斗中阵亡，ex quo ita illud somnium esse interpretatum ut cum animus Eudemi e corpore excesserit, tum domum revertisse videatur。我不会像 Lambinus 那样，认为 φθίην 的意思是指 φθίνω。

[T 注]苏格拉底在梦中那位女人的话语中，找到了他自己离开尘世去往天国家园时美丽的住所。不应该认为这个梦只是柏拉图的虚构。除了这篇对话大体真实和可信而外，苏格拉底是一个臭名昭著的做梦人或幻视者（seer of vision），而且也是一个完全相信那些东西神圣含义的人。此外，他是荷马史诗的伟大读者和崇拜者。那么，他白天谈论、夜晚沉思的即将来临的赴另一个世界的旅程，出现在他自己的梦中并给他穿上荷马史诗熟悉语言的外衣，还有什么比这更自然更可能的呢？[按]苏格拉底与荷马的关系似乎不是这样简单。

[A 注]对苏格拉底来说，这句话的意思很可能基于福提亚乃是阿基琉斯的"家"这个事实之上：但我肯定，（无论对或错）苏格拉底把 Φθίη 与 φθίω[毁灭、消失]和 φθίσις[消亡、亏损]联系了起来，而且是轻易地从修饰语 ἐρίβωλον[土地肥沃的]得来。在欧里庇得斯

《埃勒克特拉》行 836 中，我认为也有一个相似的玩 *Φϑίας* 的文字游戏。奥瑞斯特斯当着埃吉斯托斯的面，一直在用一把 *Δωρικὴ κοπίς*[多里斯砍刀]解剖一件祭品（按：一头小牛）的内脏。突然，奥瑞斯特斯把砍刀丢在一边，喊道：*οὐχ, ὅπως παστήρια ϑοινασόμεσϑα, Φϑιάδ᾽ ἀντὶ Δωρικῆς οἴσει τις ἡμῖν κοπίδα*[没有人去给我们拿一把佛提亚砍刀来代替这多里斯砍刀吗]（张竹明译文）；他就用这把 *Φϑιὰς κοπίς*[佛提亚砍刀]，杀掉了埃吉斯托斯。我很高兴地发现（一个学生向我指出的）Lambinus 对这一段中的 *Φϑίην* 也持同样的观点（按：Burnet 反对这种看法，参上文）。另参下文 47B。

[按]苏格拉底去意已决，早在一个月前的法庭"申辩"中就已清楚可见，甚至在他早年开始从事与城邦生活格格不入的哲学事业时，可能就已经预料到了这样一个结果。而恰恰是他所从事的那种"哲学"的教诲，让他一直在期望着能够回到极乐世界的家园。这就为苏格拉底整篇对话定下了基调：所谓尊奉法律，不得行不义云云，只不过是迎候命运的托辞——死得其所，不亦快哉。后来对法律的强调，不过是为了说服克力同，减轻老友无法营救自己而产生的愧疚。在苏格拉底这里，根本不存在这样的"愧疚"：死亡就是回家，就是无上的福祉。但克力同这位凡夫俗子不会这么想，于是苏格拉底只好编了一套与他在法庭申辩时自相矛盾的说辞，无非是要安慰好心的克力同。从另一个角度，也就是从克力同这种"公民"的角度来说，法律是必须遵守的规范——苏格拉底在劝诫一个普通人要遵守法律。至于他自己，早已超越于法律之上了。于是，《克力同》与《申辩》在"道德教化"这个层面上总体而言又不仅不矛盾，而且还一脉相承：它们都是苏格拉底对他人的谈话或教诲，而只有这句话，"苏格拉底，你第三天就到富饶的福提亚来吧"，才是苏格拉底自己跟自己的对话，或者是苏格拉底自己的内心独白。苏格拉底只听神明的话，也就是只听自己的，他自己差不多（把自己当成了）就是神明。

克：这个梦好奇怪，苏格拉底。[Ἄτοπον τὸ ἐνύπνιον, ὦ Σώκρατες.]

44b3：ἄτοπον[奇怪]，[A 注]与下文的 ἐναργές（清楚）形成对照：λίαν γε, ὡς ἔοικεν[太过清楚了，似乎]，是反讽性的，因为从后面的结果来看，克力同不相信那个梦。另参下文 46a。[E 注]"奇怪"、"不合适"（out of place）；这就把克力同刻画为想象力相当有限的人（比较苏格拉底接下来所说的"清楚"）。[按]克力同与苏格拉底，或，公民与哲人，进言之，城邦与哲人，他们的世界大不相同，甚至很难相互沟通和理解，便难免冲突。

苏：清楚异常，在我看来，克力同。[Ἐναργές μὲν οὖν, ὥς γέ μοι δοκεῖ, ὦ Κρίτων.]

44b4：Ἐναργές μὲν οὖν[不过却相当清楚]，[S 甲注]苏格拉底把自己的梦说成 ἐναργές，也就是如此清晰和明显，根本就不需要猜测或解释。两个小品词 μὲν οὖν，有增加和纠正的作用，"不"、"不，的确"（nay, nay indeed），另参《高尔吉亚》466a, e，《法义》655，《优提德谟》304，《希琵阿斯前篇》283b，色诺芬《回忆录》3.8.4，阿里斯托芬《骑士》910。[按]：在克力同第一次说话"的确还早"中就出现过了，见那里的 T 注。

第一章 劝　说

章解： 不管船今天回来也好，明天到达也罢，反正苏格拉底的死期快到了。克力同不再纠缠于这个无关紧要的问题，因为真正急迫的是劝说苏格拉底马上逃跑，否则就来不及了。克力同与苏格拉底相识数十年，深知老友的为人和性情，便从多个方面展开凌厉的"攻势"。尤其最后这一大段劝说词（45a6-46a8），声情并茂，义正词严，一气呵成，就克力同的学识和能力来说，堪称修辞方面的"杰作"。

[E注]尽管只有一个听众，克力同也使出了浑身解数，动用了感情和说服的力量，用修辞学术语来说，构建起了可以算作一篇正式 *παραίνεσις*[劝告书]的东西，运用了一系列的修辞手法。讲话中重复语词，标志着高谈阔论的正式边界。比如，*ἔτι καὶ νῦν ἐμοὶ πιϑοῦ*[现在也仍然听我一劝，44b7]，*ἀλλ' ἐμοὶ πείϑου καὶ μὴ ἄλλως ποίει*[所以，就听我一句劝吧，不要拒绝，45a3]，*πείϑου μοι καὶ μηδαμῶς ἄλλως ποίει*[就听我一句劝吧，你可千万不要拒绝啊，46a8]；以及 *οἷός τ' ὢν σε σῴζειν*[本可以救你，44c1]，*οἵτινές σε οὐχὶ ἐσώσαμεν*[这些人不救你，46a1]；*οἷόν τε ὂν καὶ δυνατὸν*[既可行也可能，46a2]，*ἀδύνατον καὶ οὐκέτι οἷόν τε*[既不可能也不可行，46a7]。

克力同还用了不少修辞性的问句来进一步提高演说的风格，比如，在44c2-3以及44e2以下；还用了很多直接命令式或否定性的禁止话语,如 45a6, 46a3-4。克力同也有意识地运用了有着正式结果的论证,比如,Ταῦτα...ἐχέτω...τάδε δέ[也就那么回事……那么],ἔπειτα ... ἔπειτα καί [再者说了……再说,45a8-b2];ἔτι δέ[再说,还有,45c6]等等,都是为了让自己的道理累积更多的力量以打动苏格拉底。

因此,克力同常常用重复的方法努力加强自己的观点;但在正式的修辞学范围内,也有证据表明柏拉图用风格(ἠθοποιία[性格素描])来刻画的典型方法;带有松散句法的散乱的句子,就把克力同表现为一个挣扎着要去说服别人时迷失自己方向的人(44b7-c2),到了最后,这些句子还暗示他的恼怒已近于真正的愤怒了(45d7-46a3);克力同甚至不惜对苏格拉底这位亦师亦友的哲人进行冷嘲热讽(45d7-8;按:甚至以"耻辱"、"卑鄙"字眼相劝)。

克力同所有论证的基础就是要关心大众的意见——人们会怎么想,情况似乎会怎么样,等等。文中极为频繁地出现 δοκ-[认为,意见,看法]的同根词(44b10, c2, d2, 45c6, c10, d6, e1, 46a1);这种基础延伸到克力同向 τὸ δίκαιον[正确,正道,正义]的呼求之中,他在呼求中提出了自己的"意见":苏格拉底要是还呆在雅典的话,就不是正确行事了,这还不是从个人利益为出发点的推论;苏格拉底作为一名雅典人,应该在敌人面前捍卫自己、家庭和朋友,不要放弃他们。

此外,柏拉图还从一开始就用戏剧手段挖了克力同 παραίνεσις[劝告]的墙脚:苏格拉底两次简短插话(44c6-9 和 d6-10),早就预示了他后来对克力同立场的毁灭性打击(至少在苏格拉底自己的措辞中);而且,克力同误会了苏格拉底的第三次插话,也就是苏格拉底"担心"的原因(45a4-6),他以为苏格拉底一定像他一样,是从费用角度而有所担心,这就以牺牲克力同为代价,引入了一种对幽默的重要注解。一个这样亲密的伙伴怎么对苏格拉底的金钱观错得如此离谱?但这里也许要牺牲花言巧语(plausibility);克力同显然忽略了苏格拉底性格最基本的特征,这与他长期都是苏格拉底挚友这一身份地位,相当不吻合。

然而,很快就会变得明显的是,克力同对苏格拉底立场所持的"流行"看法,却并非仅仅是苏格拉底后来所做反驳的陪衬,而是包含了那些预示着后来论点的张力和省略:例如,值得注意的是,克力同假设那个在他看来根本就没有任何价值而默默地放过了的论点,在后来却变得有点重要了,即遵守雅典法庭的正式司法判决,也许就是 δίκαιον[正道,正确,正义],甚至如果认为它ἄδικαιον[不正义],那么,不遵守它也是 δίκαιον[正道,正确,正义]。

克力同的论点中也包含着一些有趣东西,可能是公元前五世纪和公元前四世纪与苏格拉底的审判和处决相关的一些惯例,尤其还可能证明了苏格拉底的支持者的不理解,或者对他审判问题上非常规的举动表示同情。

三、名声与意见(44b5-44c5)

节解:克力同开始艰难地劝说苏格拉底越狱。如果苏格拉底死去,克力同就会遭受双重的损失:失去最好的朋友,还要蒙受大众的不白之冤,人们会认为苏格拉底的死就在于他克力同太财迷或太冷漠无情,未能资助苏格拉底逃跑。在克力同的理由中,"失去最好的朋友"谈得不多,大概在于这本身就是克力同真实的想法,本为题中之义,自然无需赘言。于是,克力同便更多地谈到"名声"。名声就是意见。

克:[b5]太过清楚了,似乎。不过,鬼精灵的苏格拉底哟,现在也仍然听我一劝,救救你自己吧。[Λίαν γε, ὡς ἔοικεν. ἀλλ', ὦ δαιμόνιε Σώκρατες, ἔτι καὶ νῦν ἐμοὶ πιθοῦ καὶ σώθητι]

44b5:ὦ δαιμόνιε Σώκρατες[鬼精灵的苏格拉底哟],[A注]这是雅典社会最常见的打招呼的方式。这个形容词原先表示"比凡人更高级"（more than human）：在荷马史诗中，一般用来表示责备的诨称（epithet），在阿提卡还表示那种糅合了进谏（比如此处）或讽刺的喜爱之情。ὦ μακάριε 是同样的用法或含义（《古希腊汉语词典》作"我的好先生"、"我的好人"）。其他同类的表达法有：ὦ βέλτιστε [最亲爱的朋友]，ὦ ἄριστε [最好的朋友]，ὦ λῷστε [最要好的朋友]，ὦ θαυμάσιε [可敬的朋友，神奇的朋友]，前三种（讽刺性地）表示"我卓越的朋友"（my excellent friend）或"我的好家伙"（my fine fellow），最后一种表示"亲爱的先生"（my dear sir，有进谏之意）。具体含意的细微差别，常常只能在翻译的时候大声读出来（in translating aloud），凭音调来揣摩。[按] ὦ δαιμόνιε 或如当年给人讲道理时语重心长的一句"同志哥"。另参 B 注。

[T 注] δαιμόνιε 打招呼的一种方式，本身表示尊重，就其自身恰当的意义来说，"仅仅"表示尊重，然而有时却用于一种以讽刺或严厉语调来说话的情景中，以至于有些词典编纂者得出错误的结论，认为它本身就是既是一个表示荣誉的词语，也是一个表示责备的词语。另参下文 ὦ μακάριε Κρίτων [亲爱的克力同，有福气的克力同]，我们主张英译为 My dear sir, My excellent fellow。

[按]这里的"鬼精灵"虽然只是一个用来称呼熟人和老朋友的普通用语，表示亲切和熟稔，但这个词恰恰也表示苏格拉底身上的"神迹"，即"精灵"——苏格拉底正是因此获罪。克力同显然没有影射苏格拉底之意，但他以这种含蓄的方式，表达了他与苏格拉底之间巨大的立场差异。王太庆译作"了不起的苏格拉底"，可谓传神。苏格拉底梦中能够与命运女神相会并接受她的谕旨，自然太过了不起；而苏格拉底的"辩难"的确让一般人吃不消，当然就会觉得他"鬼精灵"。不管理解为"了不起"还是"鬼精灵"，都表明克力同不赞成苏格拉底的方式和决定（参下文）。正如"太过清楚了，似乎"所示，这里的语境更多地具有怀疑和讽刺的意味，那么，"鬼精灵"在克力同口中亦不乏嘲笑的意味——比较忒

拉克（旧译"色雷斯"）女仆对哲人泰勒斯的嘲笑：苏格拉底不信苍生（比如克力同），信鬼神，而且信的是他自己的而非城邦的神明。

44b6：ἔτι καὶ νῦν [现在也仍然]，[S 乙注]由此可知，克力同此前曾努力劝苏格拉底逃跑以保命。除非 ἔτι[仍然]表达的意思暗指克力同和其他朋友以前所提出付罚金的建议，参《申辩》28 等。[D 注]这暗示克力同已经筹划妥当了，后来得以进一步展开。

44b6：πείθου [听劝]，[按]另有"说服"（诱惑）之意，与"修辞"相关，这是智术师之所长，亦是哲学家之短。苏格拉底不听民众的劝服，即表明哲学与修辞的距离——尽管苏格拉底接下来雄辩地展示了自己的修辞本领，但那时的苏格拉底已经不是站在哲学的立场上慷慨赴死，力陈死亡的哲学意义，而是从城邦的角度劝服民众要服从法律。接下来的苏格拉底与《申辩》中的苏格拉底不是同一个思想史形象，后者是哲学家，而《克力同》中的苏格拉底是智术师，更多地是政治家或立法者。或者准确地说，接下来代表城邦"法律"讲话的苏格拉底，已经不是苏格拉底本人，而是"雅典的法律"。苏格拉底对克力同的反"劝说"，已经不是"苏格拉底"本人的立场，而是城邦的立场了。对于超越了"死亡"的哲人来说，克力同在这里提出的 σώθητι [拯救、保命]，丝毫不成为问题。而对克力同来说，苏格拉底的"自救"，也就等于救了克力同，如下文可见，至少可以救他于"重财轻友"的不名誉之境。谁救谁？为了谁而救谁？克力同也是"自救"，当然是为了友谊，更高一点说，为了完成自我的道德实现；而苏格拉底的"赴死"是为了"永生"，也是一种更高层次上的"自救"：他拒绝"被救"正是为了更高意义上的"自救"！

对我来说，如果你死去，那就不止是一重灾难了：而是除了失去这样一位我再也找不到的挚友以外，很多对你和我都了解得不够清楚的人还会认为，[44c]如果我愿意散财的话，本可以救你，但我居然甘愿撒手不管！[ὡς ἐμοί, ἐὰν σὺ ἀποθάνῃς, οὐ μία συμφορά ἐστιν, ἀλλὰ χωρὶς μὲν τοῦ ἐστερῆσθαι τοιούτου ἐπιτηδείου οἷον ἐγὼ οὐδένα μή ποτε εὑρήσω,ἔτι δὲ καὶ πολλοῖς δόξω, οἳ ἐμὲ καὶ σὲ μὴ σαφῶς ἴσασιν, ὡς οἷός τ᾽ ὢν σε σῴζειν εἰ ἤθελον ἀναλίσκειν χρήματα, ἀμελῆσαι.]

44b7: *οὐ μία συμφορά ἐστιν*[不止是一重灾难]，[S 甲注]其意思是：如果你死去的话，不止是一件灾难，而是几件，会降临到我的头上：因为我除了会失去你这样一位我在其他任何地方都绝对找不到的朋友以外，我还会招致那些对你我都不大了解的人诬以不忠和可鄙（worthlessness）的罪名。完整的表达应该是：*οὐ μία ξυμφορά ἐστιν ἐμοί, ἀλλὰ πλείους· χωρὶς μὲν γὰρ τοῦ ἐστερῆσθαι*，但 *ἀλλὰ*[而是]后面增补了一些词，包含了与 *οὐ μία ξυμφορά ἐστιν*[不止是一重灾难]相对的那个句子省略部分的解释，所以就简化成这个样子了。

[B 注]克力同把他会得到的坏名声，当做是失去朋友之外的一种 *συμφορά*[灾难，不幸]。

[A 注]等于拉丁语的 non una, 即"不止一个"。克力同继续例举了两方面的不幸：失去朋友与失去名声。注意，克力同认为，如果苏格拉底执意赴死，那么，克力同的名声所受的损失，比他违背自己向雅典人所发的誓而劝服苏格拉底逃跑，还要更大：另参《斐多》115d。克力同（这里的克力同与其他地方一样，表现出那个时候常见的君子之风）判断，忠于朋友是一种比忠于国家更高的职责。苏格拉底接下来试图要反驳的，正是这样一种对国家的存在来说极为致命的观点。

44b6-7: *ἐστερῆσθαι*[失去]，[A 注]*στέρομαι* 及其相关形式，在柏拉图和一般而言的阿提卡文献中，有两种含义：要么指"我被排除在外"（I am debarred from），要么指"我失去了"。前一种含义的例子见于《王制》484c6-7：*οἱ τῷ ὄντι τοῦ ὄντος ἑκάστου ἐστερημένοι τῆς γνώσεως*[那些对于每一件存在者的存在都被排除在认知之外的人]（按：郭斌和、张竹明译作"他们不知道每一事物的实在"）；

后一种含义见于《斐多》117c9-d1：οἵου ἀνδρὸς ἑταίρου ἐστερημένος εἴην[失去这样一位伙伴]。

44b8：οὐδένα μή ποτε εὑρήσω[我无论如何再也找不到这样一个朋友]，[A 注]相当于 οὐ μήποτέ τινα εὑρήσω[我绝对找不到这样一个人]，其中 εὑρήσω 当然是将来时态。将来时直陈式（很少）或者（常见得多的）不定过去时虚拟式（如下文的 οὐ μή σοι συγχωρήσω）中带有两个否定词 οὐ μή，表示一种强烈的否定：不定过去时虚拟式带有将来的意味，比较 πί-ο-μαι，ἔδ-ο-μαι，也许还可比较拉丁语的 faxo，即 facso。

[B 注]带双重否定的将来时直陈式虽然很罕见，但柏拉图著作中另外还有两处例子，《法义》735b2 和《书简二》313e4，这两处的读法虽然都有疑问，但阿里斯托芬那里却有一个肯定的例子，见《蛙》行 508：οὐ μή σ' ἐγὼ πειθοίμου' ἀπελθόντα[我并不想要这些]（罗念生译文。校按：罗译似乎有误，应为"我不能让你走"，此处的韵律保证了这种读法。[E 注]很少用双重否定来修饰将来时直陈式，这是给克力同的说法起强调作用（由 ποτε 进一步强化）："我当然绝对不会找到……"

[D 注]这里(44b7)用现在时的 ἐστίν(按即"不止是"中的"是"），比用将来时的 ἔσται 更生动和自然（按：这里的上下文本来是将来时）。[按]"挚友"，即 43c6 中克力同所说的"忠实的朋友"，这里采用了王太庆的译法。

44b9：οἳ ... μὴ ἴσασιν[那些……不了解的人]，[A 注]没有用 οἵ ... οὐ，是因为这个定语从句实际上是一个条件句：没有哪一个既认识克力同也认识苏格拉底的人，会想象得出克力同会对苏格拉底撒手不管（按：即忽视、不关心）。

44c1：ὡς οἷός τ' ὢν σε σώζειν...，[B 注]"作为一个如果我愿意花点钱就能救你的人"，解释了 δόξω...ἀμελῆσαι（认为……撒手不管）。克力同说，那些人会把这件事情归因于我撒手不管，而不是能力问题，因为，那对我来说，只不过是钱的问题。在我看来，时时困扰着克力同的这个相当繁杂的结构，部分地就是对他的 ἠϑοποιία[性格素描]（按：LSJ 英译作 formation of character 和 delineation of character）。

[E 注]这是那些不明就里的人（错误）的看法。克力同 44b6-c2 话语中颇为错综复杂的结构，从另外的角度表明了他的精神状态和性格特征。

[A 注]"因为"（在"他们"看来，所以用 ὡς）"我本该救你"。ἀμελῆσαι[撒手不管]解释了这个从句：就"因为"克力同有钱，而如果不花点钱，那些无知的人就会责怪他撒手不管；如果他身无分文，就可以逃脱这种指责。克力同非常富有，另参《优提德谟》304c。[按]"散财"中的"散"，与上文 43c2 中的"解脱"以及 43d 中的"离开"是同根词。下文 45b2 等处译作"花钱"。

还有什么比这种认为我把钱财放在比朋友更重要地位的名声更让我丢脸的吗？大伙儿根本不会相信是你自己不愿意离开这里的——[c5]我们对此可是全力以赴啊。[καίτοι τίς ἂν αἰσχίων εἴη ταύτης δόξα ἢ δοκεῖν χρήματα περὶ πλείονος ποιεῖσϑαι ἢ φίλους; οὐ γὰρ πείσονται οἱ πολλοὶ ὡς σὺ αὐτὸς οὐκ ἠϑέλησας ἀπιέναι ἐνϑένδε ἡμῶν προϑυμουμένων.]

44c2：τίς ἂν αἰσχίων εἴη ταύτης δόξα ἢ δοκεῖν[还有什么比这种名声更丢脸，即认为]，[T 注]"还有什么名声会比这种更不名誉——即比拥有名声"，这里的比较级（按：即 αἰσχίων）先接一个属格（按即 ταύτης，"这"），然后接一个由 ἢ（比）引导的解释性从句。请注意，δόξα 和 δοκεῖν 有着相同的词根（按："名声"或"意见"就是别人的"认为"）。[按]这里根据语境加了一个"我"。

44c2：ταύτης δόξα ἢ δοκεῖν[这样的意见，即认为]，[S 甲注]"而且还能有什么比这个更不名誉，即（ἢ），似乎把金钱看做比朋友更值价。"由一个比较级支配的属格 τούτου，οὗ，常常跟一个

带 ἥ 的解释，来代替带冠词的不定式。

[B 注] ταύτης，"比这种"，由 ἢ δοκεῖν[比认为]来解释。

[A 注] "比这种，比被认为"。其中 ταύτης 指的更多，不是指 δοκεῖν[认为]，而是指 ἢ δοκεῖν[比认为]。相似的情形见《高尔吉亚》500c2-3：οὗ τί ἂν μᾶλλον σπουδάσειέ τις καὶ σμικρὸν νοῦν ἔχων ἄνθρωπος, ἢ τοῦτο...[某个稍微有点心智的人都不会更加严肃地予以对待：究竟……]（李致远译文），以及西塞罗《论善恶的目标》（de Fin.）1.19。δόξα[名声、意见]之后重复了 δοκεῖν[认为]，参下文 53b7-c1：βεβαιώσεις τοῖς δικασταῖς τὴν δόξαν, ὥστε δοκεῖν ὀρθῶς τὴν δίκην δικάσαι[而且你还会证实法官们的意见，以至于他们认为自己以前正确地判了这个案子]。

44c3：χρήματα περὶ πλείονος ποιεῖσθαι ἢ φίλους[把钱财放在比朋友更重要的地位]，[A 注]苏格拉底本人在友谊问题上有着极为崇高的观点，参《回忆录》2.4.5：καίτοι πρὸς ποῖον κτῆμα τῶν ἄλλων παραβαλλόμενος φίλος ἀγαθὸς οὐκ ἂν πολλῷ κρείττων φανείη;[但如果把朋友和所有其他财富比较起来，一个好朋友岂不是更有价值得多吗？]（吴永泉译文）就在《回忆录》2.4.1 中，苏格拉底严厉批评了很多虽然都说一个真正的好朋友是最好财富的人，却在乎金钱更甚于朋友。

[？注]克力同似乎至少部分地同情（sympathise）οἱ πολλοί[很多人]（按即上文"很多对你和我都了解得不够清楚的人"，也就是下文 44c4 的"大伙儿"）的不了解（incomprehension），即赞同大众的意见，这种意见假定如果苏格拉底有经费支持显然就会逃跑；因此，苏格拉底没有能够这样做，一定是克力同财迷兮兮的结果。很重要的是，流行的意见会强烈谴责一个未能帮助朋友的人，远远胜于谴责因怂恿越狱而违犯雅典法律的人（按：即近于今所谓"教唆罪"）。亦须注意，克力同在意流行的"名声"（44b9 的 δόξω，44c2 的 δόξα 和 δοκεῖν）。克力同用的是信仰和劝说的语言——那种语言本身是一回事，而别人能够（或在当前情况

下，不能够）被说服又是另一回事。那种语言在柏拉图笔下经常与 ἀλήϑεια[真理，真话]相对立。尤其常见于苏格拉底下面的说法（44c6-9）。

44c4：οἱ πολλοί[大伙儿]，[S 乙注]意为"很多人"（many），即庸众（vulgar）和没有文化的人（illiterate），也就是与 ἐπιεικέστατοι[即下文"最聪明"、"最理性"或"最理智"的人]相对立的人。

[按]"相信"（或"说服"），将来时中动态，有被动的意味，指大伙儿不会被我说服——这个词就是克力同 44b6 刚刚对苏格拉底说过的"听劝"：克力同既无法说服苏格拉底越狱，也无法说服大伙儿相信这不是他克力同的责任——克力同何其难哉？"不愿意"，Burnet 和 Rowe 都意译为"拒绝"。

ἡμῶν προϑυμουμένων，Grube 译作 though we were urging you to do so，Reeve 译作 though we were urging you to do so，Rowe 译作 when we were all for it，Apelt 译作 wenn wir es mit allem Ernste betrieben hätten。"全力以赴"（Leob 本、严群、王晓朝译本有误，王太庆译本更贴近），προϑυμουμένων，词干即"心"（thymos），指全心全意。我也曾考虑过按照上下文，或者可以译作"因此会以为是我们成心的"，"我们成心的"，即"我们故意不救你"。苏格拉底与克力同的区别，差不多也就是苏格拉底与大众的区别，可谓凿枘不入。

四、大众与贤能（44c6-44d10）

节解：苏格拉底却根本就不在乎大众的意见，因为大众根本就不懂得真理，也就无需认真对待：只有贤哲的意见才值得考虑。大众太无能了。不过，克力同却深知大众的力量，一旦干起坏事来，那可是无所不用其极啊。克力同以苏格拉底的现状为例，说明正因为大众没有智识、不明就里、缺乏判断力，才会干出意想不到的坏事来。苏格拉底的牢狱之灾甚至灭顶之灾虽在很大程度上是拜大众所赐（苏格拉底自己也有份），但仍然不认为大众有什么了不起：如果大众真能行大恶，那就太好了，因为这就表明他们仍然有能力行大善。但事实是，他们两样都不能。身陷囹圄的苏格拉底这位贤哲，仍然坚信狭隘而强硬的贤人哲学，拒不承认大众的力量。哲人与大众的冲突便没完没了地愈演愈烈起来。

苏：但是，多福多寿的克力同啊，我们为什么要如此在乎大众的意见呢？而那些最贤能的人，他们的意见更值得考虑，因为他们会这样认可已然做出的事情，只要它一旦被做出来了的话。
[Ἀλλὰ τί ἡμῖν, ὦ μακάριε Κρίτων, οὕτω τῆς τῶν πολλῶν δόξης μέλει; οἱ γὰρ ἐπιεικέστατοι, ὧν μᾶλλον ἄξιον φροντίζειν, ἡγήσονται αὐτὰ οὕτω πεπρᾶχθαι ὥσπερ ἂν πραχθῇ.]

44c6：ὦ μακάριε Κρίτων[多福多寿的克力同啊]，[E注]也许是讽刺性地回应克力同对他的称呼（按即上文 44b5 的 ὦ δαιμόνιε Σώκρατες，鬼精灵的苏格拉底哟）。

[按]另参 44b5 的 A 注。英文一般译作"亲爱的克力同"，施莱尔马赫译作 du guter Kriton[你这个好人克力同]，Apelt 译作 mein trautester Kriton[我最亲爱的克力同]；王太庆译作"好心的克力同"，可；严群译作"万福的克力同"，贴近希腊原文。既然"多福"，当然"多寿"，尤其在苏格拉底"我去死，你们去活"（《申辩》42a2-3）这种自愿短寿的情况下，"多寿"便显得颇具讽刺意味了。

44c6-7：τῆς τῶν πολλῶν δόξης[大众的意见]，[A 注]苏格拉底在其他地方坚持认为，与有识之士的意见相比，多数人的意见毫无价值。

[按]这句话或可直译为：什么东西能让我们如此在乎大众的

意见呢？克力同当然是为了友谊而甘冒奇险，但从克力同所说的理由来看，我们也不妨"恶毒"地理解为，与其说克力同在乎他与苏格拉底的友谊，不如说他更在乎自己的名声：至少克力同面前所阐释的理由会让人得出这样可怕的结论——克力同的确不是一个好的煽动家，即智术师，也不是"苏格拉底"。

44c7：*οἱ ... ἐπιεικέστατοι*[那些最贤能的人]，[E 注]柏拉图笔下的苏格拉底清晰地表达了柏拉图在无知的"多数人"与值得注意其意见的"少数人"之间所提出的著名对子。该词常常用来指上层或"有教养"的阶层，但其社会内涵也并非一成不变，如亚里士多德《雅典政制》26.1。它在其他地方不过是指"最明智的"（the most sensible）或"公正无私"（fair-minded），如，修昔底德《战争史》8.93。柏拉图笔下的苏格拉底用它来指任何社会地位的人，只要有着高明的理智洞见就行，如《申辩》22a5 中（按：吴飞似乎漏译了这个词），苏格拉底指的是那些他在自己的"使命"中所质疑的人，那些人尽管被普遍认为没有任何价值，却竟而变得 *ἐπιεικέστεροι ... ἄνδρες πρὸς τὸ φρονίμως ἔχειν*[more notable in respect to their good sense，在明智方面更突出]。在柏拉图后来的著作《王制》中，该词的最高级常规性地用来指城邦的理智上的精英，即"护卫者"。[B 注]"最好的人"（*οἱ βέλτιστοι*[最好的人]的文雅用法）。

[按]在《雅典政制》的中译本 26.1 里，日知、力野译作"高尚阶级"，他们在注释中解释说："或'更可敬者'：这是一种社会认可的含糊的名词"，并加了译按：由 *ἐπιείεια* 一字而来，有"高尚"之意，但用之于平民时，宜为"优秀者"。颜一译作"贤能之士"，他在亚里士多德《政治学》中译本中作"贤明之人"（1308b27，吴寿彭在此处译作"富室"，即把它理解为上层阶级）。该词原为 *ἐπι-εικής*，词干为 *ἔοικα*[很可能的，合理的]中动态分词变来的 *εἰκός*，而 *ἔοικα* 又是 *εἴκω* 完成时，后者本指"看来，适合，合适"。

44c8: φροντίζειν[考虑]，[A 注]该词带一个属格，在柏拉图笔下经常出现，如《智术师》246d。[按]该词与下文 44d9 的"审慎"等词是同根词。

44c8: αὐτά[这些事情]，[A 注]这个词没有任何先行词，就常常用来指正在讨论的问题，如，下文 46c；《高尔吉亚》509e。[A 注]指"这些事情"。[B 注]"这件事"。

44c8-9: οὕτω ... ὥσπερ ἂν πραχϑῇ[这样……只要它一旦被做出来了的话]，[B 注]"正如它（应该）已经操持的那样"。[T 注]"正如它们已经完成的那样，而不管它本来会如何。"ἂν 表示偶然(或可能)，也许是与 ὥσπερ 连用，后者指"不管以什么方式"，或者与动词（按指 πραχϑῇ）连用，该动词表示"不管它本来会如何"。[D 注]不定过去时虚拟式，在这里有将来完成时的意味。

[按]这里的翻译和理解都颇为难缠，现有三个中译本都翻译成"他们会相信事实的真相"，与原文相去甚远。ὥσπερ ἂν 等于 ἕως ἄν，"只要"，"直到"。这句话的意思是：如果事情一旦发生，这些最理智和贤能的人，就会按照已经发生的那种情形来理解——认可既成事实。明智者依靠已然的事实，无知者依赖流传的意见。

克：[44d]你看你看，苏格拉底，但也必须在乎大众的意见啊。如今你眼下这个样子本身就清楚地表明，大众能够造成的祸害绝不会最小，而几乎会最大化，如果有人在他们面前谤[d5]谤的话。[Ἀλλ' ὁρᾷς δὴ ὅτι ἀνάγκη, ὦ Σώκρατες, καὶ τῆς τῶν πολλῶν δόξης μέλειν. αὐτὰ δὲ δῆλα τὰ παρόντα νυνὶ ὅτι οἷοί τ' εἰσὶν οἱ πολλοὶ οὐ τὰ σμικρότατα τῶν κακῶν ἐξεργάζεσθαι ἀλλὰ τὰ μέγιστα σχεδόν, ἐάν τις ἐν αὐτοῖς διαβεβλημένος ᾖ.]

44d1: ὁρᾷς δή[你肯定看到]，[D 注]克力同意在指出当前的情形，"事实是，多数人真的有能力"云云。克力同几乎没有从苏格拉底的法庭陈词中获得教益，另参《申辩》30d，40b。[E 注]强调（在克力同看来）苏格拉底必定已经把它视为不证自明的道理了："但你肯定看到了，苏格拉底……"（按：这种理解比较接近希腊原文，但似乎不够传神）。[按]苏格拉底和克力同不断地努力用"但是"来转折话语的进程，试图更正和扭转对方的看法——从他们一模一样的用词（即"但是"）来看，两人可谓针锋相对。这里重复"你看"（王太庆译作"你瞧"），颇为口语化，是为了突出克力同自信（正如这个 δή 所示）而急切的心情。

44d1：ἀνάγκη[必须]，[E 注]比较 ἐστί[是]。正如克力同接下来（44d2-5）所解释的，人们被迫（全然因必然性的力量，因此就是 ἀνάγκη）既要考虑少数人的意见，也要考虑大众的意见，因为大众的意见的确有作用——正如苏格拉底眼下的困境（αὐτά...νυνί，本身……如今）自明地揭示的那样。[按]直译应为："在乎多数人的意见，乃是必须的（或必然的）。"

44d2：αὐτὰ δὲ δῆλα[本身就很清楚]，[A 注] αὐτά[本身]的这种用法阐明了 αὐτίκα[立刻，现在，例如]为什么有"例如"的意思。δῆλα（省略了 ἐστίν，"是"）有被动意味，亦参《王制》348e9：νῦν δὲ δῆλος εἶ ὅτι φήσεις[现在很清楚，你还得说……]。这个习语就好像"我知道你是个什么人"。这个地方省略了系词（按指 ἐστίν），但应当注意到，柏拉图在现在时直陈式（ἐστίν 比 εἶ 或 εἰμί 更常省略），以及现在时不定式中，很少省略系词。

[B 注]"现在的处境本身表明……"，这里的结构乃是前后不一的错格（anacoluthic），因为当 δῆλος 用在人身上时，我们一般会看到 ὅτι 从句中也有同样的主语。[S 甲注]柏拉图通过错格手法，从被动的结构转向了主动的结构。克力同大概要补充说 ὅτι ὑπο τῶν πολλῶν ἐξειργασμένα ἐστίν[是被大众整得完蛋]时，突然改变了结构，远远更为强调地表达了自己的想法，而是说：ὅτι οἷοί τ᾽ εἰσὶν οἱ πολλοί...[大众能够……]云云。

[按]克力同在这里不仅用了 τὰ παρόντα（目前的[情况]，也可

以指"即将来临的事情",即苏格拉底死刑的执行),还用了 νυνί[如今,该词是常见的 νῦν 加强意思的字形],来强调眼下的情况(αὐτά"本身"亦起同样的作用),或可翻译为四川旧方言"现在而今眼目下"。"你眼下这个样子",直译为"目前的情形",我们在翻译时加了"你"字,贴近而直接地表示克力同的同情和急迫。δῆλα[清楚地表明],即上文克力同把道听途说变成的"显然"(43d4),D 注作 show clearly[清楚表明],S 乙注作 self-evident[自明]。据古典语文学家考证,从克力同措辞的逻辑结构来看,他本来要说:你苏格拉底现在这个样子,显然就是被大众整得完蛋的。但克力同突然话锋一转,不再直接谈苏格拉底的处境,而是从另一个更一般的角度谈大众的本质。克力同不愿意提及老友身陷囹圄的"现状",但把这个现实提到了普遍的高度。如此转折,颇有深意。

44d4-5：ἐάν τις ἐν αὐτοῖς διαβεβλημένος ᾖ[如果有人在他们面前诽谤的话],[B 注]"如果某人在他们那里被歪曲了的话"。克力同指的是,苏格拉底被定罪就证明了 διαβολή[诽谤、污蔑、偏见](按：即 διαβεβλημένος 的名词形式)的危险性(另参《申辩》18d2 以下,按：原文为 ὅσοι δὲ φθόνῳ καὶ διαβολῇ χρώμενοι,很多人用嫉妒或污蔑中伤我——吴飞译文)。至于 ἐν 相当于拉丁语的 coram[在面前],参《优提弗伦》2a4(按：那里的"在王者执政官面前"用的是 πρός)。

[S 乙注]即,qui est in odio et invidio vulgi, quem odit vulgus[凡为大众所憎恨和仇视者,也必仇恨大众]。[B 注]在《申辩》中柏拉图笔下苏格拉底那里,正是大众对他的 διαβολή[偏见、歪曲]才让他被判有罪,因此就成了克力同的论点,正如他所看到的那样。[A 注]意即"在他们那里错误地指控"(Church 的译文)。ἐν 在这里的用法与《默涅克塞诺斯》235d 中的一样,也就是说,该词可以指法庭(it has reference to a court of law)。仅有 αὐτοῖς,这个短语就可以表示"跟他们不一致"(at odds with them)：πρὸς αὐτοῖς διαβεβλημένος 就是"在他们那里受到诽谤"。[按施莱尔马赫译作 verleumdet[诽谤]，Apelt 译掉了最后这句话。英语多作 slander。从该词（διαβάλλω）的本意"带过、越过"来看，亦不妨翻译为"如果有人落入他们手中的话"。

苏：惟愿，克力同啊，大众是那种能够造成最大祸害的人，那么也就是那种能够干出最大好事的人——那才好呢。[Εἰ γὰρ ὤφελον, ὦ Κρίτων, οἷοί τ' εἶναι οἱ πολλοὶ τὰ μέγιστα κακὰ ἐργάζεσθαι, ἵνα οἷοί τ' ἦσαν καὶ ἀγαθὰ τὰ μέγιστα, καὶ καλῶς ἂν εἶχεν.]

44d6：εἰ γὰρ ὤφελον[惟愿]，[S 乙注]一种表达愿望的方式，尤见于诗人笔下；用不定式来表达本来应该发生却没有发生的行为。[D 注]表一种其目标还没有实现的希望；而下文 ἵνα οἷοί τ' ἦσαν[那么也就是那种能够，44d7]则表示一种以前面未实现的希望为基础的还未达到的目标。

[A 注]表希望的惯用法，比较英语的 You ought to have been there（你本该已经到那里了）。εἰ[如果]在表希望时，不应该解释为是假定省略了条件句中的结论句（apodosis）：εἰ 用于条件句更可能是一种后来才有的用法，来自于 εἰ=σFει 的用法，另参普劳图斯（Plautus）用 sei 和 sī-c(e)来引导一种希望。见蒙罗（Monro）《荷马史诗中的语法》（Homeric Grammer），页 232 以下。

44d7：ἵνα οἷοί τ' ἦσαν[那么也就是那种能够]，[S 甲注]意为"为了他们也许还能够干出最大的好事，但这不在他们的能力范围内"。[B 注]"他们也许本应该能够。"如果他们能够行大恶，也就有能力行大善，原理就在 μία δύναμις τῶν ἐναντίων[一种敌对的能力]，这就是苏格拉底的最根本的教导。索福克勒斯《安提戈涅》行 334 以下的大合唱，就是这种学说的绝佳阐释，尤其行 365 以下：Σοφόν τι τὸ μηχανόεν | τέχνας ὑπὲρ ἐλπίδ' ἔχων,| τοτὲ μὲν κακόν, ἄλλοτ' ἐπ' ἐσθλὸν ἕρπει[在技巧方面他有发明才能，想不到那样高

明，这才能有时使他走厄运，有时候使他走好运]（罗念生译文）。

[A 注]意即"他们本该也能够"。ἵνα[以便，就好]，ὅπως[一旦……]等词，在一个表示再也不可能实现的希望的目的从句中，或在为不可能的条件子句做结论句时，就会用直陈式的第二时态（不带 ἄν）。同样的规则也适用于 πρίν[在……前]和 ἕως[当……时]。古代的抄写者经常误解这些惯用法，并且要么加入一个 ἄν，要么变直陈式为祈愿式或命令式。就我所知，还有两段话没有修补，一是奥勒留（Marc. Aurelius）的 2.11，二是梭伦残篇 36.21：πρίν ἄν ταράξας πῖαρ ἐξεῖλεν γάλα，这里应读作 ἀνταράξας，最后一个词甚至还可能读作 ἐξεῖλεν(按：牛津本应为 37.8，而且已经解决了 Adam 所说的问题，作 πρίν ἀνταράξας πῖαρ ἐξεῖλεν γάλα)。

[S 乙注] ἵνα, ὡς, μή（ὅπως 不常见）用于过去时直陈式，表示应该发生却没有发生的行为。οἷος 和 οἷός τε，意为"能够"，相当于更为规则的 τοιοῦτος ὥστε 的简短用法：τε 是古代语言的残存，指 fere[几乎]，相当于拉丁语的附属修饰词 que。

44d8：καὶ καλῶς ἄν εἶχεν[那才好呢]，[B 注]"那就太好了"，这不是给句首的 Εἰ γὰρ ὤφελον（惟愿）补充任何东西，但这是柏拉图的行文方式，他在句子的末尾会稍加变化来重复句子的开头。

[A 注]当然不是依附于 ἵνα，正如 ἄν 所示，而是一个独立的从句。一种作恶的能力也就意味着一种行善的能力，这种说法的依据是苏格拉底"德性即知识"的学说。如果我们知道什么是善，我们就是善的，但我们不可能在不知道什么是恶的情况下就知道什么是善（苏格拉底以技艺来类比证明了这一点），并且有能力作恶；相反，作恶的能力也就意味着行善的能力。这一点在《希琵阿斯后篇》（柏拉图的真作）中彻底而详细地说清楚了，其中证明了一个诚实的人是 ὁ δυνάμενος ψεύδεσθαι[有说谎能力的人]，尤其参见 366b 以下，以及 369b3-4：Νῦν οὖν αἰσθάνῃ ὅτι ἀναπέφανται ὁ αὐτὸς ὢν ψευδής τε καὶ ἀληθής[那么你现在就晓得了，同一个人既可以表现为

说谎者，也可以是说真话的人]，另参《回忆录》4.2.20。

  [B 注]这段话表达了苏格拉底一个主要学说，即德性就是知识：多数人（也就是无知的人）既没有能力行大善，也没有能力作大恶，因此只有那些能够伤害别人或帮助别人的人，才是有知识的人（参《申辩》30c2 以下）。《高尔吉亚》466c-468e 更为详细地阐释了这种信念，而这里（《克力同》）虽没有进一步扩展，但已预示了下文苏格拉底"专家论"的发展（46b1-48b9）。

但现在看来，他们两样都不能：他们既没有能力把人变审慎，也没有能力把人变愚蠢，他们对这个人的所作所为，[d10]要随机缘而定。[νῦν δὲ οὐδέτερα οἷοί τε· οὔτε γὰρ φρόνιμον οὔτε ἄφρονα δυνατοὶ ποιῆσαι, ποιοῦσι δὲ τοῦτο ὅτι ἂν τύχωσι.]

  44d8：νῦν δὲ [现在]，[A 注]等于"但正如现在的情况"（but as it is）：参见《申辩》18a 和《普罗塔戈拉》335c。相当于拉丁语的 nunc。下一行的 οὐδέτερα[两个都不]可能是副词性用法，有如《泰阿泰德》184a 中的用法，尽管此处（《克力同》）可以圆通地加上 ἐργάζεσθαι[造成]。

  44d8-9：οὔτε γὰρ φρόνιμον... [既不审慎……]，[B 注]"他们既不能让一个人变聪明，也不能让人变愚蠢"，这最终就是可以对他做的善或恶，因为如果他聪明的话，他也就会是善的，而如果他愚蠢的话，也就会是坏的。能够对任何人造成的唯一伤害，就是对灵魂的伤害，另参《申辩》30c8。

  [T 注]这里暗含了一种高贵的情感。既然大众不能够把人的"性格"变得更好或更坏，其余一切也就无关紧要了。最后一个句子，ποίουσι...τύχωσιν，意指大众纯粹受机运、反复无常而非固定原则的控制。

  [G 注]这里暗指"理解"（understanding, Gallop 以此译 φρόνιμον）与"无知"是最大的善和最大的恶，这是苏格拉底在《申

辩》中经常提到的主题。[按]φρόνιμον，"有思想的、谨慎的"；ἄφρονα，"没头脑、愚蠢、糊涂"，都与"明智"和"审慎"相关。

44d9-10：τοῦτο ὅτι ἂν τύχωσι[这个人，要随机缘而定]，[S 甲注]即，"他们并不遵从理性，而是遵从自己头脑中某种盲目的冲动"（按：与 Apelt 的德译本接近）。参下文 45d2：ὅτι ἂν τύχωσι τοῦτο πράξουσιν[听天由命]。另参《普罗塔戈拉》353a7-8：τὴν τῶν πολλῶν δόξαν ἀνθρώπων, οἳ ὅτι ἂν τύχωσι τοῦτο λέγουσιν[干嘛我们非要去探究多数世人的这个意见呢？他们不过随便说说而已。]（刘小枫译文）；《会饮》181b6-7：ὅθεν δὴ συμβαίνει αὐτοῖς ὅτι ἂν τύχωσι τοῦτο πράττειν[他们爱欲的都是些没智性的，因为他们盯住的仅仅是这种做过一回]（刘小枫译文）。

[E 注]即，"他们做的是他们碰巧做了的"，也就是说，他们所获得的成就更多地是靠运气而不是判断，因为他们的无知使得他们没有能力去完成自己行善或作恶的意愿。

[? 注]τοῦτο ὅ τι ἂν τύχωσι[按：这是 Adam 的读法，他把ὅτι拆成了两个单词ὅ τι，意思略有不同]，[A 注]最后这句话并不是指"他们全然任意行事"（Church 译文），而所有编注者都采用了这种看法；但如果柏拉图是这个意思的话，他就会像在《会饮》181b7 中那样，主动词不是用 ποιοῦσι[作，近于 make]，而是用 πράττουσι[做，近于 perform]。在（审慎）和（愚蠢）的意思之中加上 τινά，那是因为 ποιεῖν τί τινα[作某种事情]相当常见，另参下文 51a。就可以翻译为 "他们正是按照在他们身上偶然发生的来对待一个人"（they treat a man just as it occurs to them），另参《高尔吉亚》521c7-8：Ἀνόητος ἄρα εἰμί, ὦ Καλλίκλεις, ὡς ἀληθῶς, εἰ μὴ οἴομαι ἐν τῇδε τῇ πόλει ὁντινοῦν ἂν ὅ τι τύχοι, τοῦτο παθεῖν[我就实在愚蠢啦，卡利克勒斯噢，要是我不相信，这个城邦里任何人都会遭受碰巧要发生的任何事情]（李致远译文）；522c2-3：ὥστε ἴσως, ὅ τι ἂν τύχω, τοῦτο πείσομαι[既然如此，也许，我将来就会遭受我碰巧会遇上的任何事情]（李致远译文；按：这两处引文都与牛津本略异）。

苏格拉底的意思是指"大众"在对待个人时完全不动脑子：米尔提阿德斯、喀蒙和伯里克勒斯（按：旧译"伯利克里"）被人对待的方式就是明证（《高尔吉亚》515e-516e）。他们可以随心所欲地处死一个人，正如他们还可以再次让一个人活，如果他们能够的话。见下文48c。

[B 注]意即 ποιοῦντες αὐτόν，"这就是他们对他做的所有事情"。Adam 似乎最先指出这个句子的意思不可能是"他们随意行动"。这个短语表达了漠不关心。另参下文 45d2。[D 注]在假定的和关联的句子中，τυγχάνειν[偶然发生，碰巧]可以不带分词，该分词通常在主句中就暗示出来了。

[按]Adam 和 Burnet 的读法固然有一定的道理，但无法解释从句中的虚拟语气：动词 τύχωσι 本身是不定过去时虚拟式，而且这里还专门加了一个表示虚拟语气的小品词 ἄν，所以他们把 ὅτι 拆成了两个单词 ὅ τι，也不能解释。施莱尔马赫译作 sondern sie machen nur was sich eben trifft（他们而是仅仅按照自己刚好碰到的来做）。结合两派的看法，译作"他们对这个人的所作所为，要随机缘而定"，意思是他们对这人随便打整，而且完全取决于他们偶然出现的想法，反之，这人既不能被他们变好，也不能被他们变坏，而无论大众碰巧有什么样的想法，他都只有认命的份儿。

五、友谊与钱财（44e1-45c4）

节解：既然苏格拉底不在乎大众对自己以及对朋友的评价，尤其不在乎克力同的名声——与个人的成就和美满的飞升相比，对哲学的证成和城邦法律的名声来说，个人的名声（哪怕是好朋友的名声）不足为虑。于是，克力同只好转而求助其他手段，或者说打消苏格拉底的其他顾虑：他以为苏格拉底不愿意越狱是因为他在乎钱财！苏格拉底不愿意越狱，因为他害怕朋友们因与他共谋逃跑而带来麻烦。但不管是雇人帮助逃跑，还是收买可能起诉他们的恶毒控告者，都用不了多少钱。克力同的钱财本身已足矣，但如果苏格拉底不想运用这些手段，西米阿斯等人已为此从忒拜带足够的钱来了。还可以很轻松地为苏格拉底在忒塔利亚安置一个舒适的家。克力同轻描淡写甚至一笔带过提到了苏格拉底不愿意流亡的一个毫不起眼却非常重要的理由：苏格拉底一个月以前曾在法庭上说过，他一旦流亡，就不知道如何自处——这是哲人的无能，还是哲学的清醒？

克：[44e]他们也就那么回事。那么，苏格拉底，请告诉我这一点：你莫不是在为我和其他挚友预先担心起来了？[Ταῦτα μὲν δὴ οὕτως ἐχέτω· τάδε δέ, ὦ Σώκρατες, εἰπέ μοι. ἆρά γε μὴ ἐμοῦ προμηθῇ καὶ τῶν ἄλλων ἐπιτηδείων μή,]

44e1：*Ταῦτα μὲν δή*...[也就那么回事]，[A注]*μὲν δή* 这些小品词常常用来表示某个话题已经办总结了。所以，在讲话结束时会说 *οἱ μὲν δὴ ταῦτα ἔλεγον*[他们就说了这些]，以及悲剧式的 *τοιαῦτα μὲν δὴ ταῦτα*[也就如此这般了]。请注意回顾性的 *ταῦτα*[那些东西]与前瞻性的 *τάδε*[这一点]之间的对立。[D注]克力同无法停下来去讨论这个问题，所以就打算承认了——类似的从句常常用来标志着转换。

[E注]*μὲν δή* 表示说话人认为应该对当前的论点作出总结了，而且他们应该继续转到另外的问题上 *τάδε δέ*[这一点]："好，就那样吧（按：严群译作'随他们去'）；但是苏格拉底，就请告诉我这一点。"正如苏格拉底打断了克力同刚才对老年和死亡态度的道德说教（上文 43c4），克力同在这里也同样突兀地终止了当前的话题向哲学高度发展的极大可能性；他似乎有点匆匆忙忙接受苏格拉底的观点，但看上去他似乎真的想"阻止"（head off）苏格拉底，并让自己的劝告严格建立在实效的基础上。但正如我们马上就要看到的，这次转移话题仅仅是暂时的；苏格拉底不会

容忍对哲学原则的放弃。

44e2：ἆρά γε μή[莫不是]，[S 甲注]这些小品词带着怀疑所问的问题，是我们不愿意但却应该如此的问题：你肯定不是在担心，云云。

[S 乙注]ἆρα' οὐ 与 ἆρα μή 的区别在于，前者相当于拉丁语的 nonne[难道不是吗]，要求肯定性回答，后者相当于拉丁语的 num[当然不]，要求否定性的回答，正如 ἆρα 本身所示；但 μή 为问题增加了一丝狐疑的意思，而且为了这种目的，有时还带有反讽的味道。

[A 注]这里加了 γε，让问题更加生动。[E 注]"会不会是……"（Can it possibly be that）？[T 注]这些小品词暗示了他的恐惧。[D 注]这个地方表明说话人在寻找一种否定性的答案，但这里的语境也许传达出了一种含沙射影的行为，即，尽管期望得到否定的回答，但事实却真的会让人得出肯定的回答。克力同的意思是："你当然不是，尽管我猜想你是。"

44e2：προμηθῇ[预先担心]，[A 注]该词实际是一个表示"害怕"的动词，后面接了一个否定词 μή。[T 注]该词后面接的否定词 μή，显然与该动词所表示的焦虑心态有联系。同样的观念再次出现在下文 47b5 的 φοβεῖ[害怕]中了。

[按]包括 Loeb 本在内的其他所有版本都写作 προμηθεῖ(牛津本和施莱尔马赫所依据的希腊文词尾略有不同），据 Stanford 说，这是阿提卡方言的写法，就像 αἰσχύνει 和 ἐντρέπει 一样。这个词即著名的"普罗米修斯"：预先—思考，前思，先知先觉。这里的意思是"预先担心"、"预先关心"、"预先着想"、"顾及未来"。

假如你从这里逃跑了，那些告密者会找我们的麻烦，因为我们一旦把你从这里偷偷弄走了，我们要么就会被[e5]迫丧失全部财产，要么损失大半钱财，要么还会遭受其他某些刑罚。[ἐὰν σὺ ἐνθένδε ἐξέλθῃς, οἱ συκοφάνται ἡμῖν πράγματα παρέχωσιν ὡς σὲ ἐνθένδε ἐκκλέψασιν, καὶ ἀναγκασθῶμεν ἢ καὶ πᾶσαν τὴν οὐσίαν ἀποβαλεῖν ἢ συχνὰ χρήματα, ἢ καὶ ἄλλο τι πρὸς τούτοις παθεῖν;]

44e3：οἱ συκοφάνται[告密者]，[B 注]英语中没有恰当的词来表达这些名流(gentry)；但他们的存在，却是雅典人信任 Ἀθηναίων τῷ βουλομένῳ οἷς ἔξεστιν[雅典人有权力建议]系统不可避免的结果，该系统即便不针对个人展开攻击，也是为了代替公诉人提起所有的诉讼。最能说明这种人的，要数归在德墨斯忒涅斯（Demosthenes）名下控告阿里斯盖同（Aristogeiton）的一篇演讲，这是一篇最有启发的文献，不管它是不是德墨斯忒涅斯撰写的。那是一篇真实演讲过的可信讲辞，我敢肯定。

[E 注]如果一个国家把大量的公共案件（γραφή，按：另参《优提弗伦》2a6，苏格拉底犯的就是这类危害公共利益的罪名）的起诉交给私人，即 συκοφάνται[informers，告密者]，那么，这些人要么会通过起诉以获得经费奖励来挣钱，要么通过敲诈那些希望避免被起诉的人来挣钱（按：靠告密来敲诈勒索，亦作"密探"和"诬告者"）。συκοφάνται 字面意思是"告发私运无花果罪行的人"（fig denouncers），但派生词与原来的意义都很模糊。

[A 注]法庭和诉讼在雅典社会生活中所起的巨大作用，滋生了一个告密者阶级，类似于早期罗马帝国的 delatores[告密者，控告者]。该名词的起源很模糊：LS 的《希英词典》收录了沙德维尔（Lancelot Shadwell）的说法，该词原来指"靠摇树获得无花果的人"，后来比喻"靠控告和其他卑劣手段让富人乖乖交出果实的人"。

[S 乙注]无人不知的雅典诉讼处理方式，以及雅典政府和司法系统大量的不当处置，滋生了这种名为 sycophancy[谗言，诽谤、谄媚]的恶瘤，如此特别地侵扰着这个国家。συκοφάνται 这个词，有时指伪证，但更恰当的意思是指普通"诉讼挑唆者"

（barrator），该词来自 ἀπὸ τοῦ τὰ σῦκα φαίνειν[告发走私无花果]，原来用在那些告发暗中出口无花果的人身上（按：Stanford 对雅典这条禁止私自出口无花果的法律进行了详细的考证，此处从略）。

[G 注]"敲诈者"。雅典没有公诉人（public prosecutor）。起诉由私人（private citizen）提出，这些人有时为了个人的、政治的或经济上的利益而威胁要打官司。sukophantes 字面意思指"展示无花果的人"，不知道该词如何具有这种司法含义的。有一种说法把它与那种通过摇晃树子而得到无花果树上的果实的做法联系起来，因此指那种通过告发或勒索的方式来讹诈钱财的做法。从现代派生词 sycophant 而来的"马屁精"这层含义，却不见于古希腊原词中。

[按]该词的词头即为"无花果"，词尾 φαίνω 指"揭示、告发"，συκοφάνται 字面意思即为"无花果—告发者"，泛指"告密者，诬告者，出卖朋友的人"。

44e4：πράγματα παρέχωσιν[找麻烦]，[S 甲注]"找麻烦"，或"给任何人制造烦恼"。通常用来说那些靠控告来烦人的人。πράγματα[状况，政事，麻烦]这个词有时就是在"官司"和"争吵"的意义上来使用。[A 注]一件持续的行为，也就是 ἀναγκασθῶμεν[我们被迫]的行动。[D 注]虚拟式 παρέχωσιν 表达一种不断持续的行动的想法，而 ἐξέλθῃς[逃跑]和 ἀναγκασθῶμεν[被迫]只表明行为的发生。

44e5-6：ἢ καὶ πᾶσαν τὴν οὐσίαν ἀποβαλεῖν ἢ συχνὰ χρήματα[要么丧失全部财产，要么损失大半钱财]，[S 甲注]即是说，"损失的要么甚至是我们所有的财产，或者至少也是我们财富的绝大部分"。很容易看到为什么在句子的第一部分就加了一个 καὶ，而在第二个部分中省略了这个词，在第三部分中又加上了，因为这里提到的是另一种危险：因为 ἄλλο τι παθεῖν 指：恐怕我们自己都会身陷囹圄，遭到流放甚或死刑的处罚。

[A 注]ἀποβαλεῖν[丧失，损失]既指自愿的丧失，也指不自愿

的丧失（如此处）。另参《会饮》179a4：ὅπλα ἀποβαλὼν[丢盔弃甲]，《王制》553b5：τὴν οὐσίαν ἅπασαν ἀποβαλόντα[丧失所有财产]，这两处都是自愿的（voluntary；原文如此）。ἄλλο τι πρὸς τούτοις παθεῖν[其他某些刑罚]，乃是流放和死刑的委婉语。按：据《王制》553b，遭告密者（συκοφαντῶν）出卖后，遭到的处罚要么是死刑，要么是流放，要么是剥夺公民权（ἀτιμωθέντα，Bloom 译作 dishonor，加注解释：在技术上有"失去公民权"之意）并丧失所有财产（按：即"剥夺政治权利并罚没所有财产"）。

[B 注]毫无疑问，这里所说的就是罚没保释金。因为，如果克力同提出保释苏格拉底的请求被接受了，那么，苏格拉底就不会被关押在监狱里了。我没能找到证据说明那时有什么程序来审理帮助定罪犯人逃跑的人。另参当时对那些未经当局批准就回国的流放者所处的程序（德墨斯忒涅斯 23§51），以及对那些帮助他们入港的人所处的程序（德墨斯忒涅斯 50§49）。这种程序也非常适合当前的语言，因为德墨斯忒涅斯 21§182 和 25§92 中清楚地指出，ἔνδειξις[告发]就必然导致 ἀγὼν τιμητός[竞争性的处罚；按：指原告和被告在竞争对抗中，必有一方要遭到处罚]，这种处罚可能是死刑以下的任何一种。所以，克力同此处所言，显然就是指司法术语 τιμᾶν ὅτι χρὴ παθεῖν ἢ ἀποτεῖσαι[必须接受刑罚或赔偿的惩处]。按：具体的惩罚内容和程序，另参 Burnet 对《申辩》32b7 和 36b5 的注疏。

如果你竟有些[45a]担心这一点，且请宽心好了：冒这个险，甚至如果有必要的话，冒更大的险去救你，我们才算得是正义的。所以，就听我一句劝吧，不要拒绝。[εἰ γάρ τι τοιοῦτον φοβῇ, ἔασον αὐτὸ χαίρειν· ἡμεῖς γάρ που δίκαιοί ἐσμεν σώσαντές σε κινδυνεύειν τοῦτον τὸν κίνδυνον καὶ ἐὰν δέῃ ἔτι τούτου μείζω. ἀλλ' ἐμοὶ πείθου καὶ μὴ ἄλλως ποίει.]

45a1：ἔασον αὐτὸ χαίρειν[且请宽心好了]，[S 甲注]即"抛开这种恐惧"。[B 注]"从你脑子中打消它"。另参《斐多》

63e3：Ἔα ... χαίρειν αὐτόν[不要管他]，65c7：ἐῶσα χαίρειν τὸ σῶμα[不要在意身体]。这个短语的字面意思是"让它离开"，来自 χαῖρε[再见]。故，λέγων, εἰπὼν χαίρειν，意为"向某人道别"，也就是"从某人头脑中抛开"。[按]该短语本意为"你由它去"，"你不把它放在心上"；"它"指"害怕"或"担心"。

45a1-2：ἡμεῖς γάρ που δίκαιοί ἐσμεν[我们才算得是正义的]，[E注]克力同的意思是说，他和朋友们冒着被起诉的危险才会是"正义的"（正义地或正确地做事）。这里暗含的悖论预示了对话的主题——谁才应该成为何谓正义的评判者（47c8 以下），以及从苏格拉底的观点来看，像克力同那样违背法律实际上究竟正义与否。

[B注] δίκαιοί ἐσμεν 意为"我们有义务"（we are bound）。据上下文，δίκαιος（正义者）这种表示人的结构，常常可以最佳地表达为"我们有义务"或"我们有权利"（we are titled）。[A注]意为"我们……是正确的"（it is right that we）。希腊原文中是人做主语，我们把它英译为非人称的主语。

[按]"正义"最初的含义即是"正道"。严群译为"我们道义上……"，王太庆译作"才是对的"。Grube 译作 we would be justified，一般译作 it is right。这里需要突出强调克力同帮助苏格拉底越狱也是正义的，因为"扶友损敌"乃是正义之举。

45a3：μὴ ἄλλως ποίει[不要拒绝]，[A注]等于"不要说不"。ἄλλως ποιεῖν 是一个惯用表达法，等于"拒绝"，"婉辞"：见《会饮》173e5：μὴ ἄλλως ποιήσῃς[请不要拒绝]，《王制》328a9-b1：ἀλλὰ μένετε καὶ μὴ ἄλλως ποιεῖτε[所以，务请留下，幸勿推辞]。这种表达法似乎只能与 μή[不]连用表禁止或恳求。

[B注]"不要跟我说不行"，这是一种固定的口头表达法。另参下文 46a8,《斐多》117a3：ἀλλ' ἴθι ... πείθου καὶ μὴ ἄλλως ποίει[所以，请照我劝的去做，不要拒绝]；同样的用法见于阿里

斯托芬《鸟》行 133（请人参加婚礼之后）：καὶ μηδαμῶς ἄλλως ποιήσῃς[你可千万不要拒绝啊]（张竹明意译作"可别不来"），英语即 I'll take no refusal（按：Burnet 译错了人称，不是"我"，而是"你"）。

　　[D 注]"不，不，就按我说的去做吧"。ἀλλά 带一个命令式，引入一种命令或要求，与所表达的拒绝相对，或与某种仅仅暗示出来的或害怕的不愿意相对。否定性的 μὴ ποίει[不要做]加强了这种要求的力度："这样做，不要那样做。"

　　[按]直译为"不要做别的了"（don't act differently——Gr 译），或可译作"不要另作他想"。严群译为"勿偏执"，贴切而传神（我原打算译作"不要犟了"）。另参 46a8，克力同再次恳求苏格拉底听他劝，千万不要拒绝或千万不要另作他想。

苏：我担心这些东西，克力同，还担心其他[a5]很多东西。[Καὶ ταῦτα προμηθοῦμαι, ὦ Κρίτων, καὶ ἄλλα πολλά.]

　　[A 注]苏格拉底在下文 53b 让"雅典法律"作出了回答。[按]这里的"担心"就是克力同在 44e2 中所说的那个"预先担心"。苏格拉底想得很多，他这句话也打开了克力同的劝说思路。

克：那好说，你既不要害怕这些东西——事实上，用不了几两银子，某些人愿意拿来救你，把你从这里捞出去。[Μήτε τοίνυν ταῦτα φοβοῦ—καὶ γὰρ οὐδὲ πολὺ τἀργύριόν ἐστιν ὃ θέλουσι λαβόντες τινὲς σῶσαί σε καὶ ἐξαγαγεῖν ἐνθένδε.]

　　45a6：Μήτε τοίνυν ταῦτα φοβοῦ[你根本就不要害怕这些东西]，[S 甲注]对话的线索在这里中断了，稍后才以 μήτε ταῦτα φοβοῦ（按：原文如此）这样的话得以继续。

　　[B 注]这个 μήτε[既不]在 45b6 的 ὅπερ λεγω, μήτε ταῦτα φοβούμενος...[正如我所说的，不要害怕这些东西]中得以重现，中

间是从 a6 *καὶ γὰρ* ... 到 b5 *πολλοὶ πάνυ*[其他许多人]一段长长的插入语。它在 b7-8 *μήτε* ... *δυσχερές σοι γενέσθω*[你一旦流亡，就变得不……]中得到了回答。我认为，这个错综复杂的句子，就是 *ἠθοποιία*[性格素描]的一部分（按：另参 Burnet 对 44c1 的注疏）。

[A 注]请注意这个成效卓著的平衡：苏格拉底说的是 *καὶ ταῦτα*[这些东西]—*καὶ ἄλλα πολλά*[其他很多东西]，克力同说的是 *μήτε*[既不]—*ταῦτα*[这些东西]—*μήτε ταῦτα*[既不这些东西]。第二个 *μήτε* 在 45b6：克力同的急迫心情对自己的说话风格产生了一种有害的影响：比如，请注意仅仅三行之后的 *ἔπειτα*[再者说了，本指"然后"、"此外"，E 注作 furthermore]。

[E 注] *τοίνυν*[那好说，本意为"那么"]表示克力同是在直接回答他所认为的苏格拉底的担心："那好说（well then），不要害怕这些事情。"克力同马上就把苏格拉底的精深思虑阐释为害怕给克力同和朋友们带来的结果（下文 b2-3），而苏格拉底接下来的论证表明与克力同的想法相去甚远。克力同由于从 a4-5 中错误地假定了苏格拉底与他想法相同，就加倍努力把自己错误想象到的东西说成与苏格拉底的看法相一致。

严格说来，*μήτε*[neither，既不]要求一个回应性的 *μήτε*[nor，也不]，但这个句式直到 b6 重复这个短语时才得以继续，这里插入的紊乱句法再次反映了克力同焦虑的思路：他在 a6 中突然停住转而讨论他觉得更紧迫的问题——苏格拉底对钱的担心！

45a6：*καὶ γὰρ*[而的确]，[E 注]克力同似乎是突然想到另外的东西，就用插入语来表达："——而事实上……"（and in point of fact...）。

45a7：*τινές*[某些人]，[E 注]苏格拉底的朋友和伙伴（associates）。[按]Loeb 本、Gr 本和王太庆译本都把这个词理解为行贿的对象，似乎有误。

45a7-8：*ἐξαγαγεῖν ἐνθένδε*[从这里捞出去]，[S 乙注]塞涅卡《书简》24：In carcere Socrates disputavit, et exire, cum essent, qui promitterent fugam, noluit, remansitque ut duarum rerum gravissimarum hominibus metum demeret, mortis et carceris[苏格拉底在监狱中论辩，婉拒逃跑的提议，这时有些人向他提供了机会；但他仍然留在了那里，就是要把人们从两种最严重的事情的恐惧中解放出来：死亡还是监禁]。[按"捞"（ἐξαγαγεῖν），国朝当今社会流行语，本指"带走"、"释放"。

再者说了，你难道没有看出，那些个告密者多么烂贱，根本不需要花多少银子就可以摆平他们？[ἔπειτα οὐχ ὁρᾷς τούτους τοὺς συκοφάντας ὡς εὐτελεῖς, καὶ οὐδὲν ἂν δέοι ἐπ' αὐτοὺς πολλοῦ ἀργυρίου;]

45a8：τούτους τοὺς συκοφάντας[那些个告密者]，[S 甲注]颇有轻蔑鄙视之意。另参下文 τούτων τῶν πολλῶν[那些众人]，另参德墨斯忒涅斯《第一篇反菲利普辞》（Philip. I. 3.9），《王制》403a，《会饮》181e，《高尔吉亚》452e。

[B 注]这里的相当于拉丁语的 istos[此，其，该、你所说的；按：有轻蔑意味]，接下来的 εὐτελεῖς[廉价]还保持着这种轻蔑（depreciatory）的口气，后者表明他们可以买通（for sale）。

45a9：ὡς εὐτελεῖς[多么烂贱]，[按] εὐτελεῖς 本指"便宜"，喻为"卑贱"。[S 乙注]Fisher 解释为 Criminatores, accusatores, ad quos placandos non opus est magnas pecuniae[那些污蔑者、控告者，是一些不需要花多大价钱就可以安抚的人]。[T 注]省略了系词 εἰσιν（他们是），意为"他们是多么容易被收买"。[A 注]"便宜"：克力同轻蔑地把告密者说成待价而沽的货物。

45a9：ἐπ' αὐτοὺς[摆平他们]，[S 甲注]即："贿赂他们。"[B 注]"搞掂他们"（to settle them）。如果色诺芬的故事是真的，克力同对此可是有着亲身经历。色诺芬曾听克力同说过一个故事，说克力同自己曾被 συκοφάνται[告密者]讹诈，后来在苏格拉底的建议下，请了一个贫穷但能干的人来帮忙，此人扭转了局势，反而成功让告密者付钱给克力同(《回忆录》2.9)。

[E注]意为"对付(即安顿)他们"。[T注]"给他们"(或"为了他们"),即贿赂他们。[A注]"为了他们":这个短语满是嘲讽。这个意义上的 ἐπί 一般用于无生命的对象(另参下文a9):εὐτελεῖς[烂贱]暗含的想法因此得以继续保持。

[45b] 我的钱财就是你的,我晓得,足够了。再说,如果你有些关照我,认为不应该花我的,那么,这里的异方人他们早已准备破费了:其中一人已为此带来了足够的银子,这就是忒[b5]拜人辛米阿斯,当然克贝斯和其他很多人也都准备好了钱。[σοὶ δὲ ὑπάρχει μὲν τὰ ἐμὰ χρήματα, ὡς ἐγὼ οἶμαι, ἱκανά· ἔπειτα καὶ εἴ τι ἐμοῦ κηδόμενος οὐκ οἴει δεῖν ἀναλίσκειν τἀμά, ξένοι οὗτοι ἐνθάδε ἕτοιμοι ἀναλίσκειν· εἷς δὲ καὶ κεκόμικεν ἐπ᾽ αὐτὸ τοῦτο ἀργύριον ἱκανόν, Σιμμίας ὁ Θηβαῖος, ἕτοιμος δὲ καὶ Κέβης καὶ ἄλλοι πολλοὶ πάνυ.]

45b1: ὑπάρχει μὲν τὰ ἐμὰ χρήματα[我的钱财属于],[S 甲注]"我的钱财已为你准备好,归你支配"。[A注]柏拉图笔下的苏格拉底曾开过克力同的玩笑,说他生财有道,见《优提德谟》304c3。[T注] ἱκανά[足够]补充表达这样的看法,在他看来(ὡς ἐγῷμαι 原文如此),仅仅他的财产就已经"足够"了。克力同很富裕。

45b2: ἐμοῦ κηδόμενος[关照我],[A 注]:这是考虑到从 συκοφάνται[告密者]那里来的危险,当然不是考虑到钱财的损失。苏格拉底既没有把钱看成好东西,也没有把蚀财看成是坏事,无论是对他自己还是对朋友:参《申辩》38b,他提议 30 米纳的罚款,由柏拉图、克力同和其他人支付(按:应为担保)。

[E注]但我不大同意 Adam 对此的看法。危险也是苏格拉底所担心的,但克力同假定苏格拉底的主要担心在于要花费钱财,符合这里的语境,而且也与他全然未能理解苏格拉底性格和动机相一致。

45b3：ξένοι οὗτοι ἐνθάδε[这里的异方人他们]，[S 乙注]Peregrini ecce hic adsunt[瞧，异方人在那里了]：就在这里的附近；克力同用一个表露亲切感情的 οὗτοι[他们]，并不是说他们那时已经"在场"了，而是说他们住在城里，习惯于跟他不断交往。

[B 注]这里的 οὗτοι 用法是 δεικτικῶς[论证性的或直接显示的；按：Burnet 似乎误解了这个词的意思，该词英译为 demonstrative，这里不是"论证性的"，而是"表露亲切感情的"]（另参《申辩》33e3）。尽管他们此时不在场，但我们从《斐多》可知，苏格拉底在那一个月中每天都与他们见面，我们无疑可以认为，当前苏格拉底与克力同的对话结束后，他们就会进来。他们没有理由害怕，因为在苏格拉底的逃跑被发现以前，他们可以跨过波俄提亚边境线。

[E 注]克力同兴奋地说话，就好像他们就在他旁边。异方人不可能受到 συκοφάνται[告密者]的伤害，因为他们在雅典没有财产可以损失，如果麻烦来了，也没有必要呆在雅典。

[A 注]他们作为异方人，可以逃脱 συκοφάνται[告密者]之手。代词 οὗτοι[他们]是直接论证性的（deictic）："瞧，这里有异方人准备好花他们的钱了。"克力同生动活泼的语气，仿佛 ξένοι[异方人]真的就在监狱中。另参《会饮》：ἄλλον δέ τινα τῶν παίδων ἥκειν ἀγγέλλοντα ὅτι "Σωκράτης οὗτος ἀναχωρήσας ἐν τῷ τῶν γειτόνων προθύρῳ ἕστηκεν[另有一个男童过来传报，"那个苏格拉底退回到邻居的前门站着，我喊他他都不肯进来。"]（刘小枫译文），苏格拉底那时还没有露面。ἐνθάδε[这里]意思是"在雅典"。οὗτοι ἐνθάδε 这种搭配有些不大合适（因为 οὗτοι 就暗含了 ἐνθάδε）：但没有必要省略任何一个词。克力同有点兴奋，更愿意用逻辑来表达。

45b4-5：Σιμμίας ... Κέβης[辛米阿斯……克贝斯]，[S 甲注]两人都是忒拜人，苏格拉底的密友，《斐多》中介绍说他们在与苏格拉底争论。拉尔修《名哲言行录》2.124 和 125 以及 Suidas 的《辞典》记载了他们生平的少量细节。柏拉图《书卷八》也顺便提到了他们。据说两人都有著述，但 Tabula（即希腊文的，详 S 乙注）算作克贝斯的著作，似乎不值得归在他名下。

[S 乙注]拉尔修提到了辛米阿斯三十三篇（按:《名哲言行录》记二十三篇，疑误）著作名称，以及克贝斯的三篇著作，其中只有 *Πίναξ*[《人类生活图景》]（Stanford 作 Picture of Human Life, Stallbaum 作 Tabula, 徐开来直译作"匾额"）传下来了，该书的著作权还存在争议。那是一部颇有天分的寓言体著作，在道德精神和道德品质上的确是苏格拉底式的，却包含了某些似乎是从毕达哥拉斯学派借用而来的思想感情。[按]Burnet 对这两人以及"其他人"（都是异方人）有非常详细的考证，篇幅太长，移作本书附录"人物志"。

所以，正如我说的，既不要害怕这些东西而不去救你自己，也不要让你曾在法庭上说过的话而让你觉得难办，那就是你一旦流亡，就不知道何以自处——[ὥστε, ὅπερ λέγω, μήτε ταῦτα φοβούμενος ἀποκάμῃς σαυτὸν σῶσαι, μήτε, ὃ ἔλεγες ἐν τῷ δικαστηρίῳ, δυσχερές σοι γενέσθω ὅτι οὐκ ἂν ἔχοις ἐξελθὼν ὅτι χρῷο σαυτῷ.]

45b6: μήτε ταῦτα φοβούμενος ἀποκάμῃς[不要因害怕这些东西而不去]，[S 甲注]也就是，"不要悲观地看待你的安全问题"。因为克力同极其热爱老友，忘掉了德性的原则，并把苏格拉底想象成愿意靠逃跑来保命。

[S 乙注]"不要沮丧"。拉丁语 ne cesses[不要停止]。Jocobs 认为如果把这里解读为具有至高无上的意义，那么就会把苏格拉底变得似乎因逃跑行不通而绝望，相反，实际情况却是，苏格拉底把逃跑当做不义而婉拒了，并对 ἀπόκνησις[犹豫]提出了修正。但克力同在文本中也许是很肯定地用了该词，因为此时他还不太了解苏格拉底对这件事的看法，而且很可能已经设想到，他努力要打消的那些反对意见，毋宁是一些疑虑的结果，而不是不可更

改的决定的结果。这种结果只有寄希望于让这位哲人不要去遵守城邦法律的判决才能达成。

[B 注]"不要逃避你自救的任务"（另参下文 d6：τὰ ῥᾳθυμότατα αἱρεῖσθαι[选择最漫不经心的道路]）。苏格拉底到目前为止还没有说过任何话暗示他拒绝逃跑是基于自己的原则，克力同认为苏格拉底拒绝逃跑仅仅是因为苏格拉底为朋友们的后路着想。

[D 注]重复上文 45a6。"倦于尝试……"。这里绝非暗示苏格拉底已尝试过逃跑。克力同仅仅暗示说，其他任何借口无非就是懦弱。[T 注]"停止努力"。克力同想当然地认为，苏格拉底如果仅仅考虑这件事情本身，而不考虑要给朋友们带来危险的话，他肯定渴望并且也肯定会努力救自己一命。

[A 注]ἀποκάμνειν 表示因疲惫而放弃。柏拉图有时绝对化地用这个动词（尤其是《王制》435d9：Μὴ τοίνυν ἀποκάμῃς ἀλλὰ σκόπει[你不要厌倦，而要继续探寻]），有时又带一个分词，本文此处似乎是该词带不定式的唯一例子，但可见欧里庇得斯《伊翁》行 134-135：μοχθεῖν οὐκ ἀποκάμνω[我不厌倦于下苦功夫]。

45b7：ὃ ἔλεγες ἐν τῷ δικαστηρίῳ[你在法庭上说过的话]，[B 注]"正如你在法庭上说过的"。这也许是指《申辩》37c4 以下，或者同样也可以是一条独立的证据，表明苏格拉底的确说过诸如此类的话。

[E 注]指苏格拉底在辩护词中的话题，提出流放到其他πόλεις[国家]这种惩罚，乃是无意义的（《申辩》37d）；尽管《申辩》的重点有所不同：苏格拉底在那里的意思是说，他用自己习惯的方式可以找到很多事来做，但很可能为当局所阻止。

45b7-8：δυσχερές σοι γενέσθω[让你觉得难办]，[A 注]"烦扰你"（trouble you），克力同的意思似乎绝不是说，如果苏格拉底打算违背自己向雅典人民深思熟虑许下的诺言，那么就可以不必拘泥于他在激情昂扬的辩护中所说的那些话。

45b8：ἐξελθών[流亡]，[B 注]正如《申辩》37d4 和 e4 一样，这里的意思是"如果你流亡"。[A 注]《申辩》37d4：καλὸς οὖν ἄν μοι ὁ βίος εἴη ἐξελθόντι...[如果遭到流放，对我来说，那可真是高贵的生活啊。按：苏格拉底说的反话]，表明指的是离开雅典，而不是离开监狱。[按]本指"离开"，可译作"流放"（被动意味）和"流亡"（主动意味）；Adam 这里注疏的意思是：不能译作"逃亡"。

45b8：ὅτι χρῷο σαυτῷ[何以自处]，[S 乙注]Stephanus 在旁边批注到：incertum fore, quid de te ipso statuere debeas，翻译为：如果你离开城邦，你就不知道如何自处，去往何处。另参卢奇阿诺斯（旧译"琉善"）《亡灵预言所》(Necyom.) 5.1：οὐκ εἰδὼς ὅ τι χρησαίμην ἐμαυτῷ[我不知道如何自处。按：直译为"我不知道如何利用自己"]。

[S 甲注]有如我们说"你自己该怎么办"，亦见《高尔吉亚》486a，《会饮》216c 以及色诺芬《上行记》3.1.41。[E 注]后面半句话正面意思是："[在流亡时]你不会有应该如果利用你自己的[知识]。"这里的 χρῷο[对待]是祈愿式 ἄν ἔχοις[一旦拥有]后面接的祈愿式。[D 注] χρῷο 虽是祈愿式，但表达的是怀疑性的虚拟式。

因为很[45c]多地方，就正如以前一样，如果你去了的话，他们都会热情款待你：那里有我一些异邦世交，他们会非常敬重你，他们会向你提供安稳保障，可以保证在忒塔利亚没有人惊扰你。
[πολλαχοῦ μὲν γὰρ καὶ ἄλλοσε ὅποι ἂν ἀφίκῃ ἀγαπήσουσί σε· ἐὰν δὲ βούλῃ εἰς Θετταλίαν ἰέναι, εἰσὶν ἐμοὶ ἐκεῖ ξένοι οἵ σε περὶ πολλοῦ ποιήσονται καὶ ἀσφάλειάν σοι παρέξονται, ὥστε σε μηδένα λυπεῖν τῶν κατὰ Θετταλίαν.]

45c1：ἄλλοσε[以前]，[按]几乎所有注疏家都对这个词产生了疑惑，认为它本来应该是与前面那个 πολλαχοῦ[很多地方]相一致

的 ἀλλαχου[其他任何地方]，表示"有很多地方，你随便去了哪一个地方都会受到热烈欢迎"（参 S 甲注），这样才与后面的关系副词 ὅποι[在那里，相当于英语的 where]一致（参 S 乙注）；Burnet 认为这里应该出现的词是 ἄλλοθι[在其他地方]，并认为"我们只能说，ὅποι 的影响才让 ἄλλοσε 变得合适。由于 ἄλλοσέ ποι 是一个非常普通的短语，克力同一不留神误说成了 ἄλλοσε ὅποι"。Adam 也认为这里应该是 ἄλλοθι[在其他地方]，因为 πολλαχόσε[在很多地方]在这里说不通，因为 ἀγαπᾶν ποι 不是希腊语。所以，这个短语严格说来不大符合语法。Emlyn-Jones 注也怀疑这里的文本的正确性，只是勉强解释为："因为在很多地方，并且无论你去其他哪个地方……"Emlyn-Jones 的意思就是说，苏格拉底在这些地方很受欢迎，而在这些地方以外的随便哪个地方也都很受欢迎——宁有是理！这种解读不合情理，也似乎不大符合苏格拉底在《申辩》中所说的他随便走到哪里，都会被家长们赶走，因为他们会认为苏格拉底要败坏他们的孩子（37e1-2）。这些解读在古典语文学上都有一定的道理，尤其以老辈学人 Stallbaum 的解释为佳：有很多地方，苏格拉底无论去到其中随便哪个地方，都会受到欢迎。克力同的确太过急切而不顾语法规范，但也不妨换个角度来论证文本原本没有问题，因为 ἄλλοσε 本意"其他时间"，我们完全可以把它看做一个不太恰当的表达法：as before。克力同显然是从"其他时间"，也就是从以前的"其他时间"的经验来看，苏格拉底在那些友好城邦或者至少有好友和信徒的地方——而不是除了这些地方还包括其他地方也就是几乎所有地方——都受欢迎。当然，即便这样也许能够更好地解释文本，也不能否认句子的残缺。

45c1：ἀγαπήσουσί σε[会热情款待你]，[B 注]"会很重视你"（will make much of you）。

[按]或作"欢迎"和"喜欢"。克力同的这种看法与苏格拉

底本人在法庭上的陈述有些出入：苏格拉底认为自己走到哪里都会被人赶走。尽管苏格拉底有很多外国朋友，但他在这些国家未必会受欢迎，这恐怕也是很有自知之明的哲人对哲学抱有非常清醒的认识。

45c1：εἰς Θετταλίαν[去忒塔利亚]，[B 注、A 注]据亚里士多德《修辞学》第二卷记载：Σωκράτης οὐκ ἔφη βαδίζειν ὡς Ἀρχέλαον· ὕβριν γὰρ ἔφη εἶναι τὸ μὴ δύνασθαι ἀμύνασθαι ὁμοίως καὶ εὖ παθὸν τας ὥσπερ καὶ κακῶς[苏格拉底拒访阿克劳斯的宫廷：他说受了优待不能回报就如受了虐待不能回报一样丢人]（颜一译文）。苏格拉底已经拒绝过马其顿国王的邀请（但欧里庇得斯、阿伽通、宙克西斯和其他人却去过阿克劳斯的王宫），这也证明苏格拉底已然名满天下。因此，第欧根尼·拉尔修的说法（2.25）也许就有些真实的成分，他说苏格拉底还拒绝过其他人的邀请："苏格拉底对马其顿的阿尔刻拉俄斯、卡拉农的斯科帕斯和拉利萨的欧儒洛科斯表示了轻蔑，他拒绝接受他们送来的钱财，也不愿去他们的宫廷。"克力同劝苏格拉底去忒塔利亚，与苏格拉底同年轻的美诺（Meno）之间的友谊（参《美诺》70b 以下）也有点关系。而克力同与忒塔利亚的联系也至关重要，这就在于他的政治同情：在他对政治感点兴趣的范围内，他支持 καλοὶ κἀγαθοί[高尚而高贵的人]或寡头派。

45c4：κατὰ Θετταλίαν[在忒塔利亚]，[S 乙注]据拉尔修、黎巴尼乌斯（Libanius）和柏拉图的《苏格拉底的申辩》，忒塔利亚某些最高贵的人在寻找苏格拉底的熟人（按：类似于我们的"找关系"？）。

[按]"异邦世交"（下文译作"异方朋友"），希腊语 ξένοι，本意为"异方人"，即上文 45b3 中随时准备铤而走险营救苏格拉底的那些外邦人，亦作"客人"或"主人"。柏拉图笔下有爱利亚异方人、雅典异方人一类戏剧角色。同时，该词也指"订有世代相传护卫宾主约言的朋友"，故而作此译（王太庆译作"好客的

朋友",亦可)。"非常敬重你"(σε περὶ πολλοῦ ποιήσονται),几乎可以完全对应地译成英文 will make much of you(与希腊语的顺序刚好颠倒),近于 45c1 的 ἀγαπήσουσί σε[会热情款待你,Burnet 把它注为 will make much of you]而程度似乎更强,本意为"可以在很多方面帮你做事"。"惊扰"(λυπεῖν),意即"使人痛苦"、"使人苦恼"、"困扰"、"骚扰"。

六、责任与救赎(45c5-46a8)

节解:克力同接着把劝告推向一个新的高度:苏格拉底行事不正确,也就是后世所说的"不义"。一方面,自己求死乃是仇者快的事情,敌人一直都巴不得整死他;另一方面,苏格拉底撒手而去,也是一件亲者痛的憾事,尤其是苏格拉底的孩子还太小,自己怎么能忍心丢下孤儿寡母凄惨度日!颇具讽刺意味的是,克力同这位普通老百姓开始教训起那位一直高调宣扬德性——尤其是善良与勇敢——的哲人:你生了孩子,就必须对他们负责。

此外,苏格拉底还必须对朋友负责。苏格拉底一走了之,丢下朋友们倍受诟病,让克力同为苏格拉底感到羞耻,是因为苏格拉底为朋友带来了耻辱:在大众看来,苏格拉底的所有厄运似乎都是朋友的懦弱和冷漠造成的——本可以不出庭的,结果朋友们帮助不力,还是打起了官司;本来可以打赢官司,最后却落得如此"荒唐可笑"的结局;如果朋友们再不出手相助,一切都就太晚了。苏格拉底死了,朋友们也免不了"卑鄙"、"可耻"的骂名。如果把克力同的理由稍加夸大,苏格拉底拒绝越狱,就是"不仁"、"不义"、"不智"、"不信"、"不勇"。反过来看,这的确是一种讽刺,也是一种困境,更是一种难以解决的悖论:只有犯法才是正义的,才是道德的,才是"仁义礼智信"!

[c5] 再说，苏格拉底啊，我认为你打算要做的事情乃是不正义的——在能够有救的情况下断送自己的性命，而且，你渴盼为自己达到的那些结果，正是你的敌人所渴盼的，他们一直都渴盼着能够想方设法毁灭你。[Ἔτι δέ, ὦ Σώκρατες, οὐδὲ δίκαιόν μοι δοκεῖς ἐπιχειρεῖν πρᾶγμα, σαυτὸν προδοῦναι, ἐξὸν σωθῆναι, καὶ τοιαῦτα σπεύδεις περὶ σαυτὸν γενέσθαι ἅπερ ἂν καὶ οἱ ἐχθροί σου σπεύσαιέν τε καὶ ἔσπευσαν σὲ διαφθεῖραι βουλόμενοι.]

45c5：Ἔτι δέ ... οὐδὲ δίκαιόν[再说……不正义]，[B 注]"其次，你的提议甚至还不对"，也就是除了大众对这件事情的看法之外[按：指你自己的想法也不对]。

[A 注]这里的表达形式可以对比《申辩》35b9-c2：Χωρὶς δὲ τῆς δόξης, ὦ ἄνδρες, οὐδὲ δίκαιόν μοι δοκεῖ εἶναι δεῖσθαι τοῦ δικαστοῦ οὐδὲ δεόμενον ἀποφεύγειν, ἀλλὰ διδάσκειν καὶ πείθειν[除去名声之外，诸位，我认为，哀求法官是不对的，靠祈求逃脱也是不该的，而应该靠教育和说服]（吴飞译文）。把这里的 δίκαιόν 翻译为"正义"是不对的，而应该翻译为"正确的"、"道德的"。这是该词的原初含意，远比另一个含义即"正义"更为常见。另外三个主要的德性为：σώφρων[智慧]，φρόνιμος[审慎]，ἀνδρεῖος[勇敢]。亚里士多德意识到了该词的这两种意思，参《尼各马可伦理学》1129b29-30：ἐν δὲ δικαιοσύνῃ συλλήβδην πᾶσ' ἀρετή ἔνι[公正是一切德性的总括]（廖申白译文；或可译作：总而言之，所有德性都在正义之中了），亚里士多德引用托名忒俄革尼斯（Pseudo-Theognis）的诗句来阐明更为宽广的含义。苏格拉底宣布 τὸ δίκαιον[合于正道]就是 τὸ νόμινον[合于法律]，就是把这个意义赋予了该词（参《回忆录》4.4.12）。这种更广的含义还保存在英语 justify 中。

[E 注]克力同认为苏格拉底所提出的行动方案"甚至不对头[即便不考虑人们会怎么想]。克力同既然已经把自己和朋友们称作 δίκαιοι（正义的人，45a1。按：那里原来译作"正道"），现在

就拿这个价值语汇来对抗苏格拉底。克力同在何种意义上用这个词，在接下来的话语中就很清楚了：苏格拉底自甘就戮，就未能尽到自己的责任，既没有在敌人面前为自己辩护而对自己尽到责任，也因表现出对朋友的名声毫不在乎而没有尽到对朋友的责任。克力同似乎没有意识到这个悖论性的要素：他把苏格拉底刻画成在沉思一个并不 δίκαιον[正义，正确]行为的人，但他用来刻画的这些行为，在另一个意义上必须被界定为 δίκαιον（即"守法"）。这再次隐晦地预示了本篇对话的核心困境。[按] δίκαιόν，原来根据 A 注译作"正确"，后来觉得这是克力同在批评苏格拉底，而且整个语境是在讨论"正义"，故而改译（Grube 和 Gallop 都译作 just）。

45c6: σαυτὸν προδοῦναι[断送自己（的性命）]，[E 注]克力同似乎是在论证：苏格拉底"放弃了自己"与放弃自己的孩子相类同（下文 c9-d1），两者都 οὐ δίκαιον[不正义]。这里醒目地阐明了希腊人流行的看法，每个人都有义务保卫自己以及自己的眷属，防止受到人身伤害，不管是法内还是法外（参 K. J. Dover. *Greek Popular Morality in the Time of Plato and Aristotle*, Oxford, 1974, pp. 180-184）。

45c6: ἐξὸν σωθῆναι[能够有救]，[S 甲注]"当你有能力逃跑的时候"。

[按]另参下文 45d1：ἐξὸν καὶ ἐκθρέψαι καὶ ἐκπαιδεῦσαι[能够把孩子们抚养长大、教育成人]，以及 45e4：ἐξὸν μὴ εἰσελθεῖν[能够不出庭]。在克力同看来，苏格拉底本来能够把自己的孩子抚养长大并教育成人，但他放弃了自己的责任，是为"不仁"；苏格拉底本来能够不出庭，免于受坏人的纠缠，却出庭了，是为"不智"；苏格拉底本来能够有救，却不爱惜生命，选择一死了之的懦弱道路（即克力同在 45e2 所说的 ἀνανδρίᾳ[怯懦、不勇敢]——Adam 注曰："死比生更不那么需要勇气——这也正是苏格拉底所持的观点"），是为"不勇"；苏格拉底不接受朋友们的救济，陷朋友们

于大众的坏名声之中（44b-c），让朋友们感到耻辱（45e1-2），是为"不义"；苏格拉底的死，乃是城邦的错误，而苏格拉底在有能力通过逃跑来帮助城邦改正错误时，却拒绝避免陷城邦于不义，是为对祖国的"不忠"，也就是"不孝"（如果苏格拉底父母还健在的话，则必然还就是正儿八经的"不孝"）。对于克力同"不忠"、"不孝"、"不仁"、"不义"、"不智"、"不勇"的指责，苏格拉底轻轻巧巧借"雅典法律"之口，甚至以同样的词汇"能够"（ἐξέσται），回答了克力同的一连串的"能够"或"可以"：πρὸς δὲ τὴν πατρίδα ἄρα καὶ τοὺς νόμους ἐξέσται σοι[你能够这样对待祖国及其法律吗，51a2-3]。在国家至上和法律至上的理论面前，一切亲情友谊乃至于个人的生命，似乎都不值一提了。

45c6-7：καὶ τοιαῦτα σπεύδεις[你渴盼的那些结果]，[A 注] σπεύδεις[渴盼]（一般现在时直陈式主动态第二人称单数）比 σπεύδειν（不定式）更能传达出力量和愤慨。克力同的意思是在说，苏格拉底除非把自己的辩护视为他应该活下去的重要手段，否则就毫无意义。苏格拉底曾把自己说成是神明赐给雅典人的神意执行者（minister）：他是否因为雅典人拒绝了自己，于是就撂挑子了呢？

[E 注] 在克力同看来，σπεύδεις[渴盼]表示苏格拉底像自己的敌人一样，全心全意"急切寻求"自己的毁灭。苏格拉底向来都把死亡视为一种躲避人到老年时会遇到的各种不愉快的手段。克力同接着阐释他刚才（c6）所提出的价值判断。苏格拉底未能在敌人面前保卫自己，就让他在雅典公民所要求的基本 ἀρετή[excellence, 卓越]上有所不足（另参下文 d8）。Adam 认为克力同谴责他"自我放弃"，特指的是苏格拉底没有活下去兑现自己在《申辩》28a 以下所许的诺言，他曾强调在践履哲学使命过程中"坚守岗位"的必要性（按：苏格拉底自比阿基琉斯，宣称无论多危险，都应该坚守岗位，甚至不惧死亡，尤其参见 28d8-10）。然而，

并没有多少迹象表明克力同很在乎苏格拉底的使命；他的批评更具一般性：苏格拉底只是没有按照一个正常的雅典公民那样行事。

[按] 这里的 σπεύδεις、σπεύσαιέν 和 ἔσπευσαν 是同一个词，颇难翻译，其本意为"加紧、急于"，也有"但愿，渴望"之意。王太庆译作"你一心一意要达到的目的，正是你的仇人求之不得的事情，他们是处心积虑要把你毁掉的"，颇为畅快，这里"一心一意"、"求之不得"就是 σπεύδεις，"急切"和"渴望"（最后一句话中似乎漏译了 ἔσπευσαν[一直都渴盼]）。克力同亲耳聆听了苏格拉底的法庭申辩，所以他清楚地知道，苏格拉底急于求死，因为他的"申辩"本身应该是另外一番模样，更何况，这场官司本来都是可以避免的——克力同接下来马上就要捅破这层窗户纸。

而且，我还认为，你也把你的儿子们一并断送到那些人手中了，而你本来[45d]能够把他们抚养长大、教育成人，你却一走了之，把他们丢在身后，对你来说，他们似乎就只能如此听天由命了：他们很可能会成为那种在孤苦无依之中习惯于孤儿生活的可怜虫。[πρὸς δὲ τούτοις καὶ τοὺς ὑεῖς τοὺς σαυτοῦ ἔμοιγε δοκεῖς προδιδόναι, οὕς σοι ἐξὸν καὶ ἐκθρέψαι καὶ ἐκπαιδεῦσαι οἰχήσῃ καταλιπών, καὶ τὸ σὸν μέρος ὅτι ἂν τύχωσι τοῦτο πράξουσιν· τεύξονται δέ, ὡς τὸ εἰκός, τοιούτων οἷάπερ εἴωθεν γίγνεσθαι ἐν ταῖς ὀρφανίαις περὶ τοὺς ὀρφανούς.]

45c9：ὑεῖς[儿子们]，[A 注]苏格拉底有三个儿子：朗普罗克勒斯（Lamprocles，按：希腊文意为"光辉的荣耀"），以及另外两个更小的儿子，索福伦尼斯科斯（Sophroniskos，意为"审慎的小男孩"）和墨涅克塞诺斯（Menexenos，似为"坚强的异方人"）。朗普罗克勒斯是长子（色诺芬《回忆录》2.2.1），但在苏格拉底去世时，还是一个小伙子，另外两个则还是孩子（《申辩》34d6-7，41e-42a，《斐多》116b）。我们不知道他们是否因苏格拉底之死而受到什么牵连。苏格拉底在法庭申辩陈词最后把儿子们的道德教育委托给了陪审团。

[按]克力同却认为苏格拉底向敌人"托孤"（πρὸς δὲ τούτοις），无异于入虎穴、膏狼吻了，因为这里的"断送"另有"交给敌人"之意（王太庆译为"遗弃"）。这个不定式受 πιχειρεῖν 支配，后者意为"动手做"，另有"企图做"之意。克力同用了同一个词"断送"（45c6 的 προδοῦναι 和 45c9 的 προδιδόναι）来劝苏格拉底：你不仅断送了自己，也断送了孩子们的性命——尽管结局远没有那么糟糕。

[B 注]苏格拉底在《申辩》中说，他有儿子，三个，一个已经是小伙子，两个还是小孩（34d6-7）。Burnet 对此注疏如下：另参《斐多》116b1-2：δύο γὰρ αὐτῷ υεῖς σμικροὶ ἦσαν, εἷς δὲ μέγας[两个儿子本身还很小，另一个更大]。后者, μειράκιον ἤδη[已经是小伙子了]（《申辩》34d7），据色诺芬说，叫做"朗普罗克勒斯"，色诺芬说他是 τὸν πρεσβύτατον υἱόν[长子。另外两个儿子叫做"索福伦尼斯科斯"（也是其祖父之名，所以可能是次子）和"墨涅克塞诺斯"。从《斐多》60a2，我们知道最小的那个孩子还在怀中。由此推知，苏格拉底很晚才娶克桑提佩（Xanthippe），接近七十岁时还同她生了一个孩子。我们不知道克桑提佩是什么样的人，但她的名字表明她与贵族政制有关系，她长子的名字"朗普罗克勒斯"也表明了这一点。柏拉图笔下没有丝毫迹象说克桑提佩是泼妇。相反，她在《斐多》中还被刻画成把感情奉献给了自己丈夫的贤妇。我们从色诺芬那里得知，安提斯忒涅斯（Antisthenes）不喜欢她；她如果出身名门的话，也很可能不是很喜欢苏格拉底。这无疑就是她倒霉名声的来源。

45d1：ἐκθρέψαι καὶ ἐκπαιδεῦσαι[抚养长大并教育成人]，[A 注]孩子们的 τροφή[抚养]和 παιδεία[教育]已然开始了，所以才用了介

词 ἐκ 来构成复合词。τροφή[抚养]毋宁是人格和品德方面的监管，而非理智方面的塑造，παιδεία[教育]则相反。

[E 注]正如克力同也许会认识到的，这里强调过程（ἐκ-）的彻底性（thoroughness，Tyler 把这个介词解释为 completely），与苏格拉底一贯强调的通过教育来提高德性的主张非常对路（如《拉克斯》）。[B 注]请注意，γένεσις[生]，τροφή[养]，παιδεία[教]在希腊构成了一个常规的系列事件。另参下文 d5 和 50e2。

45d1：οἰχήσῃ καταλιπών[你一走了之，丢在身后]，[S 甲注]我认为，οἴχεσθαι（按：即 οἰχήσῃ 的不定式，字典形式为 οἴχομαι）这个词指的是行为的快捷和行为者（agent）的急迫。它也许可以译成拉丁文 confestim deseres[突然离开]。

[A 注]"你在他们蹒跚学步时就离开了"。这些词暗示在背叛（按：即放弃自己的责任）中存在某种自私与懦弱的东西。[按]克力同认为苏格拉底只顾自己，而不顾他人，尤其是他的朋友和儿子，但苏格拉底接下来却反驳说他是为了整个城邦的法律，也就是为了大众的利益，他的就义不仅仅是个人的成道成仁。孰是孰非？

45d2：τὸ σὸν μέρος[对你来说]，[S 甲注]"在你力所能及的范围内"（as far as in you lies）。另参下文 50b2。[B 注]"在你来说"（for your part），即"就你而言"，"在你所涉及的范围内"（as far as you are concerned）。

[按]《古希腊语汉语词典》注录为"至于你"。该词组还可译为"尽你所能"（如下文 50b2 和 54c8），那么这句话就含有"你可是竭尽全力让他们成为孤儿而听天由命"之意。

45d2：ὅτι ἂν τύχωσι τοῦτο πράξουσιν[他们将会做听天由命的事情]，[S 甲注]意即"他们将承受命运的意志会分配给他们的运气，而不管他们会遇到什么事情"。因为 πράττειν[做，按：即 πράξουσιν 的不定式]这个词是在有着好的或坏的命运这个意义上用的，就好比在 εὖ πράττειν[干得好，好运]和 κακῶς πράττειν[干得糟，厄运]这样的短语中。请注意代词 τοῦτο[这个，那个]的用法，一般说来，会用某个副词来代替它。但在欧里庇得斯《特洛亚妇女》行 700（按应为行 683）：πράξειν τι κεδνόν[做了某件可靠的事情]也是同样的用法，Seidler 说，那个短语用来表达 εὖ πράττειν[干得好]。另参欧里庇得斯《伊菲革涅亚在奥利斯》行 346：πράσσοντα μεγάλα[做大事的人]就等于 μαλ' εὐτυχεῖν[运气尤其好]。

[B 注]"他们会按他们可能最好的方式前进"，"这就是他们所碰到的一切"。这个短语用来刻画苏格拉底的漠不关心。另参 44d9-10：ποιοῦσι δὲ τοῦτο ὅτι ἂν τύχωσι[他们对这个人的所作所为，要随机缘而定]以及那里的注疏。[A 注]"他们将不得不照机遇的指引而前行"，"他们将不得不承受生命中的机运"。

45d3-4：ἐν ταῖς ὀρφανίαις περὶ τοὺς ὀρφανούς [在孤苦无依之中成为孤儿]，[A 注]正如 Goebel 所指出的，这里重复 ὀρφανούς [孤儿]的观念，有着激发同情心的效果。

[T 注]在雅典，孤儿由国家供养，并委托给年名执政官（Archon Eponymus，字面意思为"年名长老"，即以这位执政官的名字为当年的纪年，亦可译为"首席执政官"）照管。当然，那些孤儿必定还会碰到很多不便之处（另参《伊利亚特》22.490 以下：无依无靠的孤儿不会有玩耍的伙伴，他将终日垂头伤心，泪洗面颊）。"就苏格拉底来说"，他的孩子就会遗留下来"干好事或干坏事，就正如他们也许碰巧会做的那样"。

[E 注]幼时成为孤儿（即无父亲）者在法律上的不利地位，参 D. M. Macdowell. *The Law in Classical Athens*. London, 1978。

要么就不该生下[d5]这些孩子，要么就该与他们始终共患难，抚养和教育他们，但我认为，你却选择了最漫不经心的道路。[ἢ γὰρ οὐ χρὴ ποιεῖσθαι παῖδας ἢ συνδιαταλαιπωρεῖν καὶ τρέφοντα καὶ παιδεύοντα, σὺ δέ μοι δοκεῖς τὰ ῥᾳθυμότατα αἱρεῖσθαι.]

45d5: συνδιαταλαιπωρεῖν[始终共患难]，[E 注]在流传至今的希腊文献中，这是唯一出现该词的地方，意为"始终一起承受苦难"。其中，συν-表示"一起"，δια-表示"始终"，主干 ταλαιπωρέω 意为"吃苦，忍受艰辛"。

[A 注]克力同在这里恳求道，人对国家有责任，对家庭同样有责任：苏格拉底把自己对国家的责任置于他对家庭的责任之上。

45d5-6: τὰ ῥᾳθυμότατα αἱρεῖσθαι[选择了最漫不经心的道路]，[S 甲注] ῥᾴθυμα，意为"可以随意摆弄的小玩意儿，或怠惰而反复无常的人"。Serran 把这句话很好地译成了拉丁文：Tu autem mihi videris ea, quae cum maxima pigritia atque supinitate conjuncta sunt elegisse。

[按] ῥᾳθυμότατα 是形容词 ῥᾴθυμος 的最高级，该词由两部分构成，ῥᾴδιος 和 θυμός，前者指"轻松"或"轻率"，后者指"血气"和"心胸"；该词亦可理解为"欠考虑"和"漠不关心"（LSJ 希英词典即有 indifference 的义项）。王太庆译为"最偷懒的办法"，王晓朝译为"轻松"（英译本通常为最高级 laziest 或 easiest，Tr 译本作 least resistance，意为"最便当的方法"），只体现了 ῥᾴδιος，忽视了主干 θυμός。克力同大概是在指责苏格拉底的自私和"欠考虑"：他生了孩子，但把抚养和教育孩子的责任交给了城邦。苏格拉底只顾自己轻松愉快地奔赴极乐世界，留下孤儿寡母备尝炎凉艰辛。

相反，一个男人如果选择当善良而勇敢的人，就应该选择这些辛劳，尤其对于一个终生都在宣谕要关心德性的人来说，更应如此——[χρὴ δέ, ἅπερ ἂν ἀνὴρ ἀγαθὸς καὶ ἀνδρεῖος ἕλοιτο, ταῦτα αἱρεῖσθαι, φάσκοντά γε δὴ ἀρετῆς διὰ παντὸς τοῦ βίου ἐπιμελεῖσθαι·]

45d7-8: ἀγαθός ... ἀνδρεῖος... ἀρετῆς[善良……勇敢……德性]，

[E 注] 克力同为所有这些宏大的价值语汇赋予了惯常的意义（conventional significance）。苏格拉底未能做到在行为上符合可接受的标准，这就是让朋友们蒙羞的地方。[？注] ἀγαθὸς καὶ ἀνδρεῖος [善良而勇敢]与上一句 ῥᾳθυμότατα[最漫不经心]相对立。

45d7：φάσκοντά γε δή[宣谕]，[A 注]相当于 quippe qui dicat[正如你所说]。这里添加了一个小品词 δή，就让讽刺的意味变得更加尖锐了。关于苏格拉底[终生都宣谕要关心德性]的主张，比较《申辩》30a 和 37b。διὰ παντὸς τοῦ βίου[终生]修饰 φάσκοντά[宣称、答应]比修饰 ἐπιμελεῖσθαι[关心]更有力量。

[E 注]小品词 γε 由 δή 添加了讽刺性的强调——"既然你说至少你曾经献身于德性"。ἐπιμελεῖσθαι[关心]是柏拉图用来表达苏格拉底献身的标准词汇（如《拉克斯》187a4）。这里有一种克力同显然没有意识到的讽刺意味（他作为苏格拉底的门徒当然应该意识得到！）——正是因为终生献身于 ἀρετή[德性]（这是苏格拉底所理解的德性），才妨碍了苏格拉底通过符合传统的 ἀρετή[德性]（《申辩》30b2-4）来让克力同满意。[B 注]关心德性，就是 ψυχῆς ἐπιμέλεια[灵魂关怀，关心灵魂]的原则。

[按] ἕλοιτο 与上一句和本句的 αἱρεῖσθαι，是同一个词。ἕλοιτο 既可以表示将来时的祈愿式，也可以表示过去不定时的祈愿式。ταῦτα[这些]，指刚提到的"抚养和教育孩子"的辛劳，也可以指后面由 φάσκοντά 引导的整个分词短语。φάσκοντά 接不定式表示"答应"。因此，整句话还可以译作"相反，对于一个一直都选择当善良而勇敢者的人来说，就应该选择走这样的路，答应终生都关心德性"。正如 Adam 所说，"终生都在宣扬要关心德性"，的确比"宣扬要终生关心德性"更具有讽刺意味，尽管在原文更近于指"劝喻人们终生都要崇尚德性"。克力同似乎在讥讽苏格拉底：你不是终生都在宣扬德性吗，自己怎么不承担起养育孩子的

责任？而这种责任，不过是人基本的德性呢！

所以，我[45e]对你以及对我们这些你的挚友感到羞耻，因为大家莫不以为，在你身上发生的这整件事情，都是由于我们某种程度的怯懦造成的，而且通向法庭的官司之门本来可以不进去的，[ὥς ἔγωγε καὶ ὑπὲρ σοῦ καὶ ὑπὲρ ἡμῶν τῶν σῶν ἐπιτηδείων αἰσχύνομαι μὴ δόξῃ ἅπαν τὸ πρᾶγμα τὸ περὶ σὲ ἀνανδρίᾳ τινὶ τῇ ἡμετέρᾳ πεπρᾶχθαι, καὶ ἡ εἴσοδος τῆς δίκης εἰς τὸ δικαστήριον ὡς εἰσῆλθεν ἐξὸν μὴ εἰσελθεῖν,]

45e2：ἀνανδρίᾳ τινὶ τῇ ἡμετέρᾳ[我们某种程度的怯懦]，[E 注]克力同从直接的道德论证返回到开始劝说时的主题，即苏格拉底的举动和处境在大众的评价（δόξα，按即"意见"）中如何反映了克力同及其朋友。

[D 注]"我们这方有些缺乏男子汉气概"。请注意，这里重点强调的是 τῇ ἡμετέρᾳ[我们的]，意为"我们要对此负责"。如果克力同和其他人表现出了更多的努力，用了各种办法来对抗墨勒托斯及其唆使者，即便都还是导致今天的现状，那么在克力同看来，他们也会是真正的 ἄνδρες[男子汉]。

[A 注]这里对"胆怯"是公然的奚落（在刚说过的 ῥᾳθυμότατα[最漫不经心]和 ἀνὴρ ἀγαθὸς καὶ ἀνδρεῖος[善良而勇敢的人]中，已有暗示）：因为克力同用 ἡμετέρᾳ[我们的]这个词，指的既是克力同及其朋友，也指苏格拉底（上文的 ὑπὲρ σοῦ[对你]以及下文 46a1 的 οὐδὲ σὺ σαυτόν[你自己不]中已清楚说明）。它暗含的意思是：死比生更不那么需要勇气——这也正是苏格拉底所持的观点。τινὶ[某种程度的]让谴责变得不那么刻薄。

45e3：ἡ εἴσοδος τῆς δίκης εἰς τὸ δικαστήριον[通向法庭的官司之门]，[S 甲注] ἡ εἴσοδος τῆς δίκης[官司之门，官司的入口]这个短语表示控辩双方得允在法官面前陈述理由（按：即"出庭"，苏格拉底本可以不出庭的）。

[E 注]也就是审判之前的正式程序，主要是 ἀνάκρισις[调查、预审]，此时，苏格拉底无疑可以悄悄离开雅典来避免被审判。

[B 注]名词 εἴσοδος[入口、大门]与 εἰσιέναι[带到]相一致，意为"出庭"（《申辩》24d5）。Cornarius 认为作者选用这些词语，是为了暗示这样的看法：它是一出被带上舞台的戏剧，以 ἀγών[上演]开始，以 κατάγελως[荒唐可笑]结束。尽管大多数编者认同这种看法，但我觉得这种解释似乎是极为奇特的想像，而且与克力同的性格格格不入。我们应该假定，克力同把苏格拉底的审判视为一出喜剧。

45e4: ἐξὸν μὴ εἰσελθεῖν[本可以不进去]，[S 乙注]不清楚苏格拉底怎么会避免受审；据 Libanius 说，阿尼托斯（Anytus，控告苏格拉底的三人之一）在他的控诉被受理之后，曾向苏格拉底提议按一定的条件和解；但苏格拉底写的 παραγραφή 或 παραμαρτυρία[被告的抗辩书]，要在有说服力的证人帮助下，证明他被人控告的行为不是 δίκη εἰσαγώγιμος[法庭审理的案件]——否则就应该按照法律来审判。苏格拉底靠这份抗辩书就可以推迟受审，或者提出相关的原因并以此拖延颇有威胁的审判。这份抗辩书应该在案件移交给行政官员之前提交，因为案件一旦上交，行政官员就会提出让法官来决定（按：即正式进入审判程序）。更为可能的是，克力同指的是一条苏格拉底本可以利用的有利于自己的法律，这似乎才符合克力同当前论点的要旨；他现在是在推荐苏格拉底逃跑，并保证他在忒塔利亚的朋友会友善而高调地接待他；苏格拉底对这种模式拥有优先选择权，正如苏格拉底从一开始就必定意识到的，他的敌人为数众多而且影响巨大，还意识到敌人的图谋的性质和范围，那么，逃跑就很难说不像目前的窘境那样显而易见。

[B 注]"本来不需要出庭时"。如果苏格拉底离开雅典，阿尼托斯无疑会相当满意。如果苏格拉底在 ἀνάκρισις[调查、预审]的结果出来之前任何时候离开雅典，案件就会不了了之。这样的事

情当然时有发生,尽管严格说来,这样也是不合法的,也要遭受罚款。[按]"通向法庭的官司之门本来可以不进去的",是逐字直译,意译为"本来可以不出庭"。这句话的主语是"通向法庭的官司之门",谓语是"进去"。

[A 注]克力同的意思大概是说,苏格拉底本可以在王者执政官(King Archon)提起诉讼之后、实际审判之前这段时间中实施逃跑(按:王者执政官负责调查或预审宗教案件,苏格拉底不信城邦所信的神,属于宗教方面的事务)。苏格拉底如果这样做了,法庭就会对他缺席判决:另参《申辩》18c7 中的 ἐρήμην κατηγοροῦντες[缺席控告]。即便苏格拉底潜逃了,唯一的区别仅在于辩方缺席而已。没有任何权威的材料支撑那个传统的说法,即阿尼托斯已经提起诉讼后,还希望与苏格拉底达成协议;这种行为也不可能为雅典法律所容忍,因为 ἀσέβεια[不敬神]是一种 γραφή[公诉案件]或对国家的冒犯,而不是一件 δίκη[私人案件]或与私人打的官司(按:另参《游叙弗伦》开篇 2a5-6)。

[T 注]苏格拉底本可以避免出庭受审,要么靠逃跑,要么靠自愿的流放,或者通过摆平控告者,让他们在审判开始之前撤诉——苏格拉底本可以很容易做到这一点的(按:似乎不那么简单)。

[S 甲注]苏格拉底不可能逃避审判,也不可能有阿尼托斯希望按一定条件讲和的事情,这种说法肯定是错误的,因为在公共案件中,控方一旦向行政官员提起了诉讼,就再也没有与被告达成妥协的权利了。

官司本身[e5]又打成那个样子,还有最后这个似乎荒唐可笑的结局,[καὶ αὐτὸς ὁ ἀγὼν τῆς δίκης ὡς ἐγένετο, καὶ τὸ τελευταῖον δὴ τουτί, ὥσπερ κατάγελως τῆς πράξεως,]

45e4: αὐτὸς ὁ ἀγὼν τῆς δίκης[官司本身],[S 甲注]这些词语指的是在法官面前控辩双方的辩驳,也就是指所发表的演说,但主要指苏格拉底的申辩。[S 乙注]"审判行动",尤其指苏格拉底的申辩。

[D 注]案件的操持,当案件进入审判程序后——苏格拉底并没有恰当地取悦那些法官。[T 注]苏格拉底没有聘请辩护律师,也没有使用任何常规手段去影响法官。

[B 注]这无疑指苏格拉底拒绝严肃地为自己辩护,也指他的 ἀντιτίμησις[相反的量罚],而苏格拉底的"相反的量罚"纯粹是对法庭的藐视。克力同认为,或假装认为,所有这一切仅仅因为苏格拉底不愿意费心费力进行一场满意的辩护(注意 ὑπὲρ σοῦ ... αἰσχύνομαι[我为你感到羞耻])。克力同与色诺芬一样,为 μεγαληγορία Σωκράτους[苏格拉底的大话]感到不解(吴永泉在色诺芬的《申辩》中译为"崇高的言论",也有道理,因为色诺芬如此敬爱自己的老师,大概不会批评和讥讽苏格拉底)。

[E 注]这种描述符合柏拉图的《申辩》,苏格拉底在其中拒绝进行传统的申辩,相反,他提交的东西却是在为自己的生命和行为所做的正当辩护。克力同暗指苏格拉底 μεγαληγορία[傲慢而骄横的口气](lofty, arrogant tone),正如色诺芬在其《申辩》第一部分所描述的那样。

[按] ἀντιτίμησις[相反的量罚],在雅典法律中,原告向法庭提出量刑和惩罚的建议,比如罚款多少或流放,被告则提出"相反的"较小的数目或较轻的处罚,最后由法庭来决定采用哪一方的建议。法庭一旦采纳其中一种,一般不会加以变更,就成为终审。但苏格拉底提出的"相反的量罚"则太过头了,不仅拒不认罪,反而认为自己有功,这是对习传法律、至少是对法庭最大的藐视,难免会激起陪审团的愤怒,他终于因微弱的票数而"成功"获得死刑。

45e5: τὸ τελευταῖον δὴ τουτί[最后这个],[A 注]"最后就到了如今这一幕":似乎就是 περιπέτεια[古希腊悲剧中的事件或命运的

"突转"]或悲剧中的大灾难（catastrophe）。[B注]"现在，总而言之"（crown all）。正如大多数编者那样，把 τὸ τελευταῖον [最终，最后]当做副词，比把它当做后面不定式的宾语，肯定更自然。然而，Adam 把它理解为"最后"。[E注]"这种结局"（denouement），也就是他们当时的处境。

45e5-6：ὥσπερ κατάγελως τῆς πράξεως [似乎荒唐可笑的结局]，[S甲注]Cornar说："整个事件类似于一出喜剧或悲剧，分为三部分，πρότασις [开头]，ἐπίτασις [高潮]，καταστροφή [结局，按：即后世的 catastrophe]。因此，来到法官面前，可以叫做 πρότασις [开头]；申述理由，叫做 ἐπίτασις [高潮]；最后，苏格拉底未能保命，则是 catastrophe，柏拉图在这里称之为 κατάγελως [荒唐可笑]。"在克力同看来，这件事情太可笑了。他因此称之为 κατάγελως，也就是戏剧中可笑或荒谬的转折。

[S乙注]Cornar把苏格拉底的案件比作戏剧表现形式，对苏格拉底的非难构成了 πρότασις [开头]，审判则是 ἐπίτασις [高潮]，他最终死去则是 καταστροφή [结局]。克力同由于还没有被苏格拉底的论证所折服，没有能力理解苏格拉底为什么不利用朋友提供的逃跑机会，便想方设法用全然荒谬和可笑的口吻来影响苏格拉底，那种荒谬和可笑应该归罪于他自己以及朋友们。克力同的出发点是一个普遍的前提，即，有人可能会怀疑整个事件都是出于错误的安排，这让他既为苏格拉底、也为朋友们感到耻辱。他们的漠不关心在三个方面表现为出卖朋友：首先是全然容忍别人对他的控告，而可以假定这本应该以恰当的防备予以消解的；其次是未能避免把案子交由法官审判，而这似乎曾经考虑过并认为可行；最终，τὸ τελευταῖον δὴ τουτί [最后这个]，可笑的结局还在于，似乎由于他们的恐惧和迟疑，未能为苏格拉底作出更多的努力，他似乎就从大家的指缝中漏走了。大家不会说只要他们稍微付出点代价或者稍微搭把手，本来可以保全苏格拉底，只不过苏格拉底没有为自己付出努力。

[A 注]"正如人们会把整个事情说成 reductio ad absurdum[归谬法,按即荒谬推理]"。关于 κατάγελως（καταγέλαστον）,另参下文 53a。[B 注]"整个事情的耻辱"（the scandal）。

[E 注]"要完成这部闹剧（farce）,似乎……"。ἡ εἴσοδος[45e3:剧场或法庭的入口],以及 ὁ ἀγών[45e4:诉讼和上演。按:即"打官司"中的"打"],说明克力同在这里是在借用舞台的隐喻,在这个隐喻中,苏格拉底自己的行为把他的法律程序,不是变成了悲剧,而是变成了一件 κατάγελως[荒唐可笑]的事情。

[D 注]在克力同看来,所有牵扯进来的人,都因疏忽大意和犹豫不决而把自己变成了笑柄。在克力同的措辞中,很显然地表现出一种在雅典公共生活的舞台上扮演一个角色的观念。[T 注]Cornar 认为,施莱尔马赫以及 Stallbaum 等人都同意,κατάγελως[荒唐可笑]这个词暗指一出喜剧荒谬而可笑的结局。

人们会认为都是因我们某种卑鄙和懦弱而从我们手上错[46a]失了,[κακίᾳ τινὶ καὶ ἀνανδρίᾳ τῇ ἡμετέρᾳ διαπεφευγέναι ἡμᾶς δοκεῖν,]

45e6-46a1: διαπεφευγέναι ἡμᾶς δοκεῖν[认为从我们手上错失了],[S 甲注]刚才所说的 τὸ τελευταῖον δὴ τουτί[最后这个]与 ἅπαν τὸ πρᾶγμα ... πεπρᾶχθαι[我们造成这整件事情]相联,与此前所说的 ἡ εἴσοδος τῆς δίκης[官司之门]和 ὁ ἀγὼν τῆς δίκης[打官司]是同位并列结构。因为克力同提到了三件事,都是苏格拉底的朋友们招骂的渊薮:①事情的开端和所作的辩护,以及②最后的审判,和③κακίᾳ τινὶ καὶ ἀνανδρίᾳ τῇ ἡμετέρᾳ διαπεφευγέναι ἡμᾶς δοκεῖν[人们会认为都是因我们某种卑鄙和懦弱而从我们手上错失了]。在普通的结构上,正如文法学家们所说的那样,不定式 διαπεφευγέναι δοκεῖν[认为……错失了]是作为补语（by epexegesis）而加上的,类似的用法亦见于《高尔吉亚》469c 和《斐多》78c。不定式 διαπεφευγέναι[错失了]是绝对性的,要理解到 τὸν δίνδυνον[冒险,45a2]。这种用法很常见,在为修昔底德和色诺芬著作所编的辞典中也可以找到。不定式 δοκεῖν [认为] 跟在 μὴ δόξῃ ἅπαν τὸ πρᾶγμα ... πεπρᾶχθαι [大家的意见莫不认为我们造成了这整件事情] 之后，乍一看，也许会认为是因疏忽或重复而加上的，正如我们在上文 44c2-3 中所感觉到的一样：καίτοι τίς ἂν αἰσχίων εἴη ταύτης δόξα ἢ δοκεῖν χρήματα περὶ πλείονος ποιεῖσθαι ἢ φίλους, [还有什么比这种认为我把钱财放在比朋友更重要地位的名声更让人丢脸的吗？] 但是，如果更贴近地考虑这件事情，δοκεῖν [认为] 这个词在这一段话中，似乎同样不能省去。因为，如果克力同说 διαπεφευγέναι ἡμᾶς [离我们而去，从我们手上错失了]，他似乎就是承认了遭受谴责这个事实，他说这种谴责将针对他自己和苏格拉底的其他朋友；尤其还在于他一直都在历数但是实实在在的境况。的确，苏格拉底曾经出过庭，也做过辩护，即所谓的 ὁ ἀγὼν τῆς δίκης [打官司]。因此，这一段话似乎不需要任何校订，也不像某些人所认为的那样，其中存在着破格的现象（按：语法上的详细解释参 S 乙注）。

[A 注] "你应该被认为让我们坐失良机，但我们这一边却出现了某种懦弱和没有男子气"（按：κακία [卑鄙] 也有"懦弱"之意）。δοκεῖν διαπεφευγέναι [认为错失了] 是解释 τουτί [这个]，完全如同 45c6 中 σαυτὸν προδοῦναι [断送自己的性命] 是解释 πρᾶγμα [事情] 的一样。δοκεῖν [认为] 的主语是 σε [你]：从上下文很容易可知（τὸ πρᾶγμα τὸ περὶ σέ [在你身上发生的事情，45e2] 和 ὡς εἰσῆλθεν [如此进入，45e3-4，按：即"如此出庭"]）。这种表达法可以比较《斐多》115c，而 διαφεύγω [逃跑，逃避，错失] 带一个人称主语，参《会饮》174a。Goebel 把 ἡμᾶς [我们] 视为 δοκεῖν [认为] 的主语，其他编者未能对这个困难的段落作出任何清楚的解释。把上文 45e2 中的δόξῃ [意见，上文译作"大家以为"] 视为 δοκεῖν διαπεφευγέναι [认为错失了] 实际上的主语，但语法上的主语却是 τουτί [这个]，δοκεῖν [认为] 是后者的同位成分。

[B 注]"应该认为机会已离我们而去"（斐奇诺注曰 effugisse nos[离开我们]），即我们容忍它让我们坐失良机。在这种用法中（以及在诸如 διαπέφευγεν ἡμᾶς ὁ λόγος[我们没有注意到这个说法，直译为：这个说法逃脱了我们]之类的其他用法中），动词 διαφεύγειν[逃脱]是从"打猎"中化来的隐喻，尽管 ἐκφεύγειν[逃脱]更常如此用，尤其是德墨斯忒涅斯。把 45e2 的 τὸ πρᾶγμα[事情]当做不定式 διαπεφευγέναι 的主语，应该没有任何问题，因为 κακίᾳ τινὶ καὶ ἀνανδρίᾳ τῇ ἡμετέρᾳ[由于我们某种程度的卑鄙和懦弱]可以让人想起那个主语，这个短语重复的先前 45e2 那个从句中的 ἀνανδρίᾳ τινὶ τῇ ἡμετέρᾳ[由于我们某种程度的懦弱]。根本没有必要假定 μὴ δόξῃ ... δοκεῖν[大家的意见莫不认为]这个粗糙的结构，因为感叹性的不定式 δοκεῖν[认为]接着在说 αἰσχύνομαι μὴ δόξῃ[感到羞耻，大家的意见莫不]，这样的理解更简单。Forman 说："但 δόξῃ[意见]离得太远，要靠 δοκεῖν[认为]来接续，尽管所接续的句法就是依赖于 δόξῃ[意见]的 πεπρᾶχθαι[造成了]的句法——尽管破格了，但完全清楚。"我认为自己的看法更简单。我不能同意 Adam 的说法，即我们应该把 σε[你]视为 διαπεφευγέναι 的主语，并译成"你应该被认为让我们坐失良机，但我们这一边却出现了某种懦弱和没有男子气"。

　　[E 注]克力同在热烈的上升高潮中，迷失在了 45d8 开始的这个散乱长句的句法中。δοκεῖν[认为]很可能与 45e2 πεπρᾶχθαι[造成了]平行，都接在 μὴ δόξῃ[大家的意见莫不]之后。"[我感到羞耻，害怕似乎]⋯⋯由于我们某种懦弱和没有男子气，整件事情[ἅπαν τὸ πρᾶγμα]也似乎就已经脱离了我们的掌握。"或者（像 Adam 一样）假定 σε[你]是 διαπεφευγέναι 的主语。

　　[T 注]"最终这件事情几乎闹剧似的结局，应该说，似乎已经因我们某种怠惰和无男子气而逃离了我们的掌握"。[D 注]διαπεφευγέναι ἡμᾶς[逃离我们]：人们会认为苏格拉底的朋友坐视任何机会，尤其是逃跑的可能性，眼巴巴错失了。

[按]这段话的结构颇为复杂,让人大伤脑筋(大多数译本都未处理得好)。正如 Adam 所说,西方古典学者也"未能对这个困难的段落作出任何清楚的解释",原因亦在于"克力同在热烈的上升高潮中,迷失在了 45d8 开始的这个散乱长句的句法中"(C. Emlyn-Jones 语)。克力同最先提出了一个总命题:整个这件事情(在不明就里的大众看来)都是因为我们的懦弱而造成的,然后他再从三个方面来论证:本可以不出庭,出庭后也本可以打好官司,打输官司后本还可以有办法救苏格拉底一命。但在讲述最后一个方面时,克力同再次提到"因我们的懦弱",这样一来,懦弱既是整个这件事情三个方面的共同原因,又是其中最后一个方面的原因——且不说克力同唠叨重复,他这样说至少不合逻辑,很让人费解:谁认为什么东西从我们手上错失了?

从上下文来看,δοκεῖν[认为]的主语应该是数行之前的 δόξη[意见],但大家的意见会认为什么东西从我们手上溜走了呢? διαπεφευγέναι[逃离,错失]的主语既可以是数行前的总纲 ἅπαν τὸ πρᾶγμα[整件事情]——如 Adam 等人所认为的那样,也可以是总纲下属的第三个方面,即"(最后)这个(机会)",因为无论是从语法上还是从义理上讲,后一种理解都更可取:τουτί[这个]离 διαπεφευγέναι[逃离,错失]最近,而且大家主要不会把苏格拉底出庭和打输官司归咎于朋友们袖手旁观,但一定会把身陷囹圄而无能为力的苏格拉底的最后一线生机寄托在他的朋友们身上。但即便后一种理解更为合理,也无法很好地解释 τουτί[这个]究竟是什么含义,而且就算加上"机会"二字,也不能很好地回避这样的矛盾:如果 τουτί[这个]表示苏格拉底似乎荒唐可笑的结局,那么,这种结局如何会是朋友们因为懦弱而错失的呢?唯一可以肯定的是,克力同急于劝说老朋友越狱,以至于一而再、再而三地表现得语无伦次,不合逻辑。或者在克力同看来,苏格拉底一错再错,让人忍无可忍。

在 διαπεφευγέναι ἡμᾶς δοκεῖν[认为从我们手上错失了]这个短语

中，当然应该把 ἡμᾶς [我们] 理解为 διαπεφευγέναι 的宾语，但亦不妨把它理解为 δοκεῖν [认为] 的间接宾语（直接宾语为 διαπεφευγέναι），加上 διαπεφευγέναι 另有"逃避"之意，这句话似乎也可以翻译为，"大家会认为我们因自己某种卑鄙和懦弱而逃避了"。整个这部分难解的话语便可调整为："所以，我对你以及对我们这些你的挚友感到羞耻，因为大家莫不以为，在你身上发生的这整件事情，都是由于我们某种程度的怯懦造成的——通向法庭的官司之门本来可以不进去的，官司又打成那个样子，最后才会落得如此下场，结局真是荒唐可笑，大家会认为我们因自己某种卑鄙和懦弱而逃避了。"

我们这些人既没有救你，你也没有救自己，即便可行也可能，假如我们还有那么一丁点用处的话。[οἵτινές σε οὐχὶ ἐσώσαμεν οὐδὲ σὺ σαυτόν, οἷόν τε ὂν καὶ δυνατὸν εἴ τι καὶ μικρὸν ἡμῶν ὄφελος ἦν.]

46a1：οὐδὲ σὺ σαυτόν [你也没有救自己]，[S 甲注] 乍一看，这些词语似乎破坏了语意（按 Burnet 不这样认为，见氏注）。因为克力同现在说的，不是苏格拉底不在乎自己的安全，而是朋友们显而易见的疏忽大意和冷漠无情，这帮朋友似乎遗弃了自己的导师，仅仅考虑到他自身的安全。但这些词语包含着一种辩解或辩护，针对的是那些可能对朋友们的行为说三道四的观点；而且这种辩护包含了对苏格拉底温和的指责，克力同对他抱怨道，也有些宽宏的义愤，说苏格拉底自己没有利用朋友提供的逃跑手段。因此，这段话可如此翻译：qui te non conservaverimus, quemadmodum nec tu te ipsum, quum tamen fieri illud potuisset（他们没有救你，正如你也没有救你自己，当还有能力这样做的时候）。

[A 注] 这个从句在色诺芬《上行记》1.4.9.7-8 中变成了主句：ἰχθύων μεγάλων καὶ πραέων, οὓς οἱ Σύροι θεοὺς ἐνόμιζον καὶ ἀδικεῖν οὐκ εἴων, οὐδὲ τὰς περιστεράς [叙利亚人把这些鱼奉为神明，不许任何人加以

伤害，对鸽子也是一样]（崔金戎译文）。亦比较《高尔吉亚》452d3-4：*τί ἐστιν τοῦτο ὃ φῂς σὺ μέγιστον ἀγαθὸν εἶναι τοῖς ἀνθρώποις καὶ σὲ δημιουργὸν εἶναι αὐτοῦ.*[你所谓对人类而言最好的东西是什么，而你就是做这东西的能手]（李致远译文）。

[B注] *οὐδὲ σὺ σαυτόν*[你也没有救自己]这个短语是必须的，因为45e2和e6中的 *τῇ ἡμετέρᾳ* [我们]既包括朋友们，也包括苏格拉底自己。另参45d8：*ὑπὲρ σοῦ καὶ ὑπὲρ ἡμῶν*[对你以及对我们]。这个关系从句在第二个从句中成为独立的句子，这相当正常。[D注]省略了动词 *ἔσωσας*[救]。克力同暗指苏格拉底一方，然后再说他自己。在一个关系从句中插入这样一个从句，虽不常规，却并非不自然。

46a2：*οἷόν τε ὂν καὶ δυνατὸν*[即便有可能也有能力]，[A注]这种双重的表示是为了强调：另参下文46a7的 *ἀδύνατον καὶ οὐκέτι οἷόν τε*[既不可能也不可行了]。*οἷόν τε* 意为"可行"，*δυνατὸν* 指"可能"。

46a2：*εἴ τι καὶ μικρὸν ἡμῶν ὄφελος ἦν*[假如我们还有那么一丁点用处的话]，[S甲注]另参《优提弗伦》4e9：*Οὐδὲν γὰρ ἄν μου ὄφελος εἴη*[我岂不是太没出息啰]（顾丽玲译文）；《法义》856c2-3：*πᾶς δὲ ἀνήρ, οὗ καὶ σμικρὸν ὄφελος*[这样的人，整个儿没有多少用处]。[B注]另参《申辩》28b7：*ὅτου τι καὶ σμικρὸν ὄφελός ἐστιν*[一个稍微有点用处的人]（吴飞把"用处"意译为"人格"）。

这些鬼东西，苏格拉底呀，你看，不仅卑鄙，而且可耻，对你和对我们，都是。所以，你考虑吧——或毋宁说现在不是考[a5]虑的时候，而应该是已经考虑好的时候了——只能有一种考虑：今夜，所有这一切都应该已经付诸行动了，如果我们还继续等下去，那就既不可能也不可行了。 [*ταῦτα οὖν, ὦ Σώκρατες, ὅρα μὴ ἅμα τῷ κακῷ καὶ αἰσχρὰ ᾖ σοί τε καὶ ἡμῖν. ἀλλὰ βουλεύου—μᾶλλον δὲ οὐδὲ βουλεύεσθαι ἔτι ὥρα ἀλλὰ βεβουλεῦσθαι—μία δὲ βουλή· τῆς γὰρ ἐπιούσης* νυκτὸς πάντα ταῦτα δεῖ πεπρᾶχθαι, εἰ δ' ἔτι περιμενοῦμεν, ἀδύνατον καὶ οὐκέτι οἷόν τε.］

46a3-4：ταῦτα ... ἡμῖν[这些鬼东西……对我们]，[E 注]克力同开始正式结束他的劝告；克力同用 ἅμα τῷ κακῷ καὶ αἰσχρά[同时卑鄙又可耻]这个说法，干净利落地把他讲述过程中所做的两种主要恳求形式拧为一体了：利己（self-interest）与利他（morality）。σοί καὶ ἡμῖν[对你和对我们]重申了克力同言辞中一直都存在着的基本主题——苏格拉底之死会对他自己的名声以及对苏格拉底的朋友们所产生的影响："我们为此患难与共（we are all in this together）。"

46a3：ἅμα τῷ κακῷ [同时卑鄙]，[A 注] ἅμα[同时]的用法很大程度上与 πρός[在，朝；作副词意为"除了"]相同。τῷ κακῷ 作名词用。同样，《高尔吉亚》475a4 的 τὸ αἰσχρὸν[可耻，丑]就被界定为紧跟在后面的 λυπηρόν τε καὶ κακόν[疼痛和坏处]（按：牛津本作 λύπη τε καὶ κακῷ）；另参 475b5-7, Οὐκοῦν εἴπερ αἴσχιον τὸ ἀδικεῖν τοῦ ἀδικεῖσθαι, ἤτοι λυπηρότερόν ἐστιν καὶ λύπῃ ὑπερβάλλον αἴσχιον ἂν εἴη ἢ κακῷ ἢ ἀμφοτέροις；[那么，如果行不义比受不义更丑，它其实就更疼痛，并且会因为在疼痛或坏处或这两者方面超过（这两者之一或这两者）而更丑。不也必然如此吗？]（李致远译文）[D 注]相当于 οὐ μόνον κακά[不仅卑鄙]，或副词 πρός[除了]（besides）。

[B 注]即 ἅμα τῷ κακῷ εἶναι。关于这种简明扼要的说法方式，另参《会饮》195c6-7：νέος μὲν οὖν ἐστι, πρὸς δὲ τῷ νέῳ ἁπαλός[爱若斯岂止年轻噢，除了年轻，他还轻柔]（刘小枫译文）。另参《泰阿泰德》185e3 和修昔底德《战争史》2.15.2。

46a4-5：μᾶλλον δὲ οὐδὲ βουλεύεσθαι[或毋宁说不是考虑的时候]，[S 甲注] μᾶλλον δὲ 意为 vel potius, imo vero[或毋宁，相反倒是]。Proxima Germanice 如此翻译：es ist nicht einmal mehr Zeit dich zu berathen, sondern du musst schon berathen sein[这不再是跟你讨论的时候，相反，你必定已经讨论过了]（也就是做出了决定。按：施莱尔马赫的译文与此接近）。

[A 注]等于 vel potius［或宁可］，与《高尔吉亚》449a2-3 中 μᾶλλον δέ, ὦ Γοργία, αὐτὸς ἡμῖν εἰπέ［倒不如，高尔吉亚，你亲自告诉我们］的用法一样。这句话中的 οὐδέ 是 ne—quidem［不—甚至］之意。

46a5：ἀλλὰ βεβουλεῦσθαι[而是已经考虑好]，[S 乙注]对这事的商议或考虑应该停止的时候到了，苏格拉底在商议时——如果他愿意商量的话，就应该接受朋友们的建议，而且为他制定的逃跑计划，也应该在即将到来的那个夜晚实施，否则，就坐失良机了。

[A 注]另参《卡尔米德》176c。注意，这里四次出现了 βουλεύεσθαι 一词（按：三次是动词，即 βουλεύου[你要考虑]，βουλεύεσθαι[考虑]，βεβουλεῦσθαι[已经考虑]，一次是名词 βουλή[考虑的结果，即"决定"或"计划"]；该动词本身也有"决定"的含意，或可译为：你决定吧——或毋宁说现在不是决定的时候，而应该是已经决定好的时候了——只有一种决定）。

[E 注]克力同重申了需要 βουλή[决定或计划]。注意，完成不定式 βεβουλεῦσθαι[已经考虑]在这里有着特别的效用：他们眼下应该按照已经做出的决定来行动了。[T 注]完成时的意义不仅在 βεβουλεῦσθαι[已经考虑]中可以见到，亦见于紧接着 a6 的 πεπρᾶχθαι[已经实施]：已经商量好，已经做了。

46a5-6：τῆς γὰρ ἐπιούσης νυκτός[今夜]，[B 注]尽管苏格拉底说了他自己刚才那个梦，克力同仍然认为船今天就会到达；因为 ἡ ἐπιοῦσα νύξ[今晚，本意"即将来临的夜晚"]指从太阳下山开始算起的这个夜晚。

[A 注]克力同显然不相信那个梦境：那个 γυνὴ καλὴ καὶ εὐειδής[美丽而端庄的女人]给苏格拉底多留了一天时间实施逃跑。[D 注]克

力同丝毫不相信苏格拉底的梦是一种预兆，但他的计划在听到它之前就已经制定好了。

[按] *τῆς γὰρ ἐπιούσης νυκτός* 在结构上完全等于上文 44a5 的 *τῆς ἐπιούσης ἡμέρας* [即将到来的这一天]，因此可以相应地译作"在即将到来的这个夜晚"。船如果今天到达，苏格拉底就会被处死，逃跑计划必须在此之前实施，也就是在"今晚"——克力同说这句话的时候，大概已经是白天了。

46a6-7：*εἰ δ' ἔτι περιμενοῦμεν* [如果我们还继续等下去]，[B 注] 将来时直陈式用于"劝告性的"条件从句。[D 注] *τι* 的这种副词性用法，是从同源的宾格变来的（具有类似的意义），有如英语的 to delay somewhat (a bit)。

[按] *εἰ δ' ἔτι* [如果还]，斐奇诺也如此断句，但 Stanford 和 Dyer 都断为 *εἰ δέ τι*，这句话意思就变成了"如果我们有什么迟延"，即如果我们还迟疑不决，就会付之东流（王太庆译文）。

所以无论如何，苏格拉底呀，就听我一句劝吧，你可千万不要拒绝啊。[*ἀλλὰ παντὶ τρόπῳ, ὦ Σώκρατες, πείθου μοι καὶ μηδαμῶς ἄλλως ποίει.*]

46a7-9，[E 注] 克力同最后几个语句变得更短也更简单了，其结论重复了 45a3 中的辞令，但有着特别的强调（按：即 *μηδαμῶς* [千万别，绝不]）。

[按] *παντὶ τρόπῳ* 是一个习语，指"用一切办法"和"无论如何"，但从字面上亦可如此翻译："从所有这些方面来看。"

在克力同看来，苏格拉底对自己的孩子和朋友们（尽管没有进一步直接提到城邦）都有责任，千万不能干"亲者痛仇者快"的事情。苏格拉底本身在事件的起因、中间的处理方式（不好好打官司）以及最后越狱等方面，都有过错；现在，是苏格拉底"救赎"的时候了——既救自己一命，也挽救自己（以及城邦）的错误。克力同似乎更多地把苏格拉底的逃跑看成了道德上的自我救赎——克力同不仅仅是把这种高调的价值判断当做了劝说老友逃跑的工具和策略，他也许真的觉得苏格拉底既然有错，就应该为自己的现状负责，那才是"善良和勇敢"（45d7）。

即便克力同这种"平庸之辈"的看法在苏格拉底这位哲人面前不值一哂，但，柏拉图借克力同之口告诫哲人，"但也必须在乎大众的意见啊"（44d1-2）。如果后人一直都没有听取这种以生命为代价换来的忠告，那么，哲学的救赎就是世世代代都必须去做的事情，就像我们一生下来就必须面对也必须去赎的"原罪"——哲学也有"原罪"？罪过，罪过！

第二章 回 应

章解：[按]苏格拉底针对克力同苦口婆心的劝说,提出了自己的不同意见,或"反劝说"。这是苏格拉底初步的反驳,也就是"外围"攻击,主要提出自己的基本原则和人生信念,而这样的原则不能根据外在环境改变而改变。苏格拉底的"专家"论,与其"德性即知识"一脉相承,只有懂行的人才知道怎么做最好,才能带来健康的身体,而更重要的当然是高于身体的灵魂。苏格拉底本人就是这方面的专家,当然不会看重身外的钱财和名声之类。活着不是目的,美好生活才是灵魂追求的目标,而它反过来又必须以正义为基础。

七、原则与道理（46b1-47a8）

节解：[按]苏格拉底委婉地拒绝了克力同的好心,主要在于苏格拉底坚持自己的人生原则,也就是要过反省的生活:绝不听从别的,只听从理性,而不管厄运是否降临,甚至不在乎以生命为代价,也绝不屈服于任何恫吓。在众多看法中,包括克力同的看法可能都是"大众的意见",不值得重视。[E 注]苏格拉底开始回答克力同,说应该在长期守持原则的基础上做出决定:不能仅仅因为外在环境发生了改变就改变原则。苏格拉底坚持认为自己的原则一如从前。

苏：[46b] 亲爱的克力同啊,你的关心非常可贵,如果是出于某种最正确[的东西]的话；而如果不是,那么,你的关心越大,就越让人为难。[Ὦ φίλε Κρίτων, ἡ προθυμία σου πολλοῦ ἀξία εἰ μετά τινος ὀρθότητος εἴη· εἰ δὲ μή, ὅσῳ μείζων τοσούτῳ χαλεπωτέρα.]

46b1：Ὦ φίλε Κρίτων [亲爱的克力同]，[B注]常见的表示抗议的呼格用法。另参《优提弗伦》3c6。在句子开头处就直呼其名，表示某种情绪，这里表示抗议。[E注]把称呼放在句首，不同寻常，表示苏格拉底回应的强调性质。

46b1：ἡ προθυμία σου[你的关心]，[S甲注]也就是说，你为我活命而付出的热忱，非常值得肯定和赞赏，如果这种热忱符合正直原则（recta ratione）的话。

[B注]另参 44c5 ἡμῶν προθυμουμένων[我们全力以赴。按：克力同自辩时说我们大家救苏格拉底都"全心全意"]。[E注]稍稍反讽地指向克力同称呼他的方式，这种幽默的暗示很可能还继续存在于 πολλοῦ ἀξία[值大价（钱），按：即"非常可贵"]。

46b1：πολλοῦ ἀξία[非常可贵]，[A注]这里省略了动词 ἐστίν[是]。注意，接下来的句式是祈愿式 εἰ—εἴη，而不是虚拟语气 εἰ—ἦν，这表明苏格拉底说话的时候，还没有打定主意——还准备追随 ὅπῃ ἂν ὁ λόγος ὥσπερ πνεῦμα φέρῃ [道理，就好像随风而飘一样。《王制》394d8-9]。

46b2：ὀρθότητος [最正确（的东西）]，[E注]苏格拉底在这里为争辩引入了一个新的观念，直接与 δόξα[意见]相对：（如果不考虑大众的意见）克力同"正确"还是"不正确"（ὀρθότης 也有"正直"和"正确"之意）？方向错误的热情的糟糕程度与其强度成正比（ὅσῳ...τοσούτῳ[多么……这么]）。

[T注]这里的情绪，可以比较保罗对加拉太人（Galatians）所说的话：καλὸν δὲ ζηλοῦσθαι ἐν καλῷ πάντοτε[在善事上待人，原是好的。《加拉太书》4.18]—τῶν ἐμῶν μηδενὶ ἄλλῳ πείθεσθαι ἢ τῷ λόγῳ[咱绝不听从别的，除了那种道理。《克力同》46b5]。换言之，这里最强烈的观点，在苏格拉底心目中，他三思之后的真理在此是作为最好的"朋友"而完美地表达出来了，而这位最好的朋友，也是他惟

一对之产生了压倒性影响的人。

因而我们必须考察，这件事是应该做的，还是不应该做的：因为我不是现在才第一次，而且一直都是这样一种人——咱绝不听从别的，而是听从那种经过我的[b5]推理似乎最好的道理。[σκοπεῖσθαι οὖν χϱὴ ἡμᾶς εἴτε ταῦτα πϱακτέον εἴτε μή· ὡς ἐγὼ οὐ νῦν πϱῶτον ἀλλὰ καὶ ἀεὶ τοιοῦτος οἷος τῶν ἐμῶν μηδενὶ ἄλλῳ πείθεσθαι ἢ τῷ λόγῳ ὃς ἄν μοι λογιζομένῳ βέλτιστος φαίνηται.]

46b3：σκοπεῖσθαι[考虑，考察]，[E 注]"考虑（进行探究）"，在柏拉图笔下，这是一个表示哲学研究的常用词汇；这里，该词的强调性位置（按：指句首）使之与上一句的πϱοθυμία[关心，热情]形成了清晰的对比（责备？）。与热情相比，更应该看重对问题头脑清晰的研究，而不管那种热情出于多大的善意。

[A 注]该词放在句首这个强调性的位置，就好比说 σκοπεῖσθαι ἀλλὰ μή πϱοθυμεῖσθαι[考虑，而不是热衷（按：指凭一腔热情）]。[D 注]该词针对的是刚才（46a4-5）克力同所说的 βουλεύεσθαι[商量]，克力同说没有时间商量（按：本书译为"不是商量的时候"）。

46b3-4：εἴτε ταῦτα πϱακτέον εἴτε μή[这是应该的，还是不应该做的]，[E 注]克力同毫无疑问会就这一点反驳说，这正是他的 παϱαίνεσις[劝告，建议]打算要做的。但这里所说的 ὀϱθότητος[最正确的东西]和 σκοπεῖσθαι[考虑，考察]表明，苏格拉底希望自己的实际决断应该以原则为基础，而不是建立在克力同对大众意见的评估上。[按]πϱακτέον，即 πϱάσσω[做]的动名词中性形式，表示"应该做"或"必须做"。

46b4：οὐ νῦν πϱῶτον[不是现在才第一次]，[D 注]苏格拉底坚持"真理一直到反思结束都还是真理"。他一直都持他现在所坚持的观点。[A 注]抄本作 οὐ μόνον νῦν：没有任何理由写作 οὐ νῦν πϱῶτον。

[B 注]另参索福克勒斯《菲洛克特特斯》966：οὐ νῦν πϱῶτον, ἀλλὰ

καὶ πάλαι[不是现在才开始，老早我就这样]（张竹民译文），欧里庇得斯《美狄亚》292 和《海伦》957：οὐ νῦν πρῶτον ἀλλὰ πολλάκις[我历经苦难，今天也不是第一回了]（张竹民译文）。另参下文 49e1：ἐμοὶ μὲν γὰρ καὶ πάλαι οὕτω καὶ νῦν ἔτι δοκεῖ[至于我嘛，以前就这么认为，并且现在仍然这么想]。亦见吕西阿斯 27§3：οὐ νῦν πρῶτον…ἀλλὰ καὶ πρότερον ἤδη…[不仅现在……而且以前就已经……]。尽管所有抄本和 Eusebius 都作 οὐ μόνον νῦν。我们是据苏格拉底半身像上当做箴言镌刻着的这句话而复原的，为此很难找到比它更合适的话了。

46b4：ἀεί[一直]，[E 注]对于苏格拉底思想发展的历程，我们几乎一无所知。如果我们相信《申辩》21b 以下所说的话，苏格拉底的"使命"，即通过向人提问来追求真理，那么就应该从凯勒丰（Chaerephon）朝拜德尔斐问神谕，也就是伯罗奔半岛战争期间的某个时候算起。阿里斯托芬的《云》（作于公元前 423 年，前 418—前 416 年修订）把苏格拉底与智术师相联系，对苏格拉底的对象和方法，提出了与这里极为不同的众所周知的说法。

46b4-5：οἷος τῶν ἐμῶν[咱]，[S 甲注]Tà ἐμα, qua ad me pertineni, tum animi affectiones et cupiditates, tum externae rerum conditiones[属于我的东西，既包括灵魂上的感情和倾向，也包括外在的东西]。

[B 注]中性，而不是阳性。另参 47c5。灵魂以及它的思想和感情，以及身体及其附属物，都包含在一个人的"所有物"之中。[A 注]这是对克力同 46a8 中的 πείθου μοι[听我的（劝）]的回答，因为 τῶν ἐμῶν[我的东西]既包括所有可以被称作"他的"那些东西，也包括苏格拉底的朋友。[按]既指苏格拉底的身体，也指苏格拉底的灵魂，更包括苏格拉底的朋友。汉语似乎无法反映出这一点（英语德语都无法十分妥当地翻译），如果硬译，就成了：我的所有东西绝不会听从别的。灵魂不会听从别的，而只听从理性的道理或原则，这倒还可以理解，身体也只听从理性的道理，就有些说不通了。这里模糊地译为"咱"。

46b5-6：τῷ λόγῳ ... φαίνηται[似乎……道理]，[A 注]忠实地描绘了苏格拉底的生活原则。譬如，他在采取某种行为准则（a line of conduct）之前，会考察它是否与 τὸ δίκαιον[正义]的观念或定义（λόγος，按：即这里的"道理"）相协调，那种正义的观念是他运用自己的理智而得到的：如果协调，任何事情也不曾阻止他如此行事。另参《斐多》100a，柏拉图用苏格拉底的方法学术语来描述他自己的行事准则。

46b5：τῷ λόγῳ [道理]，[B 注]"法则"（the rule），从该词后面的句子来看，它不是"理性"的意思（柏拉图笔下从来没有 λόγος 的"理性"之意）。首先，它是一系列推理（λογισμός）的结果，在这种情况下，它既然是以实践为依据的推理（另参 b3：εἴτε ταῦτα πρακτέον εἴτε μή[这件事是应该做的，还是不应该做的]。按：πρακτέον 与"实践"是同根词），事实上也就是行为的"准则"。λόγος 很容易就获得这层含义，正如动词 λέγω 常常指"告诉"或"命令"一个人去做什么事情。因此，当所用的 λόγος 表示这个特定的含义时，它就包含了 δεῖ[应该]这个词（d1）。这种看待实践问题的方式，完全与《斐多》103a3 中的 ὑπόθεσις[假设]方法相一致。Adam 相当正确地指出了这一点，但加上了有悖常理的看法："柏拉图用苏格拉底的方法学术语来描述他自己的行事准则。"可以肯定地说，更自然的看法在于，如果方法学是苏格拉底的，那么其程序也就是苏格拉底的了。

[E 注]λόγος："论证的方式"（line of argument），几乎就是苏格拉底最值得信任的朋友的人格化。Tarrant 认为这预告了后来远为详细的法律的人格化。πείθεσθαι...τῷ λόγῳ[听从理性，服从道理]就是在回答克力同 46a8 的 πείθου μοι[听我的劝]，就好比 τῶν ἐμῶν[咱]让人想起克力同此前（44e2-3）所说的 ἐμοῦ ... καὶ τῶν ἄλλων ἐπιτηδείων[我和其他挚友]。苏格拉底会信任推理，而不是克力同或其他朋友。

[D 注] Τὰ ἐμά[咱，我的]包括身体和思想的所有能力和功能，

但也很可能包括"朋友",其中 λόγος [道理,理性] 就被算作他最聪明的顾问。另参 47c 和 47e。[按]该词即著名的"逻各斯",含义十分丰富,现代西语译法也各不相同：argument(Grube 本), principle (Gallop 本), reasoning (Fowler 本), Stimme (Apelt 本), Satze (施莱尔马赫本)。

  [G 注] λόγος 译作"原则"(principle),也指"论证"。但在接下来的话语中,苏格拉底似乎想的是那些必须引导其行动的原则,而不是用来建立这种原则的论证。苏格拉底把原则说成 "内在于他"的东西,实际上就是把它人格化为一种激励他行动的力量。

  [按] λογιζομένῳ [推理],与这里的 λόγος [道理] 是同根词,甚至就是后者的动词形式,指"计算"、"考虑"、"认为"、"推理",也就是海德格尔批判的"算计"。

我现在不能因大限降到我头上,就抛弃我以前在这方面说过的道理,相反,那些道理对我来说,几乎还是相同的东西,[46c]我现在还像以往那样敬重和尊荣它们：[τοὺς δὴ λόγους οὓς ἐν τῷ ἔμπροσθεν ἔλεγον οὐ δύναμαι νῦν ἐκβαλεῖν, ἐπειδή μοι ἥδε ἡ τύχη γέγονεν, ἀλλὰ σχεδόν τι ὅμοιοι φαίνονταί μοι, καὶ τοὺς αὐτοὺς πρεσβεύω καὶ τιμῶ οὕσπερ καὶ πρότερον]

  46b7：ἔλεγον [说过的],[E 注]注意该词不定过去时的用法。苏格拉底"习惯性"地发展了这些论证。"阐释最佳论证路线"的苏格拉底与"困难的"(apotetic) 对话和讨论(按：指那种其核心议题总是没有答案而仍然是难题的对话)中的苏格拉底在多大程度上相一致,这倒还是一个需要讨论的问题。在"困难的"对话中,苏格拉底有时说,他通过提问,只是为了引出别人的观点 (argument),并总是不能得出一个确定的结论(比如《美诺》80c)。[A 注]这里用不定过去时,因为苏格拉底指的是他终生的信条 (teaching)。

  46b7：ἐκβαλεῖν [抛弃],[B 注]"扔到船外","丢弃"(jettison),

iacturam facere[抛弃]。苏格拉底在《王制》中引用了同样的比喻，另参 412e6-8：μήτε γοητευόμενοι μήτε βιαζόμενοι ἐκβάλλουσιν ἐπιλανθανόμενοι δόξαν τὴν τοῦ ποιεῖν δεῖν ἃ τῇ πόλει βέλτιστα[千万不要在巫术和暴力的影响下，忘记并放弃了那些意见，即，必须做对城邦最好的事情]，503a2-4：καὶ τὸ δόγμα τοῦτο μήτ' ἐν πόνοις μήτ' ἐν φόβοις μήτ' ἐν ἄλλῃ μηδεμιᾷ μεταβολῇ φαίνεσθαι ἐκβάλλοντας[他们必须表明，无论是在辛劳中，还是在恐惧中，抑或在其他变化中，都绝不抛弃这样的信念]。

[S 甲注]即 reiicere[扔回]，repudiare[拒绝]。该词与下一句的 τιμᾶν[尊荣]和 πρεσβεύειν[敬重]相对立。恰当地说，ἐκβάλλειν 的意思是 foras proiicere[扔出去]，abiicere[扔掉]，是说那些没有用处因而不用在意的东西，因此常常指 spernere[摈弃]，contemnere[轻忽]。

46b7-8：μοι ἤδε ἡ τύχη γέγονεν[大限降临到我头上]，[A 注]"已经来到我这里"（has come to me），另参《优提弗伦》3b5-6：σὺ τὸ δαιμόνιον φῂς σαυτῷ ἑκάστοτε γίγνεσθαι[你每次说都有神灵昭示于你]（顾丽玲译文）。

46b8：τύχη[大限]，[E 注]与道德原则相比，外在的事情乃是"偶然的事件"（accidents）。[按]该词本指"从神明那里获得的东西：好运，幸运"，泛指"命运"或"机运"，因此也指"厄运"，这里显然是最后这种含义。但苏格拉底显然把死视为好事情，汉语中似乎找不出一个既表示"好运"也表示"不幸"的词，姑且译作更为中性一点的"大限"。

46b8：σχεδόν[几乎]，[D 注]这是一种很有礼貌的用法，以代替 ἀτεχνῶς[真正，完全]或 παντάπασι[完全，绝对]之类的词。[E 注]"差不多完全相同"。

46b8：ὅμοιοι[相同]，[A 注]省略了 λόγοι[道理]，ὅμοιοι 也许是主语，而不是表语，否则我们在 ἐκβαλεῖν[抛弃]这个位置应该看到一个表示"变化"的词：谓语是 φαίννονται[看起来，认为]（省略了 βέλτιστοι[最好的]）。ὅμοιοι 不是 οἱ αὐτοί[它们，那些东西]，而相当于拉丁语的 idem[相同，同一个]。这两个观念在《泰阿泰德》159a 中做了仔细的区分。苏格拉底越说越变得更自信了。

[B 注]Adam 认为 ὅμοιοι（省略了 λόγοι[道理]）也许是主语，而不是表语，但其意思在下文 d5-6 εἴ τί μοι ἀλλοιότερος φανεῖται（也省略了 ὁ λόγος）中交代清楚了。[D 注]其意思与 οἱ αὐτοί[它们，那些东西]没有多大区别，而且要在紧接的下文中才能理解。后面的 οὗπερ καὶ πρότερον[像以往那样]是修饰 ὅμοιοι 的。

46c1: πρεσβεύω[我敬重]，[B 注]"我把荣誉的地位给予……"，另参《会饮》186b3: ἵνα καὶ πρεσβεύωμεν τὴν τέχνην[为了对这门技艺表示崇敬], 188c3-4: ἐὰν μή τις τῷ κοσμίῳ Ἔρωτι χαρίζηται μηδὲ τιμᾷ τε αὐτὸν καὶ πρεσβεύῃ [任何作为都不遵从这位爱若斯，而是依从、敬重另一位爱若斯]（刘小枫译文）；另参《王制》591c7-8: οὐδὲ πρὸς ὑγίειαν βλέπων, οὐδὲ τοῦτο πρεσβεύων[既不要看重健康，也不要敬重这一点]。该动词用作及物动词，主要是悲剧性的。

[E 注]用作及物动词时，主要见于诗歌中，表示给予的尊敬（如对神明的尊敬），因此，这里就有了一种高尚的味道:"我敬畏……"[A 注]该词是一个崇高的、也有点诗性的词汇，常常用于表示对神明的敬意。

[S 甲注]另见 Julius Pollux *Onomasticon* II.12，柏拉图《会饮》186b 和 187c，埃斯库罗斯《乞援人》行 480，《欧墨尼德斯》行 1，欧里庇得斯《希波吕托斯》行 5 和《阿尔刻提斯》行 282。

[按]注意这里苏格拉底对"我"的强调：两次直接用"我"一词，四次用动词第一人称表示"我"——这是一种针锋相对，还是一种立场坚定，抑或更是高高在上的自我肯定？

如果我们不能就这种现状说出更好的[道理]来，你要知道，我绝不会向你让步，绝不，哪怕大众能够比现在更变本加厉地恫吓我们，就像用妖怪来[c5]吓唬我们这些"小孩"一样，说什么要处以囚禁甚至死刑，还要没收财产云云。[ὧν ἐὰν μὴ βελτίω ἔχωμεν λέγειν ἐν τῷ παρόντι, εὖ ἴσθι ὅτι οὐ μή σοι συγχωρήσω, οὐδ' ἂν πλείω τῶν νῦν παρόντων ἡ τῶν πολλῶν δύναμις ὥσπερ παῖδας ἡμᾶς μορμολύττηται, δεσμοὺς καὶ θανάτους ἐπιπέμπουσα καὶ χρημάτων ἀφαιρέσεις.]

46c2：βελτίω ἔχωμεν λέγειν[说出更好的（道理）]，[A 注]等于 βελτίους ἔχωμεν λόγους[有更好的道理]。

46c3：οὐ μή σοι συγχωρήσω[我绝不会向你让步]，[S 甲注]me haud sane tibi obtemperaturum[我绝对不会听从你的]。小品词 οὐ μή 用于警告（按：即加强语气）。[B 注]另参 44b8 注释中的语法现象。[按]"让步"，另有"同意"之意（Grube 即作此译）。注意这里的"我—你"关系，尤其是主句的 εὖ ἴσθι[你要知道]的命令（或祈使）语气："你要搞清楚"，或者，"拜托，你好好想一想吧"（王太庆译本漏掉了这两个词）。

46c3-5：οὐδ' ἂν πλείω ... μορμολύττηται[绝不，哪怕变本加厉……用妖怪来恫吓]，[B 注]意为"甚至大众的力量比现在用更多的妖怪像吓唬小孩一样吓唬我们，也不让步"。Μορμώ（全名为 Μορμολύκη），是一种女妖怪（she-goblin），像 Ἀκκώ[恶鬼]、Ἔμπουσα[煞神]和 Λάμια[吃人的妖怪]一样，是用来吓唬淘气孩子的玩意儿。另参 Theocritus xv.40，色诺芬《希腊志》4.4.17，卢奇阿诺斯（即"琉善"）Philops 2，柏拉图《斐多》77e6，《高尔吉亚》473d3，阿里斯托芬《鸟》1244。

[A 注]πλείω[变本加厉]是副词，就像《王制》396d1-2 中的 ἐλάττω：ἐλάττω δὲ καὶ ἧττον ... ἐσφαλμένον[变得更加虚弱和摇摇欲坠]。应该注意到，ὥσπερ παῖδας ἡμᾶς[我们就像孩子]的词语顺序非常符合希腊语习惯：其效果就是几乎要把它所比较的对象等同起来。如果 ἡμᾶς[我们]在 ὥσπερ παῖδας[好像孩子]之前，这两者的联系会远远没有那么紧密。更地道的是这个比喻的结构中有一个 ὥσπερ[好像]和一个介词。如果想要把被比较的对象尽可能拉得更近一些，那么，ὥσπερ（ὡς）和介词就要放在前面，而且介词本身也只出现一

次，例如，《王制》545e1-2：ὡς πρὸς παῖδας ἡμᾶς παιζούσας καὶ ἐρεσχηλούσας[就好像把我们当成孩子来戏耍和嘲弄一样]。另参《泰阿泰德》170a。然而，那些抄本经常打破这条规则，甚而至于省略了介词。

[E 注] πλείω，副词，意为"甚至比现在还更……"，或者是表示相关的宾格："关于更多的东西……" Μορμώ 是一种吓唬小孩的恶鬼："念咒召唤更多的妖魔鬼怪来吓唬我们"云云，这是幽默地指向了克力同在 44e6 中的警告（按：指 καὶ ἄλλο τι πρὸς τούτοις παθεῖν [还会遭受其他某些刑罚]）。

[S 甲注] μορμολύττηται[用妖怪来吓唬]，意指"用姿势和发出 Μορμώ 这个词来吓唬小孩"，因此它也指"用那种专门引起恐惧的对象来恐吓或吓唬人"，或者一般作"恐吓"、"胁迫"之意，但其中所涉及的恐惧一般都没有什么根据。主动态的 μορμολύττειν 仅见于文法学家的著作中，而阿提卡的作家总是说 μορμολύττεσθαι。[S 乙注]雅典的保姆为了让哭闹的孩子安静缓和下来，总会唱一种叫做 λαλά（见 Ovid. Fasti 2.599）的摇篮曲，这叫做 βαυκαλάω[催眠]。但如果孩子们烦躁不安，保姆就会用一种叫做 μορμολύκειον、μορμολύκη 或更简短的 μορμώ 的妖怪或鬼怪来让他们安静下来，阿提卡作家常用该词动词化的中动态。

46c4：τῶν πολλῶν[大众]，[T 注]注意多数人（按：即大众）的力量，比较保罗对自己苦难的强调性列举（参《林后》11:23）：ἐν κόποις, ἐν πληγαῖς, ἐν φυλακαῖς, ἐν θανάτοις[受苦，挨打，遭监禁，面临死亡]。

46c5：ἐπιπέμπουσα[处以]，[S 乙注]常常强调性地指"带着好运或厄运去赏罚"（visit）。[A 注] 比较《斐多》62c7：πρὶν ἀνάγκην τινὰ θεὸς ἐπιπέμψῃ [在神明派送来某种必然性之前]。该词的意思是"加以（处罚）"（inflicting on），当然不是"用来威胁"。苏格拉底的意思是说，死亡不过是 μορμώ[妖怪（恐吓）]，不仅仅是意料中的，而且是在对它的实际遭受中。

[B 注] ἐπιπέμψειεν 相当于拉丁语的 immittens，"为我们所设"，

"落到我们头上"。该词用作这个意义时,一般指神明,而且在技术上几乎就是神明的"天罚"(visitation)。另参《申辩》31a6-7: εἰ μή τινα ἄλλον ὁ θεὸς ὑμῖν ἐπιπέμψειεν κηδόμενος ὑμῶν[除非神明对你们大发慈悲而给你们另派一个];另参《蒲法伊德若》245b5-6: ὡς οὐκ ἐπ᾽ ὠφελίᾳ ὁ ἔρως τῷ ἐρῶντι καὶ τῷ ἐρωμένῳ ἐκ θεῶν ἐπιπέμπεται[神们遣来爱欲并非是为了让有爱欲的和被爱欲的得益处](刘小枫译文)。另参欧里庇得斯《腓尼基妇女》行 810: ἂν ὁ κατὰ χθονὸς Ἅιδας Καδμείοις ἐπιπέμπει[好像是哈得斯从地下派来祸害卡德默亚人的]。然而,这个词的效果是要表明,τῶν πολλῶν δύναμις[大众的力量,大众的能力,本文译作"大众有能力"]是某种神秘的东西,具有超自然力量的性质。我们这样用这个词,就好像赫西俄德说 φήμη(话语,《劳作与时令》行 764 以下): θεός νύ τίς ἐστι καὶ αὐτή[它如今已是某位神明了](按:即我们所谓的"众口铄金")。

[E 注] 差不多算得上(为讽刺琐屑题材)仿英雄诗体(mock heroic),常常用于神明的赏罚:"处罚我们……"整个这一段(c4-6)表明苏格拉底在为嘲弄恐惧(mock-terror)制造一种幽默的效果。[按]《古希腊语汉语词典》作"派去","送去","(神)送去(祸福给人)",这里只能意译作"处以(刑罚)"(王太庆译本作"声称",大概是漏掉了这个讽刺大众犹如神明的关键词)。苏格拉底嘲讽大众的力量,因为自己对死亡早已无所畏惧——与普通大众的看法相反,他甚至把死亡视为"回家"、"飞升"甚至"往生极乐"。

46c5-6: δεσμοὺς καὶ θανάτους ... ἀφαιρέσεις [监禁甚至死刑……没收],[S 甲注]这里的名词都是复数,意在更为突出地强调。这一类名词在指暴力和残酷的事情时,常常用复数形式。另参欧里庇得斯《埃勒克特拉》行 479,柏拉图《拉刻斯》191d;亦参西塞罗《图斯库鲁姆论辩录》3.4 中的 mortes[死亡],另参《论义务》1.8。[? 注]使用复数是为了增加表现力。剥夺公民权(infamy)、放逐、削籍为奴(slavery)或死刑之类的刑罚,常常伴以没收财产。

[D 注]对于苏格拉底所遭到的严厉指控来说,这些是常见的惩

罚。用复数是要通过数量的增加过程而让抽象的观念变得生动起来。 ϑάνατοι[死亡（复数）]在常见的诗歌用法中，是要描述一种暴烈而过早的死亡。

那么，究竟怎样最恰当地考察它呢？首先，我们重新讨论你就[大众]意见所说的那个道理。[πῶς οὖν ἂν μετριώτατα σκοποίμεϑα αὐτά; εἰ πρῶτον μὲν τοῦτον τὸν λόγον ἀναλάβοιμεν, ὃν σὺ λέγεις περὶ τῶν δοξῶν.]

46c6: πῶς οὖν ἂν μετριώτατα σκοποίμεϑα αὐτά [究竟怎样最恰当地考察它]，[S 甲注] μετριώτατα σκοποίμεϑα 指"恰当地研究，与眼下所讨论的问题合拍接榫，也如这个问题所要求的那样"，就是"很好"、"正确地"。μετρίως λέγειν [说得正确，讲得恰当]这个短语以及类似的其他表达法，在《泰阿泰德》180c，《王制》421c、484b 以及其他地方的用法，与此相同。一般都把这句话归于克力同，但这个问题从他口中说出来，并不恰当。此外，柏拉图笔下的众多说话人都习惯于给自己提问题，然后马上就给出所需的答案；行文风格由此活络起来。

[T 注] 在很多编本中，这个问题都是克力同开口问的。但苏格拉底来问这个问题，似乎更恰当，苏格拉底在下一句中自己做出了回答，一如他惯常做的那样。另参《申辩》39b。[T 注] μετριώτατα，指"最好"，因为城里人多用 μετρίως 来代替 εὖ，καλῶς[好]。

46c7: πρῶτον μὲν [首先]，[S 乙注]另参 48a7-8: ὥστε πρῶτον μὲν ... [一开始]第一部分在此作结，第二部分紧接着就和盘托出了。[A 注]48a 重提了这一点，那里对第一项研究进行了总结：第二项研究一开始就对第一项提出反对意见（Ἀλλὰ μὲν δή, φαίη γ' ἄν τις, οἷοί τέ εἰσιν ἡμᾶς οἱ πολλοὶ ἀποκτεινύναι[48a10-11]），因此 πρῶτον μὲν [首先]就没有 εἶτα 或 εἶτα δέ[那么]与之相对应。

46c7: τὸν λόγον ἀναλάβοιμεν [我们重新讨论……道理]，[S 甲注]正如 Wyttenbach（按：全名 Daniel Albert Wyttenbach，1746—1820，

瑞士古典学家）在讨论普鲁塔克 S. N. V（页 72）以及柏拉图《菲莱布》33c 和 34d-e 时所指出的，*ἀναλαμβάνει* 意为 denuo tractare［重新对待］，resumere disputationem［重提争论］。Fisher 错误地把它仅仅译成 quaerere［探究］，cognoscere［认知］，videre［观察］，因为这里指的是苏格拉底刚才就同一论题说过的话，他现在打算重新进行这项研究（按：指旧话重提）。

[A 注] 意为"重提这个观点"。*οὗτος*［这个，按：即文中的 *τοῦτον*］经常指"你的那个……"，这里的定语从句 *ὃν σὺ λέγεις*［你所说的］让这一点变得更清楚。*ἀναλαμβάνω* 意为 iterum sumo［再次提起］——"从我躺下的地方起来"，有如《王制》490d6：*πάλιν ἀνειλήφαμεν τὴν τῶν ἀληθῶς φιλοσόφων φύσιν*［我们再次说起真正的哲学的本性］。苏格拉底在《克力同》此处所指的是 44b-d 和 45e。

[B 注]"如果我们首先再次提起你用来指人们会怎么想的那个论点"。克力同两次用到了大众会想什么的论点，即 44b9 以下和 45d8 以下。苏格拉底清楚地把克力同极力主张的这两点区分开来了，（1）*τῶν πολλῶν δόξα*［大众的意见］，（2）*τῶν πολλῶν δύναμις*［大众的能力］。这一部分的末尾讨论的（1）*πρῶτον μὲν*［首先］又重复了一次（48a7），因此就明确地把它与讨论第二点的那个部分划分开来了。

[E 注] 引入苏格拉底最初的立场：专家的意见比流行的意见更为重要，这是苏格拉底常用的出发点，如《拉刻斯》184d5，《高尔吉亚》460b 以下。[D 注]"我认为，假如我们要以你的观点开始的话"等等。也就是说，要如此彻底考察克力同的观点，就需要考虑整个问题"是否"如此。

是否每次都可以正确地说，[46d] 有些意见必须得注意，有些则不必？
[*πότερον καλῶς ἐλέγετο ἑκάστοτε ἢ οὔ, ὅτι ταῖς μὲν δεῖ τῶν δοξῶν προσέχειν τὸν νοῦν, ταῖς δὲ οὔ;*]

46c8: *πότερον καλῶς ἐλέγετο ἑκάστοτε ἢ οὔ*［是否每次都可以正确

地说]，[S 甲注] 应该如是理解：此前我们几次讨论这个问题时，不管说得对还是说得不对，那么，"人们的意见有些应该重视，有些则否"。[S 乙注]Wieland 认为应该删去 ἢ οὔ[或否]，并把 καλῶς ἐλέγετο 理解为是讽刺性地修饰 46d2 中的 ἀποθνῄσκειν[处死，死刑]。在此处的文本中，ἢ οὔ[或否]指的是前面的 καλῶς[正确地，应当地，美好地]（王太庆译作"有道理"，亦通）。

[A 注]这从属于 ἀναλάβοιμεν[重新讨论]：另参《申辩》19a8：Ἀναλάβωμεν οὖν ἐξ ἀρχῆς τίς ἡ κατηγορία ἐστὶν[我们得从头讲起对我的控告是怎么回事]。在英语中，我们必须问 recur——and ask if[重新审视，问问是否]。ἐλέγετο[说]的主语是 ὁ λόγος[道理]，也就是要在 τοῦτον τὸν λόγον[那个道理，46c5]中去理解：这个短语由从句 ὅτι ταῖς μὲν ... οὔ[有些……有些则不必]限定修饰。用不定过去时（按：即 ἐλέγετο），因为苏格拉底指的是他终生的学说，另参 46b7。ἑκάστοτε 指每一次讨论这个问题的场合。如果苏格拉底有什么东西比其他任何东西更看重，那就是：任何人的意见在任何没有研究过的问题上都不值一提。参 Grote，卷三，页 239 以下（按指 G. Grote 的 *Plato, and the Other Companions of Sokrates*，1865 年初版，剑桥大学 2009 年重印）。

[B 注]这里指上文 46b6：τοὺς δὴ λόγους οὓς ἐν τῷ ἔμπροσθεν ἔλεγον[我以前在这方面说过的道理]。我在 δοξῶν[意见，46c8]后面加了一个句号，并把它当做一个直接的问题，而不像以前的编本那样认为该句从属于 ἀναλάβοιμεν[重新讨论]（按：参上一段 Adam 的注疏之第一句话）。那样就太模棱两可了；因为读者必然会把 πότερον καλῶς ἐλέγετο[是否正确地说]指向克力同所说的 λόγος[道理]，而那是胡说八道，因为克力同根本就没有说过这一类道理。

[E 注]牛津第二版（按：即 Burnet 的编本）在 δοξῶν[意见]后面加了一个句号，就让人更清楚了，后面的话不是指克力同在 44d1-5 中所说的话（他在那里暗示，所有意见都很重要），而是指

苏格拉底接下来在 46d1-2 中所说的话。ἑκάστοτε[每次]：人们很可能认为苏格拉底是在让克力同回想他作为苏格拉底的朋友在这场危机出现之前所参加的各种各样的谈话。认为所有意见都同等重要的那种观念，很可能是在影射公元前五世纪的智术师普罗塔戈拉（DK 本，残篇 B1）：πάντων χρημάτων μέτρον ἐστὶν ἄνθρωπος, τῶν μὲν ὄντων ὡς ἔστιν, τῶν δὲ οὐκ ὄντων ὡς οὐκ ἔστιν[人是万物的尺度，是存在着的事物存在的尺度，也是那些不存在事物之所以不存在的尺度]。

46d1：προσέχειν τὸν νοῦν[注意]，[按]字面意思是"带给理智"、"奉献给理智"、"献身于理智"，则可把这句话哲学化地理解为：有些意见必须带到理智面前接受审查。

是不是我被判死刑以前说的就正确，而现在则似乎变得很清楚：徒劳地为了说而说，真正地不过是玩话和胡诌？[ἢ πρὶν μὲν ἐμὲ δεῖν ἀποθνήσκειν καλῶς ἐλέγετο, νῦν δὲ κατάδηλος ἄρα ἐγένετο ὅτι ἄλλως ἕνεκα λόγου ἐλέγετο, ἦν δὲ παιδιὰ καὶ φλυαρία ὡς ἀληθῶς;]

46d2：ἢ πρὶν μὲν ἐμὲ ...[是不是我以前……]，[A 注]三种可能性：要么（a）只有某些 δόξαι[意见]值得尊重这一说法是正确的，要么（b）那是错误的，要么（c）以前是对的，现在则错了。苏格拉底在阐述第三者可能性时，转而诉诸一般原则的说法——我以前认为"死亡"乃是我的义务，那是正确的吗，尽管其他人不以此为然，而我现在错了吗？

46d3：ἄλλως ἕνεκα λόγου[徒然地为了说]，[S 甲注] ἄλλως，即"鲁莽地、没有理由"，由短语 ἕνεκα λόγου[为了形式]予以解释。对此，可参 Heindorf 对《泰阿泰德》172e 的解释："既然死亡的危险威胁着我，在我碰到生命中的危险后。"

[E 注]这里为柏拉图笔下的 ἄλλως 增加了一个重要的用法，问苏格拉底（或许也包括克力同？）是否在目前的危机出现以前所建立起来的东西，无非仅仅"徒然地，为了论证之故"而说，抑或是

有真实而永恒的有效性。

[B 注]指"徒然地",另参《斐多》76e4,115d4;阿里斯托芬《马蜂》行 85。这种用法可追溯至荷马时代,如《奥德赛》14.124:ἄλλως...ψεύδοντ᾽[徒然地胡诌]。ἕνεκα λόγου[为了说],"为了说","只是要说点什么"。另参《拉凯斯》196c1,《优提弗伦》286d11。

46d4:ὡς ἀληθῶς[真正地],[A 注]于 τῷ οντι[事实上]和 τῇ ἀληθείᾳ[实情]一样,该短语经常用于柏拉图早中期的对话中。后期对话中,ἀληθῶς[真正地]、ὄντως[实际上]和 ἀληθείᾳ[就真实情况而言]则更常见。[按]"玩话",亦可译作"戏言",词根是"孩童"和"玩耍"之意。

然而我渴望[d5],克力同啊,与你一起共同考察,处在目前的情形下,我的话究竟变了样,还是原来那样,我们究竟该放弃它还是听从它。[ἐπιθυμῶ δ᾽ ἔγωγ᾽ ἐπισκέψασθαι, ὦ Κρίτων, κοινῇ μετὰ σοῦ εἴ τί μοι ἀλλοιότερος φανεῖται, ἐπειδὴ ὧδε ἔχω, ἢ ὁ αὐτός, καὶ ἐάσομεν χαίρειν ἢ πεισόμεθα αὐτῷ.]

46d4-5:ἐπισκέψασθαι... κοινῇ μετὰ σοῦ[与你共同考察],[A 注]κοινῇ σκοπεῖν[共同思考]和 κοινῇ ζητεῖν[共同探求],是苏格拉底辩证法的技术语汇。[E 注]κοινῇ μετὰ σοῦ[与你共同],"合作"研究,是柏拉图—苏格拉底辩证法一个基本目标,因为如果要对结论无异议,在论证步骤上取得一致就很重要。苏格拉底尤其乐于在这个方面把克力同"拉进来",大约是考虑到情形很严重,以及克力同强烈表达的相反看法。

46d6:ἀλλοιότερος[另外的样子],[E 注]与 46b8 的 ὅμοιοι[相同]相对。到现在为止,苏格拉底认为他的结论似乎并没有改变。现在,克力同和苏格拉底要检测他们目前是否处于某种不同的方式中。柏拉图笔下的苏格拉底一般都认为,论证必须总是服务于继续的研究

（如《高尔吉亚》481d 以下）。

46d6：ὧδε[这种情形]，[E 注]也就是快要死了。比较下文 d8，那里的意思是"因此"。[D 注]也就是在狱中等待死刑。

46d7：ἐάσομεν χαίρειν[放弃]，[B 注]"我们要把它从心里摒弃"，另参 45a1 注。[按]本指"随它高兴"，引申为"随它去"和"放弃"。

我知道，那些认为自己讲得有道理的人每次都这样说，正如我刚才所讲，在人们[46e]提出的意见中，有的必须予以更多重视，有的则不必。[ἐλέγετο δέ πως, ὡς ἐγῷμαι, ἑκάστοτε ὧδε ὑπὸ τῶν οἰομένων τὶ λέγειν, ὥσπερ νυνδὴ ἐγὼ ἔλεγον, ὅτι τῶν δοξῶν ἃς οἱ ἄνθρωποι δοξάζουσιν δέοι τὰς μὲν περὶ πολλοῦ ποιεῖσθαι, τὰς δὲ μή.]

46d8：ὑπὸ τῶν οἰομένων τὶ λέγειν[那些认为自己讲得有道理的人]，[B 注]"（我们中）那些认为自己说到点子上的人"。苏格拉底总是把 logos[道理，话语]视为 ἐρωτῶν[问]和 ἀποκρινόμενος[答]的共同产物，而不是视为自己的权威 dictum[说法]。[S 乙注]与上文的"玩话"和"胡诌"相对。

[E 注] τὶ λέγειν 指"说点什么（值得一说的）东西"。[A 注]苏格拉底主要指他自己，但他选用了一个能够把克力同包括进去的说法，以便让他的结论看起来像是所有头脑正确的人的定论。λέγειν τι 指"正确"，οὐδὲν λέγειν 指"错误"。所以，τὶ ποιεῖν 指"利用它，从中做出点东西来"，参《会饮》173a。整句话可以比较 46c，更准确地阐明原则，是因为往下一直到 48a 的论证都依赖于这个原则。[按]王太庆译作"那些思想严谨的人"。下文"更多重视"，本意"做得更多"。

看在神明的分上，克力同哦，你难道不认为这话说得很好吗？——你呀，按人之常理来说，既然不存在明天注定要[47a]死的情况，那即将到来的灾难就不应该让你误入歧途：[τοῦτο πρὸς θεῶν, ὦ

Κρίτων, οὐ δοκεῖ καλῶς σοι λέγεσθαι; —σὺ γάρ, ὅσα γε τἀνθρώπεια, ἐκτὸς εἶ τοῦ μέλλειν ἀποθνῄσκειν αὔριον, καὶ οὐκ ἂν σὲ παρακρούοι ἡ παροῦσα συμφορά·]

46e2：πρὸς θεῶν[看在神明的分上]，[A 注]只用于恳求，而不用于声明。按：王太庆译作"神明在上"，严群译作"藉神的名义"，亦可。

46e3：ὅσα γε τἀνθρώπεια[按人之常理来说]，[S 甲注]也就是说，"的确如人的事情那样"，即，"至少如从常常发生在人身上的事情来揣测的话"。[A 注]"在人的所有可能性中"，另参下文 54d。[B 注]"从人的角度来说"（humanly speaking）。亦参《书简七》350e2。关于的用法，参下文 54d5，《王制》467c9。

47a1：αὔριον[明天]，[A 注]为什么用"明天"一词？可以肯定，苏格拉底认为自己会在"第三天"死去，但由于克力同不相信这个梦境（参 46a 注），苏格拉底暂时放弃了自己原来的看法。[B 注]克力同认为船会在今天到达（43d2 以下），苏格拉底明天就会死。虽然苏格拉底的想法不同，但也不值得在这一点上再次顶撞克力同。为了让柏拉图保持前后一致，Schanz 把"明天"一词括起来，结果就变成了苏格拉底说克力同这位七旬老人，绝未处在死亡的危险中！

47a1：παρακρούοι[误入歧途]，[S 甲注]Hesychius 解释为 ἐξαπατᾶν[欺骗]，πλανᾶν[引入歧途]，其含义来自摔跤中的虚假动作。这里的意思是指"目前的灾难不可能对你影响如此之大，把你带离了正确的判断模式之外"。[疏] Hesychius，亚历山大里亚的文法学家，鼎盛于公元五世纪，编纂过大部头的辞典。

[B 注]"不会让你失去理智"（lose wits）。医学家用 παρακόπτειν[骗走、发疯]，παρακρούειν[失去理智]和 παραπαίειν[神经错乱]来指引起精神失常的东西。另参《克拉提洛斯》393c。[A 注]该词与 σφάλλειν[绊倒、挫败]一样，来自角斗场，另参《泰阿泰德》168a。

其原始含义也许指不公平的打击，击到了腰带以下。οὐκ ἂν σὲ παρακρούοι[让你误入歧途]有一丝讽刺的意味：苏格拉底清楚地知道，是克力同而非苏格拉底头脑中的形象为即将到来的厄运而变得暗淡（另参《斐多》84e）。我认为这些词语意在回应克力同在 45d5-6 中的嘲讽：σὺ δέ μοι δοκεῖς τὰ ῥᾳθυμότατα αἱρεῖσθαι[但我认为，你却选择了最漫不经心的道路]，这里的 σύ [你]是强调性的。

[E 注]苏格拉底假定克力同的判断不会遭到损害，因为克力同没有面临死亡的可能性，却居然让自己的感情走上企图，这显然是苏格拉底向克力同开的一个温和的玩笑，目的就是要比较克力同和苏格拉底到此为止的情感状态。Tarrant（前揭）没有看出这是在开玩笑，反而认为这是柏拉图的败笔。

请你想一想——你难道不觉得我们可以很恰当地说，人们的意见并非所有的都必须予以尊重，而是说，有的是，有的则不必，也并非所有人的意见都值得尊重，有的值得，有的不值得？你怎么看？[a5]这些话说得不好吗？[σκόπει δή—οὐχ ἱκανῶς δοκεῖ σοι λέγεσθαι ὅτι οὐ πάσας χρὴ τὰς δόξας τῶν ἀνθρώπων τιμᾶν ἀλλὰ τὰς μέν, τὰς δ' οὔ, οὐδὲ πάντων ἀλλὰ τῶν μέν, τῶν δ' οὔ; τί φῄς;ταῦτα οὐχὶ καλῶς λέγεται;]

47a2：σκόπει δή [请你想一想]，[E 注]苏格拉底用这样的语词发起了一场与克力同简短的"问答"会话，这是柏拉图笔下苏格拉底对话的典型论证方式，叫做"辩证法"。这种特殊的交流是要让克力同同意到目前为止一直都只是苏格拉底在主张的道理——其区别在于一个是告知的意见（informed opinions），一个是未告知的意见。重复这一点也许稍显过分，但让克力同真诚地接受它，对于后来试图逐渐削弱他原来的立场，可谓至关重要。

47a2：οὐχ ἱκανῶς δοκεῖ [你难道不恰当地认为]，[S 甲注]这里的与此前的 καλῶς[好]是同样的意思。[A 注]下文 47a5 的 καλῶς[好]

语气更强。另参 48e5,《会饮》177e4,《治邦者》284d2。

47a3：τιμᾶν[尊重]，[S 甲注]该词在这一段的用法特别值得一说。它常常指"结交"、"尊重"和"高度评价"，与 ἀτιμάζειν[轻视]相反。另参《高尔吉亚》462d，欧里庇得斯《伊菲革涅亚在陶洛斯》行 54，另参下文。

47a4：τὰς δ' οὔ [有的则不]，[E 注]此后的文字应该是窜入的，所以 Adam 删去了 οὐδὲ πάντων ἀλλὰ τῶν μέν, τῶν δ' οὔ[并非所有人而只是有的人是，有的人则不是]，因为这里提到的区别不仅有意见（有的有效，有的则不），还包括人（有的人的意见有根据，有的则否），预告了下文的论证。但即便是预告，也不该删去。[A 注]柏拉图尤其刻意避免在论证过程中出现任何不成熟的指称。

[B 注]（Burnet 反对 Adam 的看法）这的确就是下面的论证所转向的论点。有些抄本（如 B）省略了这几句话，必须被视为偶然。"词尾相同"就足以解释这种删节。

克：说得好。[Καλῶς.]

苏：是不是应该尊重有益的意见，而不尊重那些糟糕的意见？[Οὐκοῦν τὰς μὲν χρηστὰς τιμᾶν, τὰς δὲ πονηρὰς μή;]

47a7：τὰς μὲν χρηστὰς [有益的意见]，[E 注]"好"，同时有"有效的"和"有用"的含义，与 πονηρὰς，即"坏"和"无价值"（另参 47a9 以下）相对。请注意，苏格拉底把聪明人与蠢人的二分等同于好坏的二分，却又没有实际地论证这一点，就把重点从个人可能同时具有好坏意见（47a3-4），转向专家的观念，他们的意见（都）是好的。

克：那当然。[Ναί.]

八、专家与生活（47a9-48a4）

节解：[E 注]苏格拉底继续勾勒一个著名的苏格拉底式的立场：在从事具体的工作时，不能不加区别地听取他人的意见，而只能听该领域中专家的意见。正如在体育方面要听从教练、在身体方面要听从医生，这种"专家观念"也可以延伸到更重要的问题上，也就是关于正义和不义的问题，当然也应该听从这方面的专家。因为，灵魂比身体更珍贵，我们就更不能听从流俗的意见。

苏：有益的意见不就是明智者的意见，糟糕的意见不就是愚蠢者[a10]的意见吗？[Χρησταὶ δὲ οὐχ αἱ τῶν φρονίμων, πονηραὶ δὲ αἱ τῶν ἀφρόνων;]

克：怎么会不是呢？[Πῶς δ' οὔ;]

苏：那好，这类事情以前又是怎么说的？一个从事体育锻炼[47b]且打算以此为业的人，究竟该专注于每一个人的赞许、责备和意见，还是只留心这样一个人，他碰巧既是医生又是教练？[Φέρε δή, πῶς αὖ τὰ τοιαῦτα ἐλέγετο; γυμναζόμενος ἀνὴρ καὶ τοῦτο πράττων πότερον παντὸς ἀνδρὸς ἐπαίνῳ καὶ ψόγῳ καὶ δόξῃ τὸν νοῦν προσέχει, ἢ ἑνὸς μόνου ἐκείνου ὃς ἂν τυγχάνῃ ἰατρὸς ἢ παιδοτρίβης ὤν;]

47a13：τὰ τοιαῦτα ἐλέγετο[以前说这类事情，[S 甲注]这句话应该如此理解：就不管他们说得正确还是错误？过去时暗示这里所指的是以前就同一问题所做的讨论。[E 注]苏格拉底在这里指的是公认的苏格拉底式的专家之例，他习惯于（注意 ἐλέγετο 是过去时）在引入问题时用这种的方法，现在他为了克力同的利益而回忆起那个方法（如《拉凯斯》184d）。[A 注] τοιαῦτα[这类]指的是接下来的话，另参《王制》488a。这里的 ἐλέγετο 之所以是过去时，因为苏格拉底是在回忆他终生都在教诲的学说。另参 46b 的注释。

[D 注]用过去时是因为这个新提出的问题（αὖ[又，再次，重新]）包含了一个已经讨论过的问题。τὰ τοιαῦτα[这类事情]指的是下文。接下来所举的特定事例只是很多可能说法中的一种。关于归纳法更多的例子，参《申辩》25b、《拉凯斯》184c-185b，那里用同一个例子来阐释同样的原则，如果我们要听从的话，那种类似于赞同和教导的原则，就应该来自于一个已经具有权威的人，而大多数人的毁誉都不值一提。

47a13-b1：γυμναζόμενος ἀνὴρ καὶ τοῦτο πράττων[从事体育锻炼且打算以此为业的人]，[A 注]关于连词的省略，参《王制》488a8，《申辩》22a2。καὶ τοῦτο πράττων，指"把它当做自己的工作"，比较色诺芬《希腊志》4.8.22。《申辩》20c5 中的 πρᾶγμα 亦为"职业"。

[B 注]这个短语暗示专业化，因此 τοῦτο πραττόντων[从事它，或以此为业]就与《王制》498a4-6 中的 πάρεργον...αὐτὸ...πράττειν[把它当成副业或顺带的消遣]形成对照。[S 甲注]指"专心地或热心地做这件事"。

47b3：ἂν τυγχάνῃ ἰατρὸς ἢ παιδοτρίβης ὤν[碰巧既是医生又是教练的人]，[A 注]参《高尔吉亚》452a6 以下，那里把 ἰατρός[医生]看做 δημιουργὸς ὑγιείας[健康的技匠]，而 παιδοτρίβης[教练]这个人的ἔργον[工作，任务]就是 καλούς τε καὶ ἰσχυροὺς ποιεῖν τοὺς ἀνθρώπους τὰ σώματα[把人们的身体练得美好而又强壮]。另参《智术师》228e。在《高尔吉亚》的另一个段落中，ἰατρική[医术]和 γυμναστική[体育]被说成是两种 ἡ τοῦ σώματος θεραπεία[照料身体]的技艺，它们与δικαιοσύνη[正义，公道]和 νομοθετική[立法术]是 ἀντίστροφοι[相关联的]，都属于 πολιτική[政治学]或照料灵魂的技艺的分支。柏拉图常常把这两种技艺相提并论，如《普罗塔戈拉》313d，《治邦者》295e 等等。Cron 认为这两种职业在 Selymbria 的 Herodicus 这个人身上合而为一，比较《王制》406b。

[D 注]因此体育高于医术，亦参《申辩》25b。[S 乙注]医生

在饮食方面给未来的运动员必要的指导,教练的工作主要是在角斗场训练学员的身体。[T注]我们在这里看到,苏格拉底喜欢从日常生活的追求为例来阐明问题。

[S 甲注]其意思是说:"他是否只会听从主管这些练习并规定养生之道的人的意见,而不管他会是谁。"在这一段中,ἰατρός[医生]与那个也叫做 γυμναστής[体育教练]是同一个人:他的职责是为未来的运动员,以及为所有投到他门下进行体育训练的人,规定饮食和养生之道,如色诺芬《回忆录》2.1.26 等处所示。下文 ἐδεστέον γε καὶ ποτέον[饮食]指的就是这个人(按:即医生兼教练)。παιδοτρίβης 是"锻炼方面的大师",惯于在角斗场教年轻人摔跤(按:字义本为"儿童训练者")。下文 πρακτέον καὶ γυμναστέον[做事和教练]指的就是此人的职责。

克:只听那一个人的。[Ἑνὸς μόνου.]

苏:[b5]岂不是该畏惧那个人的责备,欣受那个人的赞许,而不理会众人的褒贬?[Οὐκοῦν φοβεῖσθαι χρὴ τοὺς ψόγους καὶ ἀσπάζεσθαι τοὺς ἐπαίνους τοὺς τοῦ ἑνὸς ἐκείνου ἀλλὰ μὴ τοὺς τῶν πολλῶν.]

克:显然该当如此。[Δῆλα δή.]

47b8: δῆλα δή [显然如此],[E 注]"不言而喻"(self-evidently),克力同这样回答显然是不顾苏格拉底这里(b6-7)所说的话与他在前面 44d1-2 中所说的话相矛盾:Ἀλλ' ὁρᾶς δὴ ὅτι ἀνάγκη, ὦ Σώκρατες, καὶ τῆς τῶν πολλῶν δόξης μέλειν[你看你看,苏格拉底,但也必须在乎大众的意见啊]。克力同当然不可能那么蠢!按:克力同只是曲意让谈话继续下去。

苏:那么,此人在做事、锻炼、[b10]饮食方面,都应遵从那一个人的意见——因为他既是主管又是内行,远胜于听从其他所有人的意见。[Ταύτη ἄρα αὐτῷ πρακτέον καὶ γυμναστέον καὶ ἐδεστέον γε καὶ ποτέον, ᾗ ἂν τῷ ἑνὶ δοκῇ, τῷ ἐπιστάτῃ καὶ ἐπαΐοντι, μᾶλλον ἢ ᾗ σύμπασι τοῖς ἄλλοις.]

47b9-11：ταύτη... ἄλλοις [这……其他人]，[E注] ταύτη [这]与 πρακτέον [做事]等几个动名词关系密切。直译为："那么，人们应该按照似乎对他好的方式来行动等等，这个人有资格……"以-εον 结尾的动词形式在《克力同》中异乎寻常地频繁。[A注]注意 ταύτη [这]的位置，目的是要特别强调 ᾗ ἂν 所引导的从句。

47b10-11：τῷ ἐπιστάτῃ καὶ ἐπαΐοντι [既是主管又是内行]，[A注]如果我们注意到 ἐπιστάτης [帮助者、主持人]这个词暗含着 ἐπίσταμαι [懂得、精通]之意，这里的论证就有了额外的含义：苏格拉底希望从这个体育训练的例子中推断出那个一般原则：只有懂行的人才值得尊重。ἐπιστάτης 这个词有时也用来指教练，另参色诺芬《回忆录》3.5.18，亦参《王制》521e。柏拉图在用 ἐπιστάτης [帮助者、主持人]或 ἐπιστατῶ [主管]这个词时，脑子里反复想到的就是 ἐπίσταμαι [懂得、精通]，例如《普罗塔戈拉》312d 以下，另参《克拉提洛斯》414e 和 390b,《王制》443e。我丝毫不怀疑，苏格拉底认为，知识在任何地方都应该占据统治地位，这对他的看法来说乃是最好的确证，因为他发现 ἐπιστάτης [帮助者、主持人]和 ἐπίσταμαι [懂得、精通]相互联系。我认为柏拉图在这里以及在诸如《治邦者》311c 等段落中（ὁπόταν - ἄρχῃ τε καὶ ἐπιστατῇ [无论何时——都是统治者和]）暗示，"神明和自然都不会做无用功"，即便名称上的相似性并非毫无意义。更为相似的现象出现在 εὖ πράττειν [干得好]中。正如这里的 ἐπιστάτῃ [主管]形成了向 ἐπαΐοντι [内行]的转进，同样，《卡尔米德》173d 中的 εὖ ἂν πράττοιμεν [我们做得好]就是 ἐπιστημόνως ἂν πράττοιμεν [我们做得熟练]和 εὐδαιμονοῖμεν [我们获得幸福]的连接点；另参 172a 和《阿尔喀比亚德前篇》116b，并比较亚里士多德《尼各马可伦理学》1098b20

"那种幸福的人既生活得好又做得好"（廖申白译文）。亦参《斐多》99c，其中的 δέον[必须]就是 ἀγαθόν[善]和 ξυνδεῖν[一同苛求]的连接点，另参《会饮》204c，从 203a 到 204d 整个段落中都满是这种双关的含义和结构。亦参《会饮》196c，这种链式推导法（chain-inference）被不正确地叫做复合三段论（Sorites），后来在廊下学派那里极为流行。我坚持这一点，部分原因在于编者们忽视了这一点，部分原因也在于它为 44b 的梦境赋予了意义：苏格拉底受名称相似性极大影响。应该注意，ἐπαΐειν[听到，听懂，精通]是柏拉图喜欢用的词，但在其他作者那里却不多见。普罗塔戈拉常用该词，那可能是从伊奥尼亚哲学学派传进雅典的智术师圈子和哲学圈子的。

[B 注] ἐπιστάτης 应恰当地理解为 ἐφίσταται[照看]的人（不送气的是伊奥尼亚方言），即"监工"或"指导者"，色诺芬把它用在体育运动上：ἐν τοῖς γυμνικοῖς ἀγῶσι πείθονται τοῖς ἐπιστάταις[在体育竞赛上服从教练]（《回忆录》3.5.18. 吴永泉译为"服从领导"，不妥）。然而，正如我们已经看到的（《申辩》20a8），苏格拉底用自己的用法，指那些"懂"（ἐπίσταται）的人应该统治。另参《普罗塔戈拉》312d4 以下。

[E 注] ἐπιστάτη，"监督者"（overseer），"指导者"，柏拉图常常把它与 ἐπίσταμαι[懂得、精通]相联系，表示"懂行的人"，"专家"。[按]该词语带双关，颇为难译。本指"站在旁边的人"，多为懂行的指导者，与"精通者"相连。寓意内行指导外行，或有知识的人应该统治（如 B 注）。最末一句"远胜于听从其他人的所有意见"，各本多作"根本就不听其他人的意见"。

克：是这样。[Ἔστι ταῦτα.]

苏：[47c]那好。如果不听从这个人，不尊重他的意见和赞许，反倒尊重多数人[的说法]，还敬重那些根本不懂行的人，岂不是要遭殃？[Εἶεν. ἀπειθήσας δὲ τῷ ἑνὶ καὶ ἀτιμάσας αὐτοῦ τὴν δόξαν καὶ τοὺς ἐπαίνους, τιμήσας δὲ τοὺς τῶν πολλῶν [λόγους] καὶ μηδὲν ἐπαϊόντων, ἆρα οὐδὲν κακὸν πείσεται;]

47c2-3：λόγους［说法］，［按］牛津本、E 本、S 乙本都认为这个词虽在 BW 抄本之中，但显然不恰当，疑为后人所加，故以括号示之。A 本和 D 本都认为该词合适，Adam 还做出了解释，文繁不录。ἀπειθήσας，B 注：很庄严的词汇。

克：怎么不是呢？［Πῶς γὰρ οὔ;］

苏：[c5]那是什么样的害处，针对哪里，祸害不听从者的哪个部分？［Τί δ' ἔστι τὸ κακὸν τοῦτο, καὶ ποῖ τείνει, καὶ εἰς τί τῶν τοῦ ἀπειθοῦντος;］

克：显然是身体：这个部分毁灭。［Δῆλον ὅτι εἰς τὸ σῶμα· τοῦτο γὰρ διόλλυσι.］

苏：说得好。难道说对于其他事情，克力同啊，岂不是一样的，我们不必全部详述，至于说正义与[c10]不义、丑与美、善与恶，也就是我们眼下正考虑的，我们究竟[47d]应该听从众人的意见，并畏惧它，还是应该听从那一个人的意见——既然他对这些东西很内行，我们是否应该对他感到羞耻并敬畏他，胜于其他所有人？［Καλῶς λέγεις. οὐκοῦν καὶ τἆλλα, ὦ Κρίτων, οὕτως, ἵνα μὴ πάντα διΐωμεν, καὶ δὴ καὶ περὶ τῶν δικαίων καὶ ἀδίκων καὶ αἰσχρῶν καὶ καλῶν καὶ ἀγαθῶν καὶ κακῶν, περὶ ὧν νῦν ἡ βουλὴ ἡμῖν ἐστιν, πότερον τῇ τῶν πολλῶν δόξῃ δεῖ ἡμᾶς ἕπεσθαι καὶ φοβεῖσθαι αὐτὴν ἢ τῇ τοῦ ἑνός, εἴ τίς ἐστιν ἐπαΐων, ὃν δεῖ καὶ αἰσχύνεσθαι καὶ φοβεῖσθαι μᾶλλον ἢ σύμπαντας τοὺς ἄλλους;]

47c9：καὶ δὴ καί［至于说］，[A 注]用于引入高潮，或者（如这里）引入推理的最高点，其用法见《申辩》26d。[D 注]苏格拉底终于走到目的地了，他用归纳法得出自己的论点。

[按]《王制》中第一次介绍忒拉叙马科斯时（328b6），也用了这个表达法，不是平平淡淡的"还有"，而是特别强调忒拉叙马科斯的重要地位——整个《王制》都是苏格拉底与忒拉叙马科斯或明或暗的对话，或者说，苏格拉底在《王制》中自始至终就在回答忒拉叙马科斯的挑战。

47c9-10：δικαίων καὶ ἀδίκων[正义与不义]，[A注]注意这里两两相对的交错安排，即 AB-BA-AB：正义与不义、丑与美、善与恶（按：A 代表正面价值，B 代表反面）。

47d2-3：αἰσχύνεσθαι καὶ φοβεῖσθαι[感到羞耻并敬畏]，[T注]这些动词常常接一个人的宾格，如这里一样，表示"在此人面前必须害羞和害怕"，尤其是做甚么不光彩或错的事情时。[E注]苏格拉底从克力同的 παραίνεσις[劝告]中（45a6, e1）重复了关键的术语，是为了强调说，同样的情感现在需要一个不同的、更有价值的对象。μᾶλλον ἢ σύμπαντας τοὺς ἄλλους[胜于其他所有人]逐字逐句重复了上文（47b11）的话，那里讨论的是医学专家，也许是要抹平已经让人感受到的表示专门技术知识的词语，和表示道德价值的术语之间的"桥梁"。

[E注]从 47c8 以下，由于克力同一直都同意苏格拉底所举的例子，苏格拉底这时就以仅仅是为了避免冗长作掩护，使用"类推的手法"（craft analogy）转向了在我们看来似乎完全不同的领域：道德价值，采取了一个让我们高度怀疑的步骤，即，这里和那里都有一个"懂行的人"（ὁ ἐπαίων），"尤其是"（καὶ δὴ καὶ）在那些与善恶、正义与不义等等相关的问题上。克力同再次毫无异议地表示了赞同（47d7）。

如果我们不听从，就会败坏和损毁那个东西，它曾因正义而[d5]变得更好、因不义而彻底毁灭。难道不是这样吗？ [ᾧ εἰ μὴ ἀκολουθήσομεν, διαφθεροῦμεν ἐκεῖνο καὶ λωβησόμεθα, ὃ τῷ μὲν δικαίῳ βέλτιον ἐγίγνετο τῷ δὲ ἀδίκῳ ἀπώλλυτο. ἢ οὐδέν ἐστι τοῦτο;]

47d3-4：εἰ μὴ ἀκολουθήσομεν, διαφθεροῦμεν ἐκεῖνο καὶ λωβησόμεθα[如果我们不听从，就会败坏和损毁那个东西]，[A 注] εἰ μή[如果不]接进来时直陈式，就比后接不定过去时的虚拟式更生动和富于感情。λωβησόμεθα[损毁]是向陪审团添侮辱。ἐκεῖνο[那个东西]是 νοῦς[理智]。另参《王制》527d-e，理智才能看到真理，注意，灵魂和身体的二元论在这整个部分都有暗示：那是柏拉图学说中最与众不同的特征，那也是乃师的学说，参《斐多》79c 和 82e。在柏拉图那里，身体不过是灵魂的 ὄργανον[器官,工具]，另参《泰阿泰德》184d，亦可比较《王制》469e，那里说在敌人的尸体上泄愤报复的人，形同猎犬。

47d4-5：ἐκεῖνο... ὃ...βέλτιον ἐγίγνετο...[那个东西……它……变得更好]，[E 注]苏格拉底以一种委婉迂回的方式指"灵魂"。个体身上某部分的存在可以被正义和不义损益，正如身体可以被好和坏的医学手段损益一样，让论证从职业转向价值，就更加合理了。如果苏格拉底是在复述克力同这位终生伙伴十分熟悉的论点（注意这里的 ἐγίγνετο[曾经变得]是过去时，表明以前不止一次讨论过），那么转弯抹角地提到灵魂，就会让克力同同意（47d7）。

[A 注]"我们过去常说，那个东西由正确来改善，因错误而失效"（Church），之所以用过去时，另参《王制》490a。按：另参 S 甲本的考证。

[B 注]"（如我们曾经同意的）那个东西由正确而变得更好，因错误而毁灭"（即"灵魂"）。这里的过去时像 46c8 和 47a13 一样，指以前的讨论。正如甚至克力同都可能很熟悉这个学说，柏拉图的意思就是要让我们明白，苏格拉底实际上在教导说，灵魂是善和恶的场所（seat），这在公元前五世纪算个新观念。毫无疑问，正是这种学说的新奇性，让他避免在这一段话中使用 ψυχή[灵魂]一词（另

参下文 e8）。在公元前四世纪，这个观点就相当普及了。

克：我也这么认为，苏格拉底。[Οἶμαι ἔγωγε, ὦ Σώκρατες.]

苏：那好。倘若我们由于不听从内行的意见，毁坏了这个靠健康而变得更好、因疾病而败坏的部分，那么，[47e]这个部分毁灭之后，我们的生命还值得一过吗？这个部分就是身体——不是吗？[Φέρε δή, ἐὰν τὸ ὑπὸ τοῦ ὑγιεινοῦ μὲν βέλτιον γιγνόμενον, ὑπὸ τοῦ νοσώδους δὲ διαφθειρόμενον διολέσωμεν πειθόμενοι μὴ τῇ τῶν ἐπαϊόντων δόξῃ, ἆρα βιωτὸν ἡμῖν ἐστιν διεφθαρμένου αὐτοῦ; ἔστι δέ που τοῦτο σῶμα· ἢ οὐχί;]

47d7：φέρε δή [那好]，[E 注]苏格拉底用这样的表达法来表明论证的层层递进，另参 47a12，以及 47c1 的 εἶεν[那好；按：50e1 处译作"还是的呀"]。[按]这里的 φέρε 是副词，等于 ωγε[好吧，来呀，且……]。如果把它理解为命令式，则可表示"你说"。

47d9：πειθόμενοι μὴ τῇ τῶν ἐπαϊόντων δόξῃ [不听从内行的意见]，[B 注]省略了 ἀλλὰ τῇ τῶν πολλῶν[而是听从了众人的意见]。否定词 μή[不]的位置意在暗示其对立面，比 τῇ τῶν μὴ ἐπαϊόντων[不懂行的人的意见]这样的说法而让句子有了不同的力量。S 甲注比较了色诺芬《回忆录》3.9.6。

[A 注]注意否定词 μή[不]的位置：柏拉图如此安排是为了表达 μὴ πειθόμενοι τῇ τῶν ἐπαϊόντων δόξῃ[不听从内行的意见]和 ἀλλὰ τῇ τῶν μὴ ἐπαϊόντων[而是听从不懂行的人的意见]的双重意义。比较《法义》671d。[E 注]柏拉图在这里希望强调"未能听从"专家的意见，其必然结果就是要懂得 ἀλλὰ τῇ τῶν πολλῶν[而是众人的意见]。[按]T 注本理解为"听从的不是聪明人的意见"。

47d9-e1：ἆρα βιωτὸν ἡμῖν ἐστιν διεφθαρμένου αὐτοῦ; [那么，那个部分毁灭之后，我们的生命还值得一过吗？][E 注]柏拉图笔下的苏格拉底在其他地方也用这种 ad hominem[以人为出发点]的论证。

严格说来，之所以说 ad hominem，是因为对苏格拉底来说，身体的伤害和疾病等等，与生活得好不匹配，假如说灵魂不受影响的话（如《申辩》30a8-b1）。但这里的论点与其他地方一样，是为了引起身体和灵魂价值上的比较（参下文 48a3），强调的是，诸如克力同这样的人会普遍地认为，如果身体患上了严重的疾病，比如不可救药的病，就让生活 ἀβίωτος[不值得过]（另参克力同 47e6 的回答），而如果"灵魂"遭到毁灭，似乎对值得一过的生活来说几无影响。[按]王太庆译作"在这个部分毁掉之后，我们还能活吗？"符合逻辑，但不符合苏格拉底对身体—灵魂关系的看法，βιωτός 有"值得过"的含义，也就是《申辩》中那句名言："一个未经省察的生活是不值得人过的生活。"（38a5-6，吴飞译文），另参《会饮》216a。

47e1：ἔστι δέ που τοῦτο σῶμα[这个部分就是身体]，[A 注] τοῦτο[这]当然就是谓词，很多学者错误地认为是 τοῦτο σῶμα[这个身体]，因为 σῶμα[身体]不带冠词的是一般而言的"身体"，即"质料"(matter)，而不是"这个身体"(the body)，另参《会饮》211a。

[B 注]BW 抄本作 τὸ σῶμα，但柏拉图总是在 ψυχή[灵魂]和 σῶμα[身体]前不加区别地使用或不用冠词。各个抄本在这一点上大相径庭。总体而言，在前面加的冠词更可能是篡入的，而不是错误省略了的。

克：当然是。[Ναί.]

苏：难道随着身体的糟糕甚至毁坏，我们的生活还值得一过吗？[Ἆρ' οὖν βιωτὸν ἡμῖν ἐστιν μετὰ μοχθηροῦ καὶ διεφθαρμένου σώματος;]

47e3：μετὰ μοχθηροῦ[随着糟糕]，[A 注]在柏拉图笔下，介词 μετά[一起，随后]比 σύν[一起]使用得远为频繁，这也是阿提卡希腊语的一般现象（色诺芬除外），σύν[一起]表明近得多的联系。μοχθηρός[糟糕]与 πονηρός[痛苦，糟糕]一样，原来指"受苦"（如此处），后来指"堕落"和"败坏"，另参《奥德赛》18.136-137。我们，而不是希腊人，才会因苦难而强大。

克：[e5]绝对不值得。[Οὐδαμῶς.]

47e5：Οὐδαμῶς[绝对不]，[A注]柏拉图认为宁愿死去，也强于遭受不可救药疾病的折磨，如《高尔吉亚》512a，这一段话在阐释和应用方面，都与眼前这段话相类似。整个主题的讨论见于《王制》405以下。柏拉图说，有那么多医生，说明一个城邦病得不轻，正如讼师过剩表明城邦的道德境况堪忧。理想城邦规定，医生只能动手治疗那些τοὺς μὲν εὐφυεῖς τὰ σώματα καὶ τὰς ψυχὰς[身体和灵魂方面天性都好的人]（而让那些天性不好的人死去）。据说，这就是对待病人最仁慈的方式，也是对城邦最好的事情。

苏：那么，随着那个部分的毁坏——不义可损毁之、正义则可帮助之，我们的生活还值得过吗？我们的那个部分，无论究竟叫做什么，[48a]既然关乎不义和正义，我们难道会认为那个东西比身体更低等吗？[Ἀλλὰ μετ' ἐκείνου ἄρ' ἡμῖν βιωτὸν διεφθαρμένου, ᾧ τὸ ἄδικον μὲν λωβᾶται, τὸ δὲ δίκαιον ὀνίνησιν; ἢ φαυλότερον ἡγούμεθα εἶναι τοῦ σώματος ἐκεῖνο, ὅτι ποτ' ἐστὶ τῶν ἡμετέρων, περὶ ὃ ἥ τε ἀδικία καὶ ἡ δικαιοσύνη ἐστίν;]

47e6：Ἀλλὰ μετ' ἐκείνου...[那么，随着那个部分……]，[B注]柏拉图在其他地方也把这个论点明确地归到苏格拉底头上，另参《高尔吉亚》512a2以下，亦见《王制》445a5。因为这个观点依赖于苏格拉底的灵魂学说，也就是需要ψυχῆς ἐπιμέλεια[照料灵魂]，我们可以很有把握地把它视为真是苏格拉底的学说。

47e7：ᾧ τὸ ἄδικον μὲν λωβᾶται...[不义可损毁之……]，[B注]"错误会伤害而正确则有益于它"。λωβᾶται[损毁]支配三格宾语，另参阿里斯托芬《骑士》行1408。正如关联词被理解为ὀνίνησιν[帮助]的宾语,按照规则也就省去了。[A 注]柏拉图在其他地方的 λωβᾶται[损毁]后面用四格作宾语,这里用三格是为了避免出现模糊性。

47e7-8: *ἡ φαυλότερον ἡγούμεθα...* [我们认为更低等……],[A 注]比较色诺芬《回忆录》4.3.14。苏格拉底从未倦于坚持灵魂的尊贵地位。[S 甲注]蒂迈欧正确地用 *εὐτελές*[低廉、卑贱]来解释 *φαῦλον*[低等、卑贱、琐碎],因为这里与下文的 *τιμιώτερον*[价值更高]相对。按:这里所说的蒂迈欧不是柏拉图笔下的人物,而是纪元后一位编纂了《柏拉图辞典》的希腊哲学家。

[S 乙注]"或者我们认为那个东西没有身体那么重要,不管那是一个属于我们的什么东西,正义和不义与它有关"?如果要享受身体健康带来的很多重要的福分,我们就应该遵从那个养生之道,也许就能获得那些福分;从其成功就可以推断指导者的能耐和技巧;那么,那种生活就值得过,其终结之处同样也让人向往,假如享受它的方法可以忽略不计,或者不信任并蔑视指导者的意见的话。所以,对于灵魂来说,惟一的"真理",检验正义和不正义,就应该根据他们与这个主要的对象(按指灵魂)的关系,来决定它们的效果。那么,是否有可能轻视身体上的孱弱,并毫不在意其明显的原因?或者说,灵魂是否仍然更微不足道,并且大众的声音要淹没这个全知真理庄严而清醒的指令?这个全知的真理驱散精神错误的阴霾,并且去除道德玷污的可能性。

47e8: *ὅτι ποτ' ἐστί* [无论叫做什么],[E 注]但为什么要在命名一个好坏损益的部分时"故意模棱两可"(伯奈特语)呢?可能是是因为一旦用了 *ψυχή*[灵魂]一词,就有可能把论证岔到形而上学的讨论上,而那显然与他们两人都进行着的紧迫实践问题无关。

47a1-2: *ἀδικία καὶ ἡ δικαιοσύνη*[不义和正义],[E 注]苏格拉底开始引入克力同在其劝告时(45a1, 45c6)所依靠的价值术语。[A 注]在《王制》609b 中,不义被说成是灵魂的疾病。按:这里的"正义"是抽象名词。

克：绝非更低。[Οὐδαμῶς.]

苏：而是更值得尊重？[Ἀλλὰ τιμιώτερον;]

48a3：τιμιώτερον[更值得尊重]，[E注]苏格拉底在这里并没有论证"为什么"正义与不义所关涉的那个部分比身体"价值更高"。他只是草草讨论了克力同可能非常熟悉的立场（无论在文本中有多么不可能，参下文 48a10），在柏拉图笔下的苏格拉底对话其他地方也找得到，如，《高尔吉亚》464a 以下讨论得很广泛。

克：远远更值得尊重。[Πολύ γε.]

九、高贵与正义（48a5-49a3）

节解：[E注] 真正值得注意的不是活着，而是活得好，也就是活得荣耀和正义。因而，是否要逃跑的唯一考虑标准就是正义，其余如金钱、名声和育儿等普通大众关注的问题，既然都不是来自理性的推理，都不值一提。[按]为了正义，也就是为了美好生活，哪怕以生命为代价，也在所不惜。逃跑与否必须与正义一致，无罪释放才是苏格拉底心中秘密的底线。

苏：[a5]那么，我的好人呐，我们千万不能如此在意众人对我们说的什么，而要考虑那个精通正义和不义的人的说法，也就是听从那一个人和真理本身。所以，你在这方面的提议一开始就不正确，说什么我们必须考虑众人关于正义、高贵、[a10]善及其对立面的意见。"不过啊，"有人会说，"大众的确有能力处死我们。" [Οὐκ ἄρα, ὦ βέλτιστε, πάνυ ἡμῖν οὕτω φροντιστέον τί ἐροῦσιν οἱ πολλοὶ ἡμᾶς, ἀλλ' ὅτι ὁ ἐπαΐων περὶ τῶν δικαίων καὶ ἀδίκων, ὁ εἷς καὶ αὐτὴ ἡ ἀλήθεια. ὥστε πρῶτον μὲν ταύτῃ οὐκ ὀρθῶς εἰσηγῇ, εἰσηγούμενος τῆς τῶν πολλῶν δόξης δεῖν ἡμᾶς φροντίζειν περὶ τῶν δικαίων καὶ καλῶν καὶ ἀγαθῶν καὶ τῶν ἐναντίων. "Ἀλλὰ μὲν δή," φαίη γ' ἄν τις, "οἷοί τέ εἰσιν ἡμᾶς οἱ πολλοὶ ἀποκτεινύναι."]

48a7：αὐτὴ ἡ ἀλήθεια[真理本身]，[D注]真理就是 ὁ ἐπαΐων[内行]嘴里说出来的东西，或者表现为严格而耐心研究的结果。下文引入的"法律"就是这些事情上的最高权威。

48a8：οὐκ ὀρθῶς εἰσηγῇ[你的提议不正确]，[S甲注]εἰσηγῇ 说的是"那些提出并极力主张任何法律或条款的人"，因此也指"那些在任何事情上都是指导者的人"。

[B注]动词 εἰσηγεῖσθαι 一般用来指提出正式建议或推荐提议的人。另参《会饮》176e6 以下，《拉凯斯》179e1 以下，《法义》684e1以下。[A注] εἰσηγεῖσθαι（auctor esse[提议者]）这个词的意思是正式地引入一个主题或建议。另参修昔底德《战争史》4.76.2。也许柏拉图选用这个词就是要表明，克力同似乎就是那个 εἰσῆγε δίκην κατὰ τῶν νόμων[提议根据法律进行审判的人]——下文的"法律"就是为他们辩护的。[按]直译为"你没有正确地提议"。"提议"亦可译作"指引"或"指点"。

[E注]这个结论来自苏格拉底前面阐述过的立场（尽管在这里还没有论证）：如果正义和不义方面的专家，而非一般大众，有力量影响我们另一个"价值更高"的部分，无论好歹，那么，在这些问题上我们应该关注专家而不是"众人"的信念，因为那才会是真理。

48a10-11：Ἀλλὰ μὲν δή[不过啊]，[B注]苏格拉底现在转向了克力同的第二点（另参上文 44d），ἡ τῶν πολλῶν δύναμις[大众的能力]。我们已经懂得，仅仅听从聪明人的意见这个原则（见下文 48b3）仍然有效。现在，既然看到了大众能够处死我们，那么，我们必须考虑我们另外一个原则是否也有效，即，我们应该看重的不是仅仅活着，而是美好生活。[A注] μὲν δή，等于"就那件事而论"，"关于那一点"，另参《高尔吉亚》471a，492e，《王制》406a，409b。

[E 注] 转折语，指"但尽管如此"（Tarrant 语）。苏格拉底再次引入克力同此前的第二个论点（44d1-5），把它作为一个假设性的反对意见，表明只有专家才有资格值得我们注意。身体强制的力量必须根据专家的力量来权衡，以及苏格拉底的反对论证，即这种显而易见的力量乃是虚幻不实的，在《高尔吉亚》466b 以下与波鲁斯的对话中充分展示了与此相反的看法。如同上文一样，在《克力同》此处，苏格拉底和克力同看起来都只是在肯定双方此前未曾明言的对话中都同意的论证结论。

克：[48b]这显而易见，有人会这样说，苏格拉底。你说得在理。[Δῆλα δὴ καὶ ταῦτα· φαίη γὰρ ἄν, ὦ Σώκρατες. ἀληθῆ λέγεις.]

48b1：Δῆλα δὴ καὶ ταῦτα[这显而易见]，[A 注] "当然，那也很明显，是的，苏格拉底，他会这样说"。如果文本无误，我认为 δῆλα δὴ καὶ ταῦτα[这显而易见]是离题话，对苏格拉底问题的回答包含在 φαίη γὰρ ἄν[有人会这样说]中。克力同（目前还未被苏格拉底的推理所折服）第一次宣布，众人的力量能够置人于死地，这与必须尊重众人对那一个人的看法，同样明显，然后，他就同意了苏格拉底的说法。

[B 注]编者们按不同的方式把这几句话分派给苏格拉底和克力同，而 Schanz 就把 φαίη γὰρ ἄν[有人会这样说]括起来了。也许，那些意见可能是 δῆλα δὴ καὶ ταῦτα[这显而易见]古老的各种读法，但对我来说，这种三重回答毋宁暗示着克力同急于想抓住任何救命稻草。

48b2：ἀληθῆ λέγεις[你说得在理]，[S 甲注]（按：Stallbaum 认为这句话是苏格拉底而非克力同说的）苏格拉底说了那句话之后，有人会主张说，需要考虑庸众的意见，因为他们的力量如此之大，可以让他们随心所欲地剥夺任何人的性命；克力同急急忙忙回答说，这是显而易见的，因为很可能出现那样的情况，有人会提出反对意见。苏格拉底对此回答：ἀληθῆ λέγεις[你说得在理]，也就是说，你说这很显然，当然非常正确，但——；苏格拉底继续展示这种反对意见其实毫无根据。

[E 注]苏格拉底所说的 ἀληθῆ λέγεις [你说得在理]，指的就是克力同所说的 καὶ ταῦτα [这，也……]，即苏格拉底刚才所说的，在苏格拉底先前应以专家为主的论点之外的话。不清楚克力同这里所同意的究竟指什么：克力同是否仅仅毫无争议地"同意"苏格拉底的说法，即，"很显然"公共意见"会说那一点"，还是说这意味着我们察觉出对实际表述的立场给予某种"支撑"，即，"很显然"这个反对意见（即大众的确拥有力量）有分量（应该与他前面 44d1 反对苏格拉底的话相一致），他把这一点与苏格拉底此前的立场联系起来（48a5-10），"很显然"乃是因为没有认识到这两种立场暗中针锋相对？

这些词语含义上明显的模棱两可，还混合着进一步的不确定性：该把这两个词归到谁名下。Burnet 把它理解为是克力同所说，认为克力同是在支持实际存在的态度（大众的确有力量），他显然认为克力同是在肯定苏格拉底刚才说的话乃是实质上的真理，而不管克力同和苏格拉底刚才明显同意的那种矛盾。牛津第二版（OCT^2）与 Adam 都把这两个词归到下一句，算成苏格拉底说的，这至少就避免了克力同究竟是否注意到他们之间看法上的一致性这种模棱两可。……不可能最终解决这个纠纷。

[按]除了 Burnet 和 Allen 两个本子之外，包括严群和王太庆在内的几乎所有本子都把 ἀληθῆ λέγεις [你说得在理]一句归为苏格拉底所说，S 甲注和 E 注有较详细的分析，因无关宏旨，故未一一译出。

苏：但是，可敬的朋友啊，我倒认为我们已经详细讨论过的那个观点，仍然跟以前相同：你且来[b5]考察这一点，我们是不是仍然认为，[必须做的]最重要的事情不是生活，而是美好生活。[Ἀλλ', ὦ θαυμάσιε, οὗτός τε ὁ λόγος ὃν διεληλύθα μεν ἔμοιγε δοκεῖ ἔτι ὅμοιος εἶναι καὶ πρότερον· καὶ τόνδε δὲ αὖ σκόπει εἰ ἔτι μένει ἡμῖν ἢ οὔ, ὅτι οὐ τὸ ζῆν περὶ πλείστου ποιητέον ἀλλὰ τὸ εὖ ζῆν.]

48b3-4：Ἀλλ᾽...ὅμοιος εἶναι καὶ πρότερον [但是……跟以前相同]，[S 甲注]意思是说，"我们所说的，不要敬重和听从人们的所有意见，而只有那些值得拥有智慧之名的人的意见才值得敬重和听从，这话仍是确定不移的，也没有被任何论证所动摇"。对于苏格拉底所认可的，也就是他在进入讨论之前所说的，即便处在他现下的境况中，他也要尊重那些人的意见，应该受同样原则的引导，这个原则在他今生今世一直在激励着他，他现在要结束讨论时寥寥数语再次复述和确认了那个原则。因此，ὁ λόγος ὃν διεληλύθα[详细讨论过的那个观点]指的是对庸众意见的看法（[B 注]指 47a2 以下），他说，那个观点 ἔτι ὅμοιος εἶναι καὶ πρότερον [仍然跟以前相同]，也就是说，与他以前在没有被指控和判刑之前，跟朋友们讨论这个问题时所表达的看法没有什么不同。因为，毫无疑问的是，ὁ καὶ πρότερον λεχθεὶς λόγος[以前所说的观点]指的他此前跟朋友们就同一个话题所做的讨论。既然是这种情况，就很容易知道该如何理解 καὶ τόνδε δὲ αὖ σκόπει εἰ ἔτι μένει ἡμῖν[你且来考察这一点，我们是不是仍然认为]这些话。因为苏格拉底既然打算谈起要敬重对生活的热爱，以及维系生活的愿望，他渴望让克力同去考虑，他们以前在这个问题上的意见是否仍然应该视为正确和真切的。

[S 乙注]"那个观点云云"，指苏格拉底刚才总结的那个关于众人意见的观点；他丝毫不看重这种意见，也不认为大众就因手握生死大权而更能够胜任法官之职。尤其还因为众人丝毫没有能力引导生活，而这不可能靠其本身而可欲求的，毋宁应该被视为包含了纯洁而高尚情操令人愉快的发展，那种情操总是与外界的影响无涉，而且能使所有人在大多数情况下都能接受那些不大让人欢迎的东西，并且让人能够坦然接受众人毫不手软的迫害，而那种情操的卓

越之处从来都来自强大而粗野的恶。

[T 注]"那个观点"与下文 *καὶ τόνδε δὲ αὖ σκόπει* [你且来考察这一点]相关。苏格拉底对于大众有能力处死他这个问题，做了一个双重的回答：首先，他并不否认我们已经讨论过的观点，也不认为它并不重要，更不会在他的生命受到威胁时认为它跟以前有什么不同；其次，苏格拉底说，"即便我们承认了这个说法，也要考虑是不是要遵守，我们千万不能仅仅把活着视为最高价值，而是要最重视活得好"。

48b5-6：*οὐ τὸ ζῆν περὶ πλείστου ποιητέον ἀλλὰ τὸ εὖ ζῆν* [最重要的事情不是生活，而是美好生活]，[A 注]苏格拉底在被审判时，也持这个观点。[B 注]最精妙的表述见《高尔吉亚》512d8 以下：*μὴ γὰρ τοῦτο μέν, τὸ ζῆν ὁποσονδὴ χρόνον, τόν γε ὡς ἀληθῶς ἄνδρα ἐατέον ἐστὶν καὶ οὐ φιλοψυχητέον, ἀλλὰ ἐπιτρέψαντα περὶ τούτων τῷ θεῷ καὶ πιστεύσαντα ταῖς γυναιξὶν ὅτι τὴν εἱμαρμένην οὐδ' ἂν εἷς ἐκφύγοι, τὸ ἐπὶ τούτῳ σκεπτέον τίν' ἂν τρόπον τοῦτον ὃν μέλλοι χρόνον βιῶναι ὡς ἄριστα βιοίη.* [并非如此，至少像真男儿，就不应该允许活得时间太长，就不应该热爱生活，相反，应该把关于这些东西的东西托付给神，还应该相信女巫们，无人可以逃脱自己的命运，应该考察继此而来的东西，可能会以何种方式，一个打算生活一阵子的人，生活得最好。]（李致远译文）[按]直译应作："必须做的最重要的事情不是生活，而是美好生活。"王太庆译作"我们应该认为最重要的不是活着，而是活得好"。关于"美好生活"，另参亚里士多德《政治学》1280a31-34 中同样的看法（另参 1252b30）。

克：当然还这么认为。[*Ἀλλὰ μένει.*]

48b7：*Ἀλλὰ μένει* [当然还这么认为]，[E 注] 这里的 *ἀλλὰ* 表示强烈的赞同，"但是当然"。可以想像，克力同的强烈赞同是因为"生活得好"对所有人来说，都是不言自明的渴求目标。但克力同真的理解了苏格拉底这个说法的意思吗？

苏：美好生活本身就是高贵和正义的生活，是不是还这么认为？
[Τὸ δὲ εὖ καὶ καλῶς καὶ δικαίως ὅτι ταὐτόν ἐστιν, μένει ἢ οὐ μένει;]

48b8：καὶ δικαίως [正义地]，[B 注]"而且正确地"。这让我们有理由继续追问，究竟苏格拉底逃跑还是不跑才是"正确的"（δίκαιον）。如果不正确，就与 τὸ εὖ ζῆν [美好生活]不一致。不要无意地说苏格拉底错误地利用了 εὖ ζῆν [活得好，美好生活]和 εὖ πράττειν [干得好]的模糊性，苏格拉底的说法仅仅在于，根本就不存在什么模糊性，因为这两种含义是同一的。

48b7-8，[E 注]克力同同意把"生活得好"等同于"高贵而正义地"生活，就完成了苏格拉底论证中的最后的联系：

1. 如同体育锻炼和饮食方面有专家一样，善与恶方面也有专家。善恶方面的专家关注的是我们身上比身体更珍贵的部分。因此，正如在身体方面听从了专家的建议就会有利于身体，而如果听从了大众（也包括无知者）的建议就会毁了身体一样，遵守或不遵守这个更珍贵部分专家关于善（就是高贵和正义）与恶的建议，其结果同样会有所损益。

2. 生命中最重要的事情是活得好。

3. 活得好等于活得高贵和正义。

4. 结论：（据专家之见）无论什么正义和高贵的，都应该做，因为（从上文第 1 点和第 2 点）这会引向生活得好，而这就是人最重要的目标。

克：[b10]还这么认为。[Μένει.]

苏：从已经同意的道理，我们必须考察这一点，我试图从这里出去，而[48c]雅典人并没有无罪释放我，这究竟是正义的，还是不正义的；如果看起来是正义的，我们不妨一试；而如果不正义，咱们就算了吧。[Οὐκοῦν ἐκ τῶν ὁμολογουμένων τοῦτο σκεπτέον, πότερον δίκαιον ἐμὲ ἐνθένδε πειρᾶσθαι ἐξιέναι μὴ ἀφιέντων Ἀθηναίων ἢ οὐ δίκαιον· καὶ ἐὰν μὲν φαίνηται δίκαιον, πειρώμεθα, εἰ δὲ μή, ἐῶμεν.]

48b11：ἐκ τῶν ὁμολογουμένων [从我们已经同意的]，[B 注]"作为你现在所承认的道理的结果"，即，(1) 生活得好更有价值，而不是仅仅活着，(2) 生活得好的意思就是生活得正确。[E 注]指 48b4-9 所承认的两点，即上文所说的第 2 点和第 3 点。注意，克力同已经"承认"这两点，这至关重要。苏格拉底方法的这种常规面貌，即在论证上步步为营，得到了双方的同意，结果苏格拉底的对话伙伴最终被真理本身强迫承认双方所达到的立场，该方法在这里也同样适用，尽管苏格拉底和克力同在这里只是简要复述了"以前"论证的结论。[T 注]"普遍同意的事情"，与 τῶν ὡμολογημένων [在这场讨论中同意的事情]不一样。

48b11-c1：μὴ ἀφιέντων Ἀθηναίων [雅典人并没有无罪释放]，[S 甲注]意思是"雅典人不允许我免于惩罚"（ut me poena absolvant）。该词的用法与欧里庇得斯《美狄亚》行 374 相同。[A 注]这里的 δίκαιον [正义]指"正确"。参上文 45c 的注释。克力同曾在 45c5-6，即 Ἔτι δέ...οὐδὲ δίκαιόν μοι δοκεῖς ἐπιχειρεῖν πρᾶγμα [再说……我认为你打算要做的事情乃是不正义的]，以同样的理由讨论过这个问题。

[E 注]这里的"雅典人"代表的是城邦的正式民主政府，操控着司法机构，在这里就是指大众陪审团。这是苏格拉底第一次提到其观点的一个主要方面——"正义"是否与未得官方释放而逃跑相一致。

[按]直译为"没有得到雅典人的释放"。ἀφιέντων，本意为"抛投"、"派遣"、"释放"、"宣告无罪"。一般译本都译作"释放"（如严群；王太庆译作"同意释放"）。这里根据最后一种意思译出，也足可表明苏格拉底并不认为自己有罪，与他在法庭审判时的辩护意见相一致，Gr 本作 when the Athenians have not acquitted me [雅典人

并没有宣布我无罪]。

至于你所说的那些关于耗费钱财、意见名声和养育孩子等方面的考虑，真正说来，克力同啊，恐怕都是那些大众的想法，他们草菅[c5]人命，也起死回生，只要他们能够办到的话，毫无理智可言。[ἃς δὲ σὺ λέγεις τὰς σκέψεις περί τε ἀναλώσεως χρημάτων καὶ δόξης καὶ παίδων τροφῆς, μὴ ὡς ἀληθῶς ταῦτα, ὦ Κρίτων, σκέμματα ᾖ τῶν ῥᾳδίως ἀποκτεινύντων καὶ ἀναβιωσκομένων γ' ἄν, εἰ οἷοί τ' ἦσαν, οὐδενὶ ξὺν νῷ, τούτων τῶν πολλῶν.]

48c2: ἃς δὲ σὺ λέγεις τὰς σκέψεις [至于你所说的那些考虑], [A注]这是从句，放在先行词前面，是为了强调 σ□[你], 意为"至于你提到的那些考虑"。另参《斐多》88d2, 《普罗塔戈拉》342b2, 《王制》402b9。

48c3: ἀναλώσεως χρημάτων... [耗费钱财……], [S 甲注]意思是说，"你和其他人应该花钱，把我从监狱捞出去"。δόξης [意见名声] 指"免得你应该被人说成没有对你的朋友尽到义务"。παίδων τροφῆς [养育孩子] 指"我应该把自己的儿子们抚养成人并教育他们"。

48c4: μὴ ... ᾖ [恐怕……是], [B 注] "我怀疑这些是……"。我们在这里很短的篇幅中就碰到了三次 μὴ [恐怕] 在虚拟式中"推测假定的用法"，另参《申辩》39a6：柏拉图笔下常有此用法（共35次），但在其他作者那里却几乎找不到（惟一的例外是希罗多德《历史》5.79）。毫无疑问，这是口头用法。

48c4: ταῦτα [这些], [E 注] 该词是 ᾖ [是] 的主语，指的是 σκέψεις [考虑], 与 σκέμματα [想法] 一起作谓语。必须把这个词理解为是在表达恐惧或领会。这几行可译为："关于你那些花钱、名声和养育孩子的考虑，恐怕这些实际上是……的看法。"

[A注]它的先行词不是 σκέψεις [考虑], 而是 ἀναλώσεως χρημάτων καὶ δόξης καὶ παίδων τροφῆς [耗费钱财、意见名声和养育孩子]。

48c4: σκέμματα [想法]，[S 甲注]"原因、考虑、原则"(Rationes, Gedanken, Gruende)，前面叫做 σκέψεις [考虑]（另参 S 乙注）。

48c4-5：τῶν ῥᾳδίως ἀποκτεινύντων καὶ ἀναβιωσκομένων [草菅人命，也起死回生]，[按]直译为"轻易地处死和让人复活"。王太庆译作"可以轻易地置人于死地，也可以随随便便地使人复活"。[S 甲注]也就是用投票的方式。动词 ἀναβιώσκεσθαι，意思是"使苏醒，恢复生活，为了你的利益，如果你能从中受益的话"，另参《斐多》89b。[A 注]另参《高尔吉亚》521c。我们当然没有理由把这里所说看做是指雅典人在苏格拉底死后所谓的懊悔：雅典人悔恨之说乃是后起且不可信的，参格罗特《希腊史》卷八页 302。关于结论句中 ἄν 带分词的用法，另参《法义》781a。ἀναβιώσκεσθαι 一词常常指"苏醒过来"，其原因方面的含义，参《斐多》89b。

[B 注]指"是的，他们也能够（同样轻易地）让人活命，如果他们能够的话"。动词 ἀναβιώσκεσθαι 既可以指"苏醒过来"，也可以指"让人活命"(bring to life again)；但用于前一个意思时，其不定过去时为 ἀναβιῶναι，用于后一个意思时，是 ἀναβιώσασθαι。

[E 注]另参上文苏格拉底在 44d6-10 对大众行为的评价，大众尽管无知，却会做"任何碰巧做"的事情。这里很可能转弯抹角提到了伯罗奔半岛战争中最近的一些历史事件，雅典国民大会在战争中判处了一场死刑——即在 Arginusae 战役（前 406 年）后不合法地审判了雅典的将军——后改变了想法，或者可能指在关于是否应该对米提勒涅（Mitilene）居民由于其公然背叛雅典而处以酷刑的问题争论上改变了想法（修昔底德《战争史》3.36 以下）。这些事件也许被柏拉图笔下的苏格拉底毫不同情地说成是那些人"草菅人命和起死回生，如果他们能够……"。

48c6：οὐδενὶ ξὺν νῷ [毫无理智]，[A 注]Wohlrab 比较了阿里斯托芬《云》行 580。柏拉图有时在这样的副词短语中用 ξύν [具有]，如《王制》492b，其他情况下则多是宗教性的用法，如《法义》682a，或者两者的联系十分紧密，如《法义》678c，《高尔吉亚》513a。

按：Burnet 认为这里的 ξύν[具有]在柏拉图时代已经过时，应该用 σύν。

而我们，既然道理已证明如此，除了我们刚才所说的那一点外，根本就不应该另作他想，即，如果在那些[48d]打算把我从这里捞出去的人身上花钱并且还对他们感恩戴德，那么，不管救人的还是被救的，我们这样做正义吗，抑或我们所做的这一切真正说来都将是在行不义——[ἡμῖν δ', ἐπειδὴ ὁ λόγος οὕτως αἱρεῖ, μὴ οὐδὲν ἄλλο σκεπτέον ᾖ ἢ ὅπερ νυνδὴ ἐλέγομεν, πότερον δίκαια πράξομεν καὶ χρήματα τελοῦντες τούτοις τοῖς ἐμὲ ἐνθένδε ἐξάξουσιν καὶ χάριτας, καὶ αὐτοὶ ἐξάγοντές τε καὶ ἐξαγόμενοι, ἢ τῇ ἀληθείᾳ ἀδικήσομεν πάντα ταῦτα ποιοῦντες.]

48c6-7：ὁ λόγος οὕτως αἱρεῖ [道理证明如此]，[S 甲注]Quandoquidem ratio ita suadet[既然推理结果表明了这一点].[T 注]"论证说明了这一点"（the augurment so establishes the point）。αἱρεῖ 的用法，来自游戏中表达胜利，或在司法审判中表示定罪（conviction）。[B 注]ratio evincit[道理已说明了]，字面意思是"这场推理证明了"。αἱρεῖν 用作"证明"之意，另参《泰阿泰德》179c4。该短语中的本来意思是"推理"、"计算"，可清楚地见于埃斯基涅斯（3§59），亦参德墨斯忒涅斯的回应（18§227）；另参希罗多德《原史》2.33 和 3.45、6.124、1.132、7.41、4.127（意思多为"适合"）。柏拉图笔下的用法，参《王制》440b5、604c7、607b3、《帕默尼德》141d6，《菲莱布》35d6 和《法义》663d6。

48c8：χρήματα τελοῦντες [花钱]，[S 乙注]需要注意的是，τελεῖν[终结，花费]的恰当用法是只用于 χρήματα[钱财]；常见的用法是 χάριν ἔχειν 和 χάριν εἰδέναι 或 χάριν προσειδέναι，也可用 χάριν ἀποδιδόναι 和 χάριν ἐκτίνειν，但不能用 χάριν τελεῖν。文本中完整的应该是 χρήματα τελοῦντες...καὶ χάριτας προσειδότες；另参《苏格拉底的申辩》20a2。但是，希腊作家却常常把同一个动词用在不同的名词上，它

本来只应该用在其中一个名词之上，但同时其含义有所拓展，包含了严格说来只适用于其他名词的那些动词的意味。这种做法起源于希伯来人，他们传给了希腊人，也传给了拉丁民族。

48d1：χάριτας［感恩戴德］，［A 注］这里用复数而不是单数，不仅因为苏格拉底既是在说自己，也在说克力同，还因为复数能够更整洁地与同为复数的 χρήματα［钱财］相平衡。基本上不需要在 τελοῦντες［终结，花费］后面加 εἰδότες［知道，懂得］，因为 τελεῖν χάριν (χάριτας) 意思是"还人情债"（pay a debt of gratitude）。

48d1-2：αὐτοὶ ἐξάγοντές τε καὶ ἐξαγόμενοι［不管我们自救出狱还是被人救出］，［B 注］即 σύ τε ἐξάγων καὶ ἐγὼ ἐξαγόμενος［你领出去，我也被弄出去］，两个分词共同修饰两个对象，而不是分别修饰。［A 注］更符合逻辑，而不那么符合语法。［D 注］καὶ αὐτοί 指"我们自己也……"，包括克力同和苏格拉底在内。在这件事情中，克力同不仅要负责花钱（χρήματα τελοῦντες），还要负责煽动苏格拉底越狱，或毋宁说要负责劝说苏格拉底同意实施为他做的各种事情。严格说来，克力同是 ἐξάγων［领出去的人］，而苏格拉底则是 ὁ ἐξαγόμενος［被领出去的人］。按：此说与 B 注稍异。

［E 注］也就是说，苏格拉底的朋友们 ἐξάγοντές［领出去］，苏格拉底自己则是 ἐξαγόμενοι(ος)［被领出去的人（们）］（在苏格拉底身上用复数分词虽不严谨，但主语 αὐτοί 是复数）。两组人士，救人的和被救的，做得正确吗？［按］两个分词同一个意思，一个是主动态，一个是被动态，汉语表达颇为吃力。王太庆译作"以及自己把自己放跑和接受别人释放之类"，意到而冗繁。Gr 本合并意译作 and ourselves helping with the escape［我们自己也帮忙逃跑］（按：即所谓里应外合），T 本注曰：ourselves both in leading out of prison, and in being led out。

如果我们劳神费力做的那些看起来不正义，恐怕就不应当计较如果坚持不动[d5]静静等待是否必定送命，也不应当计较要遭受的其他任何苦难，毋宁是要先考虑是否行了不义的问题。[κἂν φαινώμεϑα ἄδικα αὐτὰ ἐργαζόμενοι, μὴ οὐ δέῃ ὑπολογίζεσϑαι οὔτ' εἰ ἀποϑνῄσκειν δεῖ παραμένοντας καὶ ἡσυχίαν ἄγοντας, οὔτε ἄλλο ὁτιοῦν πάσχειν πρὸ τοῦ ἀδικεῖν.]

48d3：κἂν φαινώμεϑα ἄδικα...[如果看起来不正义……]，[S 乙注]即，"如果我们这样看起来是不义地行事，就要注意我们不会考虑因我们还呆在这里毫无动静而导致的死亡，也不要考虑任何其他什么苦难，不要偏重于行为的不义（也就是说，如果应该实现逃亡计划的话）"。

48d3-6：μὴ οὐ δέῃ ὑπολογίζεσϑαι ... πρὸ τοῦ ἀδικεῖν [恐怕就不应当计较……毋宁是要先考虑是否行了不义的问题]，[S 甲注]其含义是："去考虑死亡或其他灾难是否会因我们呆在这里而致，这是否有些不恰当，而此前我们考虑的却是我们是否应该做正确的事情。"

[T 注]"我们千万不能考虑这样的问题，即，如果我们呆在监狱中保持安静，我们是否必然会死，也不要考虑我们必定会遭受其他任何事情，无论有多可怕，而是要考虑行不义的问题"，也就是说，我们根本就不必考虑"后果"，而只考虑正确还是错误的问题。在 μὴ οὐ 之前，省略了一个表示"看"或"恐怕"的动词，其含义是，我恐怕，我们千万"不能"考虑。

[A 注]意思是"从我们现在正在干的事情的对立面进行反思，或者反思什么才是应该追求的"，另参《申辩》28b。在 28d 中有同样的情绪和同样的表达模式：δεῖ...μένοντα κινδυνεύειν, μηδὲν ὑπολογιζόμενον μήτε ϑάνατον μήτε ἄλλο μηδὲν πρὸ τοῦ αἰσχροῦ [都应该在危险中坚守，不把死亡或别的什么看的比耻辱还重]（吴飞译文）。[E 注]苏格拉底在《申辩》28d 中是要为自己拒绝放弃哲学生活而辩护，这样的情绪在《克力同》中同样可以被自然而然地理解为苏格拉底在为自己的哲学"使命"进行辩护，当然，结果却是错误的。

48d4：παραμένοντας [坚持不动]，[S 甲注]其含义是"保持拘禁状态，不要逃跑"，主要用于忠仆身上，曰 *παραμόνοι*[坚定的人]，其对立面是 *οἱ ἀποδιδράσκοντας*，即"逃奴"，另参色诺芬《齐家》3.4。

[B 注]与 *ἀποδιδράσκοντας*[逃跑]相对，尤其用在士兵和奴隶（另参 *Παρμένων* 这个名字）以及犯人（如此处）身上。

[A 注]该词与 *μένοντας*[等待]的区别，有如"呆在这儿"不同于"坚持不动"（standing fast）或"坚守立场"（holding our ground）。

48d5：*πρὸ τοῦ ἀδικεῖν* [毋宁先（考虑）行不义（的问题）]，[B 注]"与不义相比"，另参下文 54b4。[按]虽然只有三个单词，因很多词汇承前省略，含义颇为复杂。如果把 *πρὸ τοῦ*[此前]视为一个短语，则可翻译为："在此之前必须考虑是否行了不义的问题。"

克：我觉得你说得好极了，苏格拉底，你看我们应该干什么。
[*Καλῶς μέν μοι δοκεῖς λέγειν, ὦ Σώκρατες, ὅρα δὲ τί δρῶμεν.*]

48d6-7，[A 注]这是行动而非磨嘴皮子的时间了，另参上文 46a。*δρῶμεν*[我们干]起着深思熟虑的连接作用。[E 注]克力同再一次不加反对地——实际上还热情洋溢地——支持了一个让自己关于金钱、名声和育儿等主要观点付之东流的结论。此外，克力同还颇有代表性地认为，苏格拉底的研究现在结束了；还认为现在纯粹是做决定的时间。苏格拉底接下来的话（"考察"）马上就反驳了这一点，也许用 *ὦ ἀγαθέ*[我的好人呐]还对克力同天真而急匆匆的性格稍有反讽之意。

苏：我的好人呐，我们就来共同考察，而且在我说话的时候，如果你有什么反对[48e]意见，就请反驳，我会听你的；但如果没有，好福气的人哟，那现在就请停止向我翻来覆去地说那句同样的话，居然应该在雅典人不情愿的情况下让我从这里离开云云——尽管我认为以前劝你这样做很重要，但[e5]绝不勉强。[*Σκοπῶμεν, ὦ ἀγαθέ, κοινῇ, καὶ εἴ πῃ ἔχεις ἀντιλέγειν ἐμοῦ λέγοντος, ἀντίλεγε καί σοι πείσομαι· εἰ δὲ μή, παῦσαι ἤδη, ὦ μακάριε, πολλάκις μοι λέγων τὸν αὐτὸν λόγον, ὡς χρὴ* ἐνθένδε ἀκόντων Ἀθηναίων ἐμὲ ἀπιέναι· ὡς ἐγὼ περὶ πολλοῦ ποιοῦμαι πείσας σε ταῦτα πράττειν, ἀλλὰ μὴ ἄκοντος.]

48e2: παῦσαι [停止]，[A 注]阿提卡地区表示"停！"的词汇是 παῦσαι 或 παῦε（而不是 παύου，尽管在荷马笔下可见 παύεο）。在优秀作家笔下，παῦε 是惟一用作不及物动词的形式，其复数是 παύεσθαι 和 παύσασθε。

48e3-5: ὡς ἐγὼ περὶ πολλοῦ ...ἀλλὰ μὴ ἄκοντος [尽管我认为很重要……但绝不勉强]，[S 甲注]人们曾做出各种各样的努力来解释这一句话，但似乎没有哪种解释完全让人满意。争论的焦点是苏格拉底和克力同是不是不定式 πεῖσαι [听从]的主语（按：牛津版作 πείσας）。如果我们把苏格拉底当做主语，ταῦτα πράττειν [这样做]就必定指 παύεσθαι λέγοντα πολλάκις τὸν αὐτὸν λόγον [停止多次说那个同样的话]，那么，在 ἄκοντος [勉强，不情愿]后面就必须加上 σοῦ [你]。意思就变成了："我非常渴望劝说你（克力同）不要再三再四地重复同样的东西，假如这样做不违背你的意愿的话。"但尽管这种解释为 Buttmann 和 Wernsdorf 所赞赏，但我却不敢苟同。因为，没有任何例子表明 πράττειν [做]有这样的用法，除此之外，似乎也与苏格拉底性格不一致，他希望能够在如此紧迫的问题上把自己的意见强加给克力同。——如果把"克力同"看成主语，我们就必须把 μοῦ [我]与 ἄκοντος [勉强]放到一起来理解，其含义就会是："我把你再三再四试图劝我这样做（即逃跑）视为一种好意，仅当这样做不违拂我的意愿时。"如果仔细思量，这就意味着"我的确高度评价你的慷慨友谊，使得你不断地敦促我接受这个主意（因为不定过去时表明了'不断'）；但不要丝毫不考虑我自己的意愿和意见，因为我习惯于不受外界事物的动因的影响，而只受真理和德性考量的影响"。这种阐释可由上文而确认。因此，πράττειν [做]就是在其恰当的含义上使用的。苏格拉底强调说克力同是在试图劝说他"这样做"，即，想方设法逃跑。

[S 乙注]评注者们各自按照自己的观点来补订和解释文本。苏格拉底对其忠诚朋友的善意努力给予了应有的重要评价，但他不能容忍自己违背自己的意愿，即 ἀλλὰ μή[μοῦ] ἄκοντος，这种意愿根本不可能被克力同的论证所推翻，他请求克力同放弃徒劳的努力。斐奇诺完全偏离了这一段话的意思和精神。另参修昔底德《战争史》7.48。

[A 注] 抄本上作 πεισαί σε ταῦτα πράττειν, ἀλλὰ μὴ ἄκοντος，这不可能是正确的，因为除了 ἀλλὰ μὴ ἄκοντος 说不通外，ταῦτα πράττειν[这样做]只能意味着"让我呆在这里并且死去"，这是不可能的含义，因为它让 ταῦτα[这]没有先行词，而且苏格拉底还明确地说没有打定主意，只是希望服从 ὅπῃ ἂν ὁ λόγος ἄγῃ[推理的指引]。我接受 Meiser 的做法，把 ἀλλὰ μὴ ἄκοντος[但不会勉强]和 ταῦτα πράττειν[这样做]的位置对调。ταῦτα πράττειν(="做我所做的","就这样做")依赖于 περὶ πολλοῦ ποιοῦμαι[认为很重要]，与 πεισαί 并列而非从属它，后者是绝对性的用法。译为："因为我觉得重要的是说服你，而不是在没有得到你同意的前提下就这样做。"Cron、Schanz 和 Kral 坚持手抄本上的词语顺序，但与 Buttmann、Hermann 和 Madvig 一样，把 πεισαί 换成了 πείσας。按：E 注反对 Adam 的看法。

[T 注]意思是"我认为很重要的是要劝你这样做，而不是违背你意愿来做"，也就是说，我极其渴望在你同意的情况下继续做我正在做的事情(persuaso te[劝说你]，斐奇诺和 Bekker 都这么认为)，而不是对抗你的意愿。Schleiermacher、Stallbaum、Elberling 以及大多数评注者，都把 σε[你]理解为 πεῖσαι[劝、听]的主语，把 ἐμὲ[我]理解为它的宾语，并把 ἐμοῦ 与 ἄκοντος 一起理解。但除了不可能把主语放在 πεῖσαι[劝、听]的后面且省略其宾语而外，也与苏格拉底的情绪和性格不一致，苏格拉底应该这样说：我认为很重要的是你应该劝说"离开监狱"，这才是这段话的含义。

[B 注]句末省略了 σοῦ[你]，意思是"我会按你所赞同的来行动，不会违逆你的意愿"。众多抄本都写作 πεῖσαι，但在目前的语境

下没有可接受的含义。[D 注] ἀλλὰ μὴ ἄκοντος 的意思是"不与其意愿相反",明确地与 πείσας σε[劝你]相对,后者意为"在你的同意下"。另参 49e 的注释。这两个从句的生动对照,让我们更能够理解这里省略了 σοῦ[你],它是 ἄκοντος[勉强]的主语。的确,人称代词或指示代词或关于人或物的某个模糊的一般观念就是隐含的主语,这种情况很常见。

[按]正如众多评注者所见,最后这句话实在难解。王太庆译作:"我虽然很愿意你把我说服,使我照你的意思办,却只能说服,不能勉强。"严群译作:"我甚愿遵命行事,可是我不能做违心的事。"Gr 本作 I think it important to persuade you before I act, and not to against your wishes。Allen 译作 I count it important that I act with your agreement, not against your will。似乎都有这样那样的问题,就正如那些不同的理解一样。综合各方意见,劝你"这样做"乃是在劝克力同不要再三重复地说那句同样的话,进言之,也就是劝克力同不要听从大众的意见。如果译作"我当然认为听从你的话这样做乃是很重要的,但也不能勉强",即把 πείσας[劝]理解为"听从",同时"勉强"的不是克力同,而是"我自己",但这种理解更说不通。πείσας[劝]是不定过去时分词,περὶ πολλοῦ ποιοῦμαι 短语,表示"认为很有价值"。

你且看,如果考虑的起点能够说得让你[49a]满意,就请试着以可能最出色的方式来回答我问的话。[ὅρα δὲ δὴ τῆς σκέψεως τὴν ἀρχὴν ἐάν σοι ἱκανῶς λέγηται, καὶ πειρῶ ἀποκρίνεσθαι τὸ ἐρωτώμενον ᾗ ἂν μάλιστα οἴῃ.]

48e5:ὅρα...τὴν ἀρχὴν ἐάν[你且看……起点如果],[A 注] ὅρα 后面跟 ἐάν 的情况,可比勘《王制》432c。ἐάν 在这里不是"是否"的意思(它从来没有这种含义),而是 si forte,即"万一"、"如果",在这种情况下,并不是真正省略了结论句。

48e5-49a1：τῆς σκέψεως ... ἐρωτώμενον [考虑……问的话]，[E 注]这是苏格拉底辩证法的标准前奏，很重要的是克力同并没有违心地做出回答。[B 注]"研究的起点"。辩证法的术语看起来即便对克力同来说，都已很熟悉。

49a1-2：ᾗ ἂν μάλιστα οἴῃ [以可能最出色的方式]，[A 注]即，以你的意见最倾向的那种方式。ᾗ 是副词，修饰 οἴῃ，应该理解为这里省略了 ἔχειν[有]。[B 注]苏格拉底总是担心 ἀποκρινόμενος[回答]不能 παρὰ δόξαν[针对意见]，另参下文 49d1，《美诺》83d2 和《王制》346a3。

克：好吧，我会试一试。[Ἀλλὰ πειράσομαι.]

十、正义金规则（49a4-49e8）

节解：[E 注]我们是否仍然认为我们绝对不要行不义，还是说我们的意见随环境而改变了？可以肯定地说，行不义事实上必定是错误的，不管外在的环境如何。进一步说，我们甚至千万不能以不义还不义，因为那仍然是在行不义。行不义就是对他人干坏事。因此，即便在自我防卫时，也绝不应该报之以不义或坏事。克力同必须确信他理解并且同意这种有争议的立场。那么还可以把这个论点推进一步：应该兑现还是爽毁正义的协定？该部分简短地复述了苏格拉底的信念，这对后来的论证来说至关重要。苏格拉底确立了"做正义和正确之事"这一原则无与伦比的重要性后，以此为基础建立了两个前提，预告了下文"法律"（Laws）话语的重要意义。这两个前提是：1. 绝不应该行不义或干坏事（两者殊途同归），即便在对不义进行报复时；2. 应该兑现正义的协定。

苏：我们应该说任何情况下都不能故意行不义，还是说[a5]有的情况下可以行不义而有的则不能？还是说行不义绝对既不良善

也不高贵，正如我们在过去的日子里多次同意过的？[Οὐδενὶ τρόπῳ φαμὲν ἑκόντας ἀδικητέον εἶναι, ἢ τινὶ μὲν ἀδικητέον τρόπῳ τινὶ δὲ οὔ; ἢ οὐδαμῶς τό γε ἀδικεῖν οὔτε ἀγαθὸν οὔτε καλόν, ὡς πολλάκις ἡμῖν καὶ ἐν τῷ ἔμπροσθεν χρόνῳ ὡμολογήθη;]

49a4：ἑκόντας ἀδικητέον εἶναι [故意行不义]，[S 甲注]文法学家们普遍认为，动名词 ἀδικητέον [行不义] 要求支配第三格，但第四格也可以用。原因在于这里暗含着动词 δεῖν [应该] 或 χρῆναι [必须] 在内，所以 ἀδικητέον εἶναι [行不义] 等同于 ἀδικεῖν δεῖν [应该行不义]。

[E 注]在任何情况下都不要行不义，这是苏格拉底的基本原则（如参《高尔吉亚》469b8-9）。苏格拉底在其他地方还说，ἑκών [故意、明知故犯、蓄意]行不义，乃是不可能的，这在苏格拉底的教导"德性即知识"中有所表达：知道什么是好的，就必定包含要去做它；干坏事乃是无知的产物。另参《申辩》25d1 以下，37b，《高尔吉亚》507d，《王制》335d。[按]"任何情况下都不能故意行不义"，字面意思或为"不能以任何方式故意行不义"。

49a6-7：ὡς πολλάκις ... ὡμολογήθη [正如多次同意过的]，[A 注]Zeller 和其他人怀疑历史上的苏格拉底是否也坚持这里所提出的学说：但我丝毫不怀疑就是这么回事。苏格拉底为了与自己自私自利的原则（egoistic principles，或作"以自我为核心的原则"）相一致，就认为对他人行不义无论如何都不对，因为干坏事对自己的灵魂也会产生有害的影响。

难道[以前说的那些]我们以前都同意的，在这短短几天内全部都已抛弃掉了？这么久以来，克力同哦，我们是不是未曾注意到，[a10]我们这种年纪的[老]人即便在相互进行严肃的对[49b]话时，我们自己竟然丝毫不比孩童高明？[[ὅπερ καὶ ἄρτι ἐλέγετο] ἢ πᾶσαι ἡμῖν ἐκεῖναι αἱ πρόσθεν ὁμολογίαι ἐν ταῖσδε ταῖς ὀλίγαις ἡμέραις ἐκκεχυμέναι εἰσίν, καὶ πάλαι, ὦ Κρίτων, ἄρα τηλικοίδε [γέροντες] ἄνδρες πρὸς ἀλλήλους σπουδῇ διαλεγόμενοι ἐλάθομεν ἡμᾶς αὐτοὺς παίδων οὐδὲν διαφέροντες;]

49a7：[ὅπερ καὶ ἄρτι ἐλέγετο] [以前说的那些]，[B 注]迄今根本没有过这样的说法，这几个词很可能是对下一个从句所做的边注，指的是 46b7。Thomas Burgess 最先对此提出疑问，Meiser 提议把这几个词放在 ἤ 后面，而不是它的前面，但这几个词更可能是偶然窜入的衍文。

49a7：ἐκκεχυμέναι εἰσίν [抛弃掉了]，[S 甲注]"泼掉了"，即"扔掉了"。Jacobs 恰当地把这个短语同 ἐκχεῖν πλοῦτον[挥金如土]和 ἐκχεῖν χρήματα[花钱如流水]相比较。[B 注]"它们都被抛弃掉了"，字面意思是"它们被泼洒掉了"。ἐκχεῖν[effundere，倾洒，耗费]的含义与 46b7 中的 ἐκβάλλειν[iacturam facere，抛弃]没有多大不同。另参《王制》553b1，埃斯库罗斯《波斯人》行 824。

[E 注]注意这里是在重复 46b4-7 的看法。苏格拉底重复自己的想法，这是《克力同》一个典型的特征，另参下文 49d5 以下。

49a10：τηλικοίδε [γέροντες] ἄνδρες [我们这种年纪的（老）人]，[B 注]从《申辩》17d2 和 33d9 可知，克力同和苏格拉底都是七十岁。Thomas Burgess 想删去 γέροντες ἄνδρες[老人]，而且好为 γέροντες[老的]一词辩护当然很困难。另一方面，ἄνδρες[人]目的就是要强调它与 παίδων[孩童]的对照，也相当符合语法，另参《申辩》37d4：τηλικῷδε ἀνθρώπῳ[这把年纪的人]。

[A 注]在众多抄本中，τηλικοίδε[这种年纪]后面是 γέροντες ἄνδρες[老人]，我赞同 Cron 和 Schanz 的看法，γέροντες[老的]是对 τηλικοίδε[这种年纪]的注解。Fischer 和 Wohlrab 为该词辩护，理由是 γέροντες ἄνδρες[老人]与 παίδων[孩童]形成良好的对比，但 γέροντες ἄνδρες[老人]有画蛇添足之嫌，在我看来，ἄνδρες[人]已有足够的说服力表示与 παίδων[孩童]相反。[S 甲注]方括号中的这个词本来应该是省略掉了的，插入这里是为了与 παίδων[孩童]形成强烈的对照。

49b1：παίδων οὐδὲν διαφέροντες [丝毫不比孩童高明]，[A 注]正

如 Wohlrab 所说,这差不多是一个谚语式的短语,比较《泰阿泰德》177b。的确,普遍认为 διαφέρειν 在这里的意思是"比……更好",而不单纯是"区别开来"。

[按]字面意思是"与孩童没有一丁点区别"。加上"即便"一词是因为 διαλεγόμενοι [对话]有让步的意味(参 D 注)。"竟然"对应的是 49a9 的 ἄρα,因为该词表示的是苏格拉底的"惊讶"(参 A 注)。

或者毋宁说我们仍然还坚持那时所说的话:不管大众承认还是不承认,也不管我们必须遭受比这些更严酷还是更温和的惩罚,行不义在任何情况下[b5]对于行不义的人来说,都同样是既邪恶且可耻?我们可否这样说? [ἢ παντὸς μᾶλλον οὕτως ἔχει ὥσπερ τότε ἐλέγετο ἡμῖν· εἴτε φασὶν οἱ πολλοὶ εἴτε μή, καὶ εἴτε δεῖ ἡμᾶς ἔτι τῶνδε χαλεπώτερα πάσχειν εἴτε καὶ πραότερα, ὅμως τό γε ἀδικεῖν τῷ ἀδικοῦντι καὶ κακὸν καὶ αἰσχρὸν τυγχάνει ὂν παντὶ τρόπῳ; φαμὲν ἢ οὔ;]

49b2: ἢ παντὸς μᾶλλον [或者毋宁说],[S 甲注]也可以用 παντῶν μᾶλλον,意思是 omnium maxime [尤其是,无可争议],另参《斐多》106e,《会饮》223a。[S 乙注]"无可置疑","毫无疑问",特别强调的肯定表达。

[A 注]"确实地"(即,比任何东西都……),这个表达法在柏拉图笔下很常见,如《普罗塔戈拉》344b。"或者毋宁说"(T 注)。

49b3: εἴτε φασὶν... [不管承认……],[B 注]这个从句与上一句 οὕτως ἔχει,是并列的。οἱ πολλοὶ [大众]云云,苏格拉底再次提到了克力同论证中的两点:大众的意见和大众的能力。

49b5: καὶ κακὸν καὶ αἰσχρὸν [既邪恶且可耻],[A 注]《高尔吉亚》474c 以下说 ἀδικεῖν [行不义]与 ἀδικεῖσθαι [遭不义]相比,既是 κάκιον [邪恶的、坏的],又是 αἴσχιον [可耻的]。请注意苏格拉底整段话的对称性:以 οὐδενὶ τρόπῳ [任何情况下都不;不能以任何方式]开头,以 παντὶ τρόπῳ [任何情况下]结尾:这两种选择是以这样的方式来表达的，即，最后说的这一点既放在开头，又放在末尾，其顺序就是 a-b-a-b-a。按：译成英语就比较清楚：οὐδενὶ τρόπῳ 等于 in no way，παντὶ τρόπῳ 等于 in every way。

[E 注]注意这里的价值的联合；苏格拉底打算全盘否认雅典习传价值体系中的那些价值，该体系认为，其反面，也就是"禁止"报以不义，在某些情况下（如自卫时）才是可耻的（αἰσχρόν）。[S 甲注]比较《高尔吉亚》469b12 以下：当被问及 Σὺ ἄρα βούλοιο ἂν ἀδικεῖσθαι μᾶλλον ἢ ἀδικεῖν[因此，你本人愿意受不义甚于行不义？]时，苏格拉底最精妙地回答道：Βουλοίμην μὲν ἂν ἔγωγε οὐδέτερα· εἰ δ' ἀναγκαῖον εἴη ἀδικεῖν ἢ ἀδικεῖσθαι, ἑλοίμην ἂν μᾶλλον ἀδικεῖσθαι ἢ ἀδικεῖν[这两者，至少我个人都不愿意；但要是必然得行不义或受不义，我宁愿选择受不义甚于行不义]（李致远译文）。

49b6：φαμὲν ἢ οὔ[我们是否可以这样说]，[B 注]"是抑或否"（yes or no）？苏格拉底坚持要得到极不情愿的克力同的 ὁμολογία[同意]。

克：我们是这样说的。[Φαμέν.]

苏：因而绝对不应当行不义。[Οὐδαμῶς ἄρα δεῖ ἀδικεῖν.]

克：当然不应该。[Οὐ δῆτα.]

49b9：Οὐ δῆτα[当然不能]，[E 注]强调"意料中的否定"，意为"当然不"。正如我们此前（48d7-8）已注意到的，这是《克力同》中对克力同弱点的刻画，克力同被说成有时"忘掉了"而有时又极力赞同苏格拉底的学说。

苏：[b10]因此，不要像大众所认为的那样，对行不义者反行不义，既然绝对不应当行不义的话。[Οὐδὲ ἀδικούμενον ἄρα ἀνταδικεῖν, ὡς οἱ πολλοὶ οἴονται, ἐπειδή γε οὐδαμῶς δεῖ ἀδικεῖν.]

49b10-11：οἱ πολλοὶ οἴονται [大众认为]，[B 注]另参 Archilochus 的残篇 61。色诺芬笔下的苏格拉底有一次也说过类似的话（《回忆录》2.3.14）：καὶ μὴν πλείστου γε δοκεῖ ἀνὴρ ἐπαίνου ἄξιος εἶναι, ὃς ἂν φθάνῃ τοὺς μὲν πολεμίους κακῶς ποιῶν, τοὺς δὲ φίλους εὐεργετῶν[然而，人们对于那些对敌人首先下手，对朋友首先施惠的人，都认为是应受最大的称赞的]（吴永泉译文）。然而，那是诉诸 οἱ πολλοί[大众]的意见（注意 δοκεῖ[认为]），引入那一点仅仅是为了表明，凯勒格拉底（Chaerecrates）如果带头向他的弟弟凯勒丰（Chaerepho）表示友好，就会取得很好的效果，尽管他们吵过架。在另一个段落中（2.6.35），苏格拉底在解释他为什么能够帮助克里托布洛斯（Critobulus）赢得友谊时，他尤其谈到了 ὅτι ἔγνωκας ἀνδρὸς ἀρετὴν εἶναι νικᾶν τοὺς μὲν φίλους εὖ ποιοῦντα, τοὺς δ' ἐχθροὺς κακῶς[你以为，善待朋友胜于朋友善待自己，伤害敌人胜于敌人伤害自己，正是一个人的德性]（吴永泉译文）。这里的重点也完全在于善待朋友。我认为柏拉图不可能发生了这样的疏忽，竟而让苏格拉底哪怕在顺带中说出这样的话来，尽管柏拉图让美诺对 ἀνδρὸς ἀρετή[勇敢的德性]做出了相同的解释（《美诺》71e4）。但这肯定太高估了这种 façon de parler[套话]，色诺芬才两次陷到这种套话中把它作为证据，表明苏格拉底本人也认可这样的观点。我同意 Adam 的看法，《回忆录》3.9.8 中，"两种方式都不说明任何问题"。而且，色诺芬无论如何都绝对不是这方面的权威。柏拉图明确地让苏格拉底持这样的观点，即，干坏事比被伤害更糟糕，而且在那些对话中，其主要目的是要为苏格拉底的记忆进行辩护，而不是要提出自己的新学说。那种看法应该是至关重要的。

[A 注]普通希腊人的看法在梭伦的祈祷中得到很好的总结（残篇 13.4-5），亦参《美狄亚》行 807-810。苏格拉底亲口说，这是希腊的主流道德观（《回忆录》2.3.14），但没有任何东西可以表明苏格拉底接受这个观点，如果我们相信拉尔修的话（《名哲言行录》

1.4.78），皮塔库斯（Pittacus）甚至早就反对过这一点，他的话让人难忘：φίλον μὴ λέγειν κακῶς, ἀλλὰ μηδὲ ἐχθρόν[不要说朋友的坏话，甚至也不要说敌人的坏话]（徐开来译文）。

[T 注]古人的普遍情绪不仅认可报复，而且还需要报复，把报复视为正义和男子气。只有苏格拉底认为遭受不义比行不义更好。[S 乙注]庸众的这种意见可以在很多古代权威那里得到证实，人们普遍把容忍视作与刚毅格格不入。[按]"对不义者反行不义"是直译，意译或可作"报复不义者"。"以牙还牙"、"以暴制暴"和"以恶易恶"在古代被视为天经地义，但苏格拉底却宣扬了一种博爱和容忍的精神，似乎已着基督教伦理之先声。《王制》中的苏格拉底也认为"伤害"使得对象的"德性"有损，故而不能以惩罚的方式来使人变好，而玻勒马科斯所说的古希腊人普遍认可的基本伦理原则"扶友损敌"也就不成立（335b 以下）。

克：[49c]显然不应当。[Οὐ φαίνεται.]

49c1：Οὐ φαίνεται [显然不应当]，[D 注]意思是 plainly not（显然不）。正如 οὔ φημι 意思是"我否认"（或"我拒绝"），而不是"我并不主张"，所以 οὐ φαίνεται 的意思不是"不像是"，而是"的确看起来不是"。[T 注]"似乎不"，也就是说，似乎我们在任何情况下都不能伤害。

苏：这又如何呢？应该干坏事，克力同，还是不应该？[Τί δὲ δή; κακουργεῖν δεῖ, ὦ Κρίτων, ἢ οὔ;]

49c2：Τί δὲ δή [这又如何呢]，[E 注]引入一个新观点："那么这一点又怎么样"？[A 注]用 τί δέ "再次"引起新的转折；不过这次转折不那么新：从 ἀδικεῖν[行不义]到 κακουργεῖν[干坏事]，比从 κακουργεῖν[干坏事]到 ἀντικακουργεῖν[反过来报复]的转折更大。

[D 注] κακουργεῖν[干坏事]就像 κακῶς ποιεῖν[做坏事]一样，涵盖

范围比 ἀδικεῖν[行不义]更大，它包含了 ἀδικεῖν[行不义]，还包含那些基本或完全不涉及对错的伤害。很明显，它比 ἀδικεῖν[行不义]更常见于日常事务中。

克：当然不应该呀，苏格拉底。[Οὐ δεῖ δήπου, ὦ Σώκρατες.]

49c3: Οὐ δεῖ δήπου [当然不应该], [A 注]比较上两行的 Οὐ φαίνεται[显然不应当]。克力同在这里至少能够毫不犹豫地回答，因为 κακουργεῖν[干坏事]暗含着犯罪的意思，另参《希英词典》相关条目。

[E 注]可以说，克力同这里强烈的否定也许是受了问题形式的促动：孤立地禁止对他人干坏事（如犯罪行为），对传统的克力同来说，也许不会那么困难。但这种解释得不到下文（49c6）的支持，克力同在那里同样强调性的否定，迎合了苏格拉底关于报复是否正当的问题，而"报复"对大众的市民道德来说很重要——ὡς οἱ πολλοί φασιν[正如众人所说]。柏拉图曾清楚地阐述过这种习传的立场，参《美诺》71e。Adam 曾试图把柏拉图笔下的苏格拉底在这方面的立场与色诺芬笔下的苏格拉底的立场调和起来，但不够令人信服（xviii, n. 1）。

苏：怎么讲？像[c5]众人所说，如果遭到了伤害，就要反过来报复，这是正义的，还是不正义？[Τί δέ; ἀντικακουργεῖν κακῶς πάσχοντα, ὡς οἱ πολλοί φασιν, δίκαιον ἢ οὐ δίκαιον;]

49c4: κακῶς πάσχοντα, ὡς οἱ πολλοί φασιν [如果遭到了伤害，像众人所说], [D 注]"对敌人施害"是生活普遍接受的法则之一部分，这在很多文献中都再清楚明白不过了。比较色诺芬《上行记》1.9.11 中对小居鲁士性格的刻画，另参《美诺》71e 中的德性定义。柏拉图在《王制》整个卷一和《高尔吉亚》以及其他地方雄辩地捍卫了自己比基督教还基督教的观点（more Christian view）。很多人都主张报复是正当的，可以说苏格拉底的观点可由日常与人打交道的经验得到证明。很多广受承认的权威都鼓励人们接受这样的观点。历史上的苏格拉底（与柏拉图笔下的苏格拉底相反）至少不会反对这条大众道德的格言，这在色诺芬《回忆录》的一个段落中得到印证（2.6.35，按：另参 49b10-11 的注释）。然而，这则材料并不能说明苏格拉底要对这条格言负责，既然他实际上只是在引用众人所说的而已。的确，这里的语境具有一种玩笑的色彩，应该能够警告我们不要把苏格拉底的话当真了。[按]"反过来报复"（ἀντι-κακουργεῖν），直译应为"反过来干坏事"，或"针锋相对地干坏事"。《希英词典》解释为 damage in return[报之以伤害]；《古希腊语汉语词典》作"互相伤害"，显然是错误地理解了 in return 这个短语。

克：绝对不正义。[Οὐδαμῶς.]

苏：因此，无论在任何地方对人干坏事，都与行不义没有任何区别。[Τὸ γάρ που κακῶς ποιεῖν ἀνθρώπους τοῦ ἀδικεῖν οὐδὲν διαφέρει.]

49c7-8，[E 注]苏格拉底在这里做出了一个关键的转变（克力同也同意了）：把 κακουργεῖν[干坏事]等同于 ἀδικεῖν[行不义]。克力同强调性的同意，遮盖了本来可以争论和商榷的东西。在大家看来，τὸ κακουργεῖν[干坏事]和 τὸ ἀδικεῖν[行不义]也可以不相等；例如，在对施行不义者进行报复时而伤害人也可以是 δίκαιον[正义的]，"相互对等"（reciprocity）是 δίκη[正义]的传统内涵。但一般人把 δίκαιος/ἄδικος[正义/不正义]翻译成广义的"对错"（right/wrong），容易在英语中模糊这两个希腊语词汇的区别。而苏格拉底口中的 που[任何地方]一词，表明他把两者的等同视为不证自明的，该词也许是为了引诱克力同必然的认可。

克：你说得在理。[Ἀληθῆ λέγεις.]

49c9，[D 注]并不是每一个雅典人都会同意这一点，但克力同绝非"智术师",而且长期受苏格拉底的影响。在《新约》中,ἀδικέω[行不义]有时就用作 κακουργέω[干坏事,伤害]之意。

苏: [c10]那么,既不应当反行不义,也不应该对任何人干坏事,即便受到他人怎样的伤害。你看,克力同[49d]啊,你在逐渐同意这些道理时,可不要违心地同意哟——我清楚得很,某些少数人相信这些话,而且也只有少数人才会相信。[Οὔτε ἄρα ἀνταδικεῖν δεῖ οὔτε κακῶς ποιεῖν οὐδένα ἀνθρώπων, οὐδ' ἂν ὁτιοῦν πάσχῃ ὑπ' αὐτῶν. καὶ ὅρα, ὦ Κρίτων, ταῦτα καθομολογῶν, ὅπως μὴ παρὰ δόξαν ὁμολογῇς· οἶδα γὰρ ὅτι ὀλίγοις τισὶ ταῦτα καὶ δοκεῖ καὶ δόξει.]

49c10: οὔτε κακῶς ποιεῖν[不干坏事],[B注]这里的 ποιεῖν[干]表示的是 ἀντιποιεῖν[反干,报复],而 ἀνταδικεῖν[反行不义]中的 ἀντί[反,针对]的含义与希腊成语相一致,另参索福克勒斯《安提戈涅》行 537,亦参德墨斯忒涅斯 2§9。

49c11: οὐδ' ἂν ὁτιοῦν πάσχῃ ὑπ' αὐτῶν[即便受到他人怎样的伤害],[S 甲注]也就是说,"即便他遭受了最严重的伤害"。Eusebius 和 Theodoret 要在 πάσχῃ[遭受]一词后加上 τις[某人]一词,这没有任何必要,因为此前的 ἀνταδικεῖν δεῖ[应当反行不义],就潜在地暗含了不定人称代词(按:另参 S 乙注)。

[A注] κακῶς ποιεῖν 是委婉曲折地表示 ἀντικακουργεῖν[反过来报复,针锋相对地干坏事]。οὐδ' ἂν ὁτιοῦν πάσχῃ[即便受到怎样的伤害也不],等于 ne tum quidem si quidvis patiatur,参《王制》522e,《治邦者》297b。πάσχῃ[被伤害]的主语,应该理解为就是 ἀνταδικεῖν 和 κακῶς ποιεῖν 未表明的主语,另参《申辩》29a 的注释。[E注]接下来的几行清楚地强调了 49c10-11 在后面的论证中所占的分量。如果讨论还要继续深入,克力同就不得不同意,在任何情况下都不允许行不义(也就是被某些人等同于干坏事)。

49d1: καθομολογῶν[逐渐同意],[A注]前缀 κατά 表示逐渐而

零碎地同意过程，另参《高尔吉亚》499b；亦参《王制》487b-c，苏格拉底在那里一点点地引导人前进，直到最后所有这些点滴的承认汇集成 μέγα τὸ σφάλμα καὶ ἐναντίον τοῖς πρώτοις [很大的失误，已同最先的看法相反了]。

[E 注] Adam 指出这个复合动词表示一点点同意苏格拉底的论证步骤（Tarrant 译作 making these single admissions，"一个个同意"）；尽管每一步在对话者看来都似乎是合理的，最终结果却的确可能 παρὰ δόξαν [违心]。柏拉图笔下的苏格拉底一般都要以提醒其对话者必须真诚回答他的问题作为开头，或者伴之以困难或有争议的论证（如《高尔吉亚》495a7-9 以下）。这里也许隐藏着一种反讽：在苏格拉底看来，克力同刚才的 παραίνεσις [劝告] 中至少有一处让人怀疑是克力同 παρὰ δόξαν [违心] 的回答（另参 48b1-2，d7-8，49b8）。

[按] 把 καθομολογῶν 翻成"逐渐同意"是为了与这一行后面的"同意"相区别，因为前者有一个"前缀"。"违心"（παρὰ δόξαν），直译为"违背你的（真实）想法"。严群译作"违背本心"。王太庆把整句话译作"请注意，你同意了这一点，就不要同意那违反你的看法的事"，在语法上似乎也符合希腊文，但与所有中外译本不同。

49d2：οἶδα γὰρ ὅτι ὀλίγοις ... δόξει [我清楚得很，少数人……才会相信]，[A 注] 自认其学说乃是为少数人而非多数人所设，这更多地是柏拉图的风格，而不是苏格拉底的气象。还有可能的是，苏格拉底也许被人引导而说过这样的话，以谴责一场不义的控诉，但从色诺芬《回忆录》3.5 可清楚地知道，那时他还在积极从事着自己的使命，远远谈不上绝望。

有的人这样相信了，而有的人不相信，他们之间没有共同的看法，反而必然在审视[d5]对方的定论时互相轻贱。[οἷς οὖν οὕτω δέδοκται καὶ οἷς μή, τούτοις οὐκ ἔστι κοινὴ βουλή, ἀλλὰ ἀνάγκη τούτους ἀλλήλων καταφρονεῖν ὁρῶντας ἀλλήλων τὰ βουλεύματα.]

49d2-3：οἷς οὖν...τούτοις οὐκ ἔστι κοινὴ βουλή [有的人……他们之

间没有共同的看法]，[A 注]另参《申辩》31e-32a 和《斐多》82d，以及 64b-c。[D 注]这在《高尔吉亚》中得到了强有力的阐释，那位智术师和真正的哲人各自代表相互冲突的两种理论。他们没有任何共同的基础。一方认为另一方很愚蠢，另一方认为前者不讲道德。由于出发点不同，他们不可能得出同样的结论，他们的讨论也就无果而终。

49d4：καταφρονεῖν [轻贱]，[E 注]柏拉图笔下的苏格拉底的辩证法，总是假定了至少在理论上有可能说服对方，即便在面对诸如卡利克勒斯（《高尔吉亚》）和忒拉叙马科斯（《王制》卷一）这样持敌对意见的伙伴时。苏格拉底在这里说，那些接受其 βουλεύματα [定论，决议] 的人与那些不接受者之间，会相互轻蔑，并且（不可避免？）绝没有 κοινὴ βουλή [共同的看法]，对克力同来说，本来应该是一个 ad hominem [带有个人感情] 的措施，强调了三思之后才予以接受的重要性。[按]这里的"看法"和"定论"是同根词，后者指前面 48c2 说的 σκέψις [考虑] 和 48c4 的 σκέμματα [想法]。"对方"和"互相"是一个词。

[A 注]"互相轻贱"：大众会嘲笑哲人（《王制》517a），而哲人也会嘲笑他们（《王制》518b）。

你且好好地考虑一下，你究竟是否跟我有共同的想法，并且一起认为，我们应该从这里决议的原则出发，任何时候都不要把行不义、反行不义以及遭受祸害者以怨报怨来保护自己视为正确之举。你难道会不在此列，不共同地把它视为出发点？[49e]至于我嘛，以前就这么认为，并且现在仍然这么想，但如果你有什么另外的高见，请说出来指教指教。如果你还坚持以前那些原则，那就请听由此而来的推论。[σκόπει δὴ οὖν καὶ σὺ εὖ μάλα πότερον κοινωνεῖς καὶ συνδοκεῖ σοι καὶ ἀρχώμεθα ἐντεῦθεν βουλευόμενοι, ὡς οὐδέποτε ὀρθῶς ἔχοντος οὔτε τοῦ ἀδικεῖν οὔτε τοῦ ἀνταδικεῖν οὔτε κακῶς πάσχοντα ἀμύνεσθαι ἀντιδρῶντα κακῶς, ἢ ἀφίστασαι καὶ οὐ κοινωνεῖς τῆς ἀρχῆς; ἐμοὶ μὲν γὰρ καὶ πάλαι οὕτω καὶ νῦν ἔτι δοκεῖ, σοὶ δὲ εἴ πῃ ἄλλῃ δέδοκται, λέγε καὶ δίδασκε. εἰ δ' ἐμμένεις τοῖς πρόσθε, τὸ μετὰ τοῦτο ἄκουε.]

49d5：σκόπει δὴ οὖν καὶ σὺ εὖ μάλα [你且好好地考虑一下]，[E 注]这里逐渐增加的强调色彩，清楚地表明进入对话中心论点的高潮，克力同对此不得不同意。这种强调色彩还延伸到 κοινωνεῖς [有共同的想法] 与 συνδοκεῖ [一起认为] 的对比，以及下文 ἀφίστασαι [不在此列] 与 οὐ κοινωνεῖς [不共同视为] 的对比上，还体现在详尽地重复了上文（b6-c9）已经确立且为克力同所同意的主要立场。苏格拉底再三重复自己的立场，而不是论证它们，这似乎是《克力同》的典型特色。这里颇为认真的重复，也许进一步暗示苏格拉底对克力同如此爽快的同意感到有些不安。

49d6：κοινωνεῖς [有共同想法，共同视为]，[A 注]指的就是刚才所说的 κοινὴ βουλή [共同的看法]，另参下文 49d9。同一行的 ἐντεῦθεν [这里]，等于 ἐκ τούτου τοῦ λόγον [从这个原则]，并由 ὡς οὐδέποτε [任何时候都不，绝不]来解释。比较《普罗塔戈拉》324a。[T 注]"无论你跟我一样持这些看法，并且像我那样想"。

49d7：ὡς οὐδέποτε ὀρθῶς ἔχοντος [任何时候都不要认为正确]，[S 甲注] 即"绝不要认为它是正确的"，另参《王制》437a,《普罗塔戈拉》323e。接下来的 ἀρχή 的意思是"讨论的原则"，也就是其他一切东西的基础，这是该词非常普通的用法。

[D 注]与 ἐντεῦθεν [这里]相联系的一种说法，等同于 ἐκ τούτου τοῦ λόγον [从这个原则出发]。ὡς 带绝对属格的用法，与放在 λέγειν [说] 后面一样。

49d8：οὔτε τοῦ ἀνταδικεῖν [也不要反行不义]，[A 注]这几个词后面本来应该是 οὔτε τοῦ κακουργεῖν [不要干坏事]，但正如 Goebel 所指出的，ἀδικεῖν [行不义] 已经等同于 κακουργεῖν [干坏事]（参上文注释）；而且除此之外，本篇对话余下的部分转向的是 τὸ ἀντικακουργεῖν[反过来报复]而非 τὸ κακουργεῖν[干坏事]的不义问题。

49d8: οὔτε κακῶς πάσχοντα ἀμύνεσθαι ἀντιδρῶντα κακῶς[遭受祸害者以怨报怨来保护自己]，[S 乙注]"遭到祸害的人也不应该报复，并要求以恶对恶。"斐奇诺错误地认为 ἀντιδρῶντα κακῶς[以怨报怨]是指侵害者。

49d9: τῆς ἀρχῆς[出发点]，[A 注]指的是 49d6 的 ἀρχώμεθα[从……出发]，另参 48e5 的 τὴν ἀρχήν[起点]。[T 注]指"前提"，或论证的"第一原则"，这里省略了"伤害人绝不是正确的"这样的话。τὸ μετὰ τοῦτο 就是与此相反的"结论"。

49e3: τὸ μετὰ τοῦτο[由此而来的推论]，[S 甲注]指从那个原则所得出的结论，另参《优提弗伦》12d,《克拉提洛斯》402d（遵守并坚持你前面的看法），《斐多》92a（另参 S 乙注）。[A 注]"我的下一个论点"，另参《申辩》39b 的注释。按：王太庆译作"再往下"。

克：我当然还坚持，并且也同意——那就请讲吧。[Ἀλλ' ἐμμένω τε καὶ συνδοκεῖ μοι· ἀλλὰ λέγε.]

49e4: Ἀλλ' ἐμμένω ... ἀλλὰ λέγε[我当然还坚持……那就请讲吧]，[E 注]第一个 ἀλλά 让苏格拉底的条件句（"如果你还坚持"）变成了一个强调性的事实陈述，"的确，我还这么认为……所以请继续（即第二个 ἀλλά），告诉我"。

苏：[e5]我与其再次讲由此而来的推论，毋宁更愿意问：假使有人同意某种原则乃是正义的，究竟应该付诸行动还是拿来骗人？[Λέγω δὴ αὖ τὸ μετὰ τοῦτο, μᾶλλον δ' ἐρωτῶ· πότερον ἅ ἄν τις ὁμολογήσῃ τῳ δίκαια ὄντα ποιητέον ἢ ἐξαπατητέον;]

49e5: μᾶλλον δ' ἐρωτῶ[毋宁更愿意问]，[A 注]vel potius interrogo[我或者毋宁问]：苏格拉底更常见的做法是以问话而非回答的方式来表达自己的看法，另参《申辩》33b。关于 μᾶλλον δέ[毋宁]，另参上文 46a4 的注释。

49e6：*δίκαια ὄντα*［是正义的］，［B 注］"如果它们是对的"。苏格拉底总是被描写成在保留自己的意见。所以，苏格拉底在《王制》第一卷中坚持认为，如果一个朋友疯了，他在索回刀剑时还给了他，或者向一个这种状态下的朋友讲真话，那就不对了。

［E 注］这里的很多东西都不清楚："如果它们是正义的"指的是同意的内容，还是指他们两人所使用的术语？苏格拉底所认为的这种同意的内容又是什么？克力同在这个阶段自然要承认："坚持所同意的"这个问题所用的模糊术语，会让他（或其他任何雅典人）很难有其他选择。谁才会想到要去骗人？但克力同仍然没有意识到这种承认会有什么样的后果。

49e7：*ἐξαπατητέον*［拿来骗人］，［A 注］虽相信一种理论，却并不付诸实践，这就是活生生的谎言（living lie）：对于苏格拉底来说，这不仅是错的，而且也是不可能的，因为"知识即德性"，而且 *οὐδεὶς ἑκὼν ἁμαρτάνει*［没有人故意犯错］。

［T 注］苏格拉底使用该词，而不说 *ἢ οὐ ποιητέον*［还是不付诸行动］，是因为前面有 *ἃ ἄν τις ὁμολογήσῃ τῳ*［假使有人同意那个原则］。承认了这一点，就保证让人把自己的原则付诸实践。［按］我把 49e2-3 的 *τοῖς πρόσθε* 和这里的 *τῳ* 都理解为代指 *βουλευόμενοι*［决议的原则］或即 *λόγος*［原则，话，道理］。

克：应该付诸行动。［*Ποιητέον.*］

第三章 法　律

章解：[按]苏格拉底在劝说克力同时，假借雅典的"法律"来教训苏格拉底自己——这是苏格拉底言辞中的言辞，而这种言辞未必代表苏格拉底"本人"的想法，甚至很难说是柏拉图的主张。"法律"是雅典法律的人格化，具有主体特征，能够与擅长辩论术的苏格拉底展开激辩。这个部分，也就是"法律"的讲辞，可谓全书的核心，也是西方政治法律思想史上第一次全面阐述"法律至上"和"国家至上"这一古典观念。我们对此可能有些不理解或不赞同，甚至完全可以把它视为苏格拉底故意赴死的高尚理由，但无论如何，它都值得我们认真思考：即便无法限制国家的公权力，但至少对于如何成为一个好公民来说，"法律"的理由倒显得非常充分。

十一、恩典与驯服（49e9-51c5）

节解：[E注]"法律"问道，那（即仅当判决被认为正义时才遵守）是苏格拉底和国家达成的一致协议，因为正是在法律的支持下，苏格拉底才得以降生、被抚养和教育，他并不享有与"法律"同等的权利，而更像奴隶之于主人。的确，城邦比父母所要求的更为宏大。你必须要么劝说国家，说国家错了，要么必须做国家在战争中、法庭上或其他任何地方命令你去做的事。

[D注]难道苏格拉底的合法出生、精神和身体上的教育等等不都是拜"法律"之所赐吗？如果他的父亲要打他，他不能想什么还手的事，但如果城邦冤枉了他，难道他就可以以牙还牙吗？城邦难

道不是比父亲或母亲更受尊敬和更神圣吗？

[A 注]本章开启了整个对话的第三个部分。克力同现在已经认可了决定苏格拉底行为的大前提，即，作恶、以恶易恶或以暴易暴在任何情况下都不对。但仍然还缺少小前提，为了得到小前提，苏格拉底引入了"雅典法律"，"法律"努力证明如果苏格拉底接受了克力同的邀请，那么，苏格拉底就犯了罪，也就是以犯罪来报复。"法律"在这一章中力陈逃跑是错误的，因为那意味着彻底否定国家和市民生活。"法律"进一步论证到，苏格拉底是它们的孩子和奴隶，有义务像对待父母和主人那样完全服从它们，因为祖国高于父母。

苏：那就请由此往下看。假如我们没有[50a]说服城邦同意就从这里离开了，我们是不是就对那些最不应该伤害的人干了坏事？我们是不是还要坚持自己同意为正义的原则？[Ἐκ τούτων δὴ ἄθρει. ἀπιόντες ἐνθένδε ἡμεῖς μὴ πείσαντες τὴν πόλιν πότερον κακῶς τινας ποιοῦμεν, καὶ ταῦτα οὓς ἥκιστα δεῖ, ἢ οὔ; καὶ ἐμμένομεν οἷς ὡμολογήσαμεν δικαίοις οὖσιν ἢ οὔ;]

49e9：Ἐκ τούτων δὴ ἄθρει [那就请由此往下看]，[S 甲注]意思是说："如果这是真的，那么，以任何方式伤害任何人，都是错误的，请看由此而来的推论。"

[E 注]"根据这一点"，"从这些前提出发"，亦同于 48b11 中的 ἐκ τῶν ὁμολογουμένων [从已经同意的道理]。[? 注]苏格拉底就这样表明了其论证的层层推进之性质；δή 强调了刚才所确立的立场之重要性："考虑由这些前提所推导的……"

49e9：ἀπιόντες ἐνθένδε [从这里离开]，[T 注]"从此就出去了"，省略了"监狱"（按：不必如此理解，因为 ἐνθένδε 既可以指时间上的"从此"，也可以指地点上的"从这里"）。这个从句不仅与 ποιοῦμεν [我们做]相联系，而且与 ἐμμένομεν [坚持]相联系，"无论是否就此出去，……我们都坚守我们曾认可为正确的东西"。

49e9-50a1：μὴ πείσαντες τὴν πόλιν [没有说服城邦（同意）]，[E 注]这里用 μή，而非 οὐ，就表明该分词是条件性的："如果我们未曾劝说……"在接下来"法律"的论证中，劝说被认为具有关键的作用。

50a1-2：καὶ ταῦτα [那些人]，[E 注]副词。译作"……并且，在合约中，那些我们最不应该伤害的……"。

50a4-5：καὶ ἐμμένομεν οἷς ὡμολογήσαμεν [坚持自己同意]，[G 注]公民与国家订立合约这种观念，常常被说成预示了政治义务方面的"社会契约"理论，照这种理论，个体把某种程度的人身自由（personal liberty）让渡给国家。然而，请注意，这里的契约是个体与国家之间而不是个体与另一个个体之间签订的。就这方面而言，这里的理论与《王制》358e-359b 中提出的"社会契约论"不同。

克：我没法回答你问的话，苏格拉底，[a5]因为我不明白[你的意思]。[Οὐκ ἔχω, ὦ Σώκρατες, ἀποκρίνασθαι πρὸς ὃ ἐρωτᾷς· οὐ γὰρ ἐννοῶ.]

50a4-5，[A 注]这些话语充满了感伤（pathos）：克力同太清楚地看到了这个结论将是什么。[E 注]克力同这里碰到了一个 aporia [难题，困惑]，这是柏拉图笔下的苏格拉底对话一个典型的阶段；他看到自己所同意的那些论点一步步走到不可接受的结论。柏拉图也许是在借克力同承认的困惑表示要引进一个困难的观念（因其反直觉）——苏格拉底常用的策略。

苏：那你就这样考虑。如果我们从这里逃跑——无论应该把这种行为叫做什么，这时法律和城邦共同体走过来站在面前，问道：[Ἀλλ' ὧδε σκόπει. εἰ μέλλουσιν ἡμῖν ἐνθένδε εἴτε ἀποδιδράσκειν, εἴθ' ὅπως δεῖ ὀνομάσαι τοῦτο, ἐλθόντες οἱ νόμοι καὶ τὸ κοινὸν τῆς πόλεως ἐπιστάντες ἔροιντο.]

50a6：Ἀλλ' ὧδε σκόπει [那你就这样考虑]，[A 注]在手抄本 B 本中是 ὧδε，而不是 ὧδε（按：只有 Adam 一个人坚持 B 抄本中的写法)。让"法律"自己说话,这是苏格拉底的典型特征:与柏拉图一样,苏格拉底如果不是言辞清晰和语调铿锵,那就什么都不是。相似的例子见《泰阿泰德》166a 以下。我也认为柏拉图希望避免苏格拉底遭到自私和冷酷无情的指控,而此时苏格拉底的朋友如此情不自禁,因此,决定性的论点不是出自苏格拉底之口,而是出自"法律"之口。

50a6:εἰ μέλλουσιν ἡμῖν ἐνθένδε [如果我们打算从这里],[S 甲注]由于动词 ἀποδιδράσκειν[逃跑]一般指逃奴,为了软化其表达(按:Adam 注曰"添加这些词是为了宽克力同的心"),又说了 εἴθ' ὅπως δεῖ ὀνομάσαι τοῦτο,即,"不管我们应该把它叫做其他什么名称"。另参《法义》633a。

50a7: εἴθ' ὅπως δεῖ ὀνομάσαι τοῦτο [无论应该把这种行为叫做什么],[B 注]这里在暗示克力同口中诸如 ἀπιέναι[离开]和 ἐξιέναι[出去]之类的词,仅仅是"逃跑"的委婉说法,尽管克力同很可能用的就是这些词,如果他愿意的话。但真实的名称却是 ἀποδιδράσκειν,该词才是指逃奴、逃犯和逃兵的恰当术语。另参德墨斯忒涅斯 22§56,25§51。

[G 注]苏格拉底把临阵脱逃视为懦弱的典范(paradigm),参《申辩》28e,39a。在《斐多》中(62b),擅离职守类同于自杀,就同这里的越狱一样。所有这些行为都包含着对更高权威的不服从:军事长官、法庭或神明。

50a7-8: οἱ νόμοι καὶ τὸ κοινὸν τῆς πόλεως [法律和城邦共同体],[E 注]以其他某个人的 persona[身份]来代表他或她自己说话,这是柏拉图笔下的苏格拉底偶尔采用的策略,如《拉刻斯》186d9 以下,《会饮》201d 以下。但这里尽管使用了条件句("如果法律要问的话……"),苏格拉底却似乎把"法律"几乎视为一个外在的视察(visitation):从荷马以来,ἐπιστάντες[站在面前]常常用于指看到的东西。这种长时间的人格化在柏拉图笔下是绝无仅有的,但也可以在古希腊成语中得到佐证,该成语把法律当成了语法上的主语,如 οἱ νόμοι οὐδὲν τούτῳ διαλέγονται,意思是"法律对他没有什么说的",也就是不管他(另参德墨斯忒涅斯的 Against Makartatos,59)。第二个短语 τὸ κοινὸν τῆς πόλεως[城邦共同体]表明柏拉图笔下的苏格拉底有意在可能最宽泛的意义上来解释"法律",把它解释为 polis[城邦]在法律、社会和文化方面的权威的化身。

[B 注] τὸ κοινὸν τῆς πόλεως 指"国家"(State)、"共和国"(commonwealth,又作"共同体"。按:S 甲本的拉丁语译注为 commune civitatis)。这个短语至少表明了如下观点的滥觞:城邦本身是一种"法人人格"(juristic personality,或司法主体)或"法人"(corporation),一般说来,当时的雅典人或一般而言的希腊人还没有清楚地掌握这种观点。另参 Paul Vinogradoff. *Outlines of Historical Jurisprudence* (The Jurisprudence of the Greek City), 2, London: Oxford University Press, 1922, pp. 105ff。在吕西阿斯 16§18 中,τὸ κοινὸν τῆς πόλεως 与 ἰδιῶται 相对,后者指"私人"(private citizen)。

[S 乙注]西塞罗模仿过这段漂亮的文字(参其《控卡提林纳》之一,7.18)。另参《王制》538d,《普罗塔戈拉》319d,希罗多德《原史》1.67。[按]这里的"法律"是复数,英语通常翻译为大写的 Laws,尽管(整理好的)希腊文并不是大写。翻译成汉语的时候,为了用引号突出其人格特征。也就是说,凡是大写的 Laws,就加引号,不是大写的,就不加。

50a8: ἐπιστάντες [站在面前],[A 注]该词常常用来指"监督"(stand over)某人的一个幽灵,参《会饮》192d。苏格拉底用这个词,这很自然,因为他虔诚地相信有幽灵之事,另参上文 44a 梦中的白衣女子。按:该词有"相对而立"之意。

"告诉我,苏格拉底,你脑子里打算干什么?你做的这件[50b]事情,除了成心试图尽你所能彻底毁灭我们法律以及整个城邦而外,又还

能是别的什么呢？你是否认为那个城邦还能够继续存在而不是已被推翻，如果在该城邦中，已生效的判决没有丝毫力量，反倒被私人弄得[b5]不再有效而遭毁灭？"["Εἰπέ μοι, ὦ Σώκρατες, τί ἐν νῷ ἔχεις ποιεῖν; ἄλλο τι ἢ τούτῳ τῷ ἔργῳ ᾧ ἐπιχειρεῖς διανοῇ τούς τε νόμους ἡμᾶς ἀπολέσαι καὶ σύμπασαν τὴν πόλιν τὸ σὸν μέρος; ἢ δοκεῖ σοι οἷόν τε ἔτι ἐκείνην τὴν πόλιν εἶναι καὶ μὴ ἀνατετράφθαι, ἐν ᾗ ἂν αἱ γενόμεναι δίκαι μηδὲν ἰσχύωσιν ἀλλὰ ὑπὸ ἰδιωτῶν ἄκυροί τε γίγνωνται καὶ διαφθείρωνται;"]

50a8-9：Εἰπέ μοι, ὦ Σώκρατες[告诉我，苏格拉底]，[D注]这里从刚才的 ἡμᾶς[我们]有些突兀地转到 Σώκρατες[苏格拉底]，表明苏格拉底在这方面实际上认为只有自己一个人才应该对"法律"负责。[按]刚才的"法律"虽是复数，这里却是单数的"我"，说明其中的一个法律扮演着发言人的角色（参 D 注），或者，复数的"法律"也可能只是一个"人"，只不过它有很多属性而已？

50a9：ἄλλο τι ἤ[除了……还能是别的什么]，[A注]相当于拉丁语的 aliudne quid quam，也就是 nonne（按：T 注为 do you not）。另参《申辩》24c9-d1：ἄλλο τι ἤ περὶ πλείστου ποιῇ ὅπως ὡς βέλτιστοι οἱ νεώτεροι ἔσονται[把青年们变得尽可能最好，不是顶重要的事吗]（吴飞译文）。单独用 ἄλλο τι，也是同样的意思。

[G 注]"法律"在问这个问题的时候，常常被认为是在利用"如果每个人都不遵守法律，会发生什么"这一公式的普遍化推论，因为只有以那个假定为基础，法律和国家才会"被毁灭"。然而，根本没有必要在这个文本中解读出这样的推论来。[按]一般都译作"不是吗"（直译为英文则是 anything other than）：王太庆和严群以及绝大多数英译本与施莱尔马赫和阿佩尔的两个德文本都这么译，惟有 Ga 本译作 anything short of（除外还是什么），颇为接近希腊语字义。我们这里也按照希腊语原文硬译。另参《王制》333a13：ἤ τι ἄλλο，略有区别，英文一般译作 or something else，顾寿观译作"或者还是别的什么"。

50b1: τούς τε νόμους ἡμᾶς ἀπολέσαι [彻底毁灭我们法律]，[A 注] 这里的 ἡμᾶς [我们] 一词起强调作用，几乎是指示性：它前后的音律（voice）都应该暂停。法律和雅典的政制都被传讯（arraigned）到苏格拉底面前：因此，ἀπολέσαι 意思是"杀死"、"消灭"，也就是通过对他不利的裁决。同样的情况亦见《法义》857a，那里的比喻至今仍然在用，似乎是说在谋弑国家的法律。

[E 注] 苏格拉底（假想中）所思索的这种"破坏"是否能够发生，还存在争议。显然，在雅典人（甚或在我们今天）的流行观点来看，这是反直觉的，但这里把它人格化后，就更有道理了：个体的行为能够"破坏"一个民族（正如这里 b1 的"法律"被表达成的 ἡμᾶς [我们]）。"法律"似乎认为一次犯法就会引起整个法律体系的毁灭，甚至（b2）σύμπασαν τὴν πόλιν τὸ σὸν μέρος [尽你所能，整个城邦]，即"就你（个人）能力所及"，或者如一句讽刺性的旁白："正如你在这个进程中的功劳"。关于这种"结果主义"（consequentialism）的论证，也就是说，苏格拉底的沉思行为在某种程度上会导致或实际上引起法律的毁灭，以及对此的另外阐释，参 R. D. Woozley. *Law and Obedience: The Argument of Plato's Crito.* London, 1979, pp. 111-129.

50b2: τὸ σὸν μέρος [尽你所能]，[A 注]"就你的责任来说"（as far as lies with you），另参上文 45d（按：那里译为"对你来说"）。接下来的 ἤ δοκεῖ σοι οἷόν τε [你是否认为能够] 中，最好把 δοκεῖ 视为插入语（"认为你"），并把 ἐστίν 理解为跟 οἷόν τε 一起，而不是把 εἶναι 理解为跟在 δοκεῖ 之后。

50b3: καὶ μὴ ἀνατετράφθαι [不是已被推翻]，[S 甲注] 意即"被打翻之后，不要赖着不起来"，这是完成时的要点之所在。[E 注] ἀνατετράφθαι，"被打翻"，通常用来指一个容器的倾覆翻转，这里隐隐指"国家之船"。

[B 注] ἀνατετράφθαι 意为"被推翻"。"倾覆"一个容器的 vox propria [特定表达] 是 ἀνατρέπω，因此它也可以用来指"国家之船"，

《王制》389d4 说明这个隐喻仍然还能感觉得到,另参《优提弗伦》14b6。

50b4：αἱ γενόμεναι δίκαι [已生效的判决]，[S 甲注]或者另作 αἱ δίκαι αἱ δικασθεῖσαι，意为"根据法律所宣布的判决"。[A 注] δίκαι 在这里的意思是"判决"、"决定"，而不是"诉讼"：这种用法在荷马史诗中很常见，但在阿提卡希腊语中却很少见。γενόμεναι 等于 50b8 中的 δικασθείσας[已判定的]。

50b4-5：μηδὲν ἰσχύωσιν ... ἄκυροί ...διαφθείρωνται [没有丝毫力量……不再有效……遭毁灭]，[E 注]请注意这里重复而极端的语言。"法律"的立场是说，如果让苏格拉底的行为以及其他诸如此类的东西毫无效果，就会破坏整个系统。现在我们就有可能体会得到苏格拉底在上一个部分在他与克力同之间所作出的相同看法的重要性：起到"奠基"的作用（ground-preparing）。如果能够证明苏格拉底逃跑会伤害"法律"，那么就已经承认，这就会是对"法律"的一种不义，而不管是否有人会发怒。

[按]此前如 47c7 中的 διόλλυσι 和 47d8 中的 διολέσωμεν 与这里的 ἀπολέσαι 是同根词，惟有前缀不同。另外 λωβᾶται 译作"损毁"，此前 διεφθαρμένου 和 διαφθείρωνται 译作"败坏"或"毁灭"。

克力同啊，对于这个问题以及诸如此类的其他问题，我们该怎么说呀？有人对此还有很多要说的呢，尤其是法律辩护人，他会代表这条被彻底毁灭的法律说，法律规定，已判定的判决必须生效。[τί ἐροῦμεν, ὦ Κρίτων, πρὸς ταῦτα καὶ ἄλλα τοιαῦτα; πολλὰ γὰρ ἄν τις ἔχοι, ἄλλως τε καὶ ῥήτωρ, εἰπεῖν ὑπὲρ τούτου τοῦ νόμου ἀπολλυμένου ὃς τὰς δίκας τὰς δικασθείσας προστάττει κυρίας εἶναι.]

50b7：ἄλλως τε καὶ ῥήτωρ [尤其是法律辩护人]，[B 注]这指的是古希腊的一种政治法律实践，即，指定公共辩护人（σύνδικοι [被告辩护士]或 συνήγοροι [原告辩护士]）来为他人提议要废除的法律进行辩护。另参德墨斯忒涅斯 24§23 中所引用到的法律。[A 注]

苏格拉底受审的场景还历历在目。

[G 注]"尤其是一个法律辩护人"（legal advocate）。指定一个公共辩护人为提议要废除的法律进行辩护，这是雅典的惯例。但"法律"在提到这种司法程序时，也许是在影射要"废止"他们即将提到的那条基本原则，纯属荒唐透顶。[D 注]"这对一个雄辩的演说家来说会是一个很好的主题。"

[E 注]"公共发言人"、"辩护人"。Burnet 和 Adam 认为这里提到了一直特定的功能：如果有人提议要废止法律，就要指定一名公共辩护人（*σύνηγορος*）来为该法律辩护。这里的意象就是在谈这位反对苏格拉底"提议"（即废除那条要求司法审判必须得到遵守的法律），从而为"法律"辩护的 rhetor。[按]*ῥήτωρ* 一般指"演说家"，也指"下判词的人"，即"法官"，还指"辩护人"（advocate）。

50b7: *εἰπεῖν ὑπὲρ τούτου τοῦ νόμου* [代表这条法律说]，[D 注]"代表这条法律，如果它处在危险中的话"。另参下文 d1 的 *ἐπιχειρεῖς ἀπολλύναι*[试图彻底毁掉]。这种遭受危险的观念，常常用该动词的现在时或过去时。这段话的措辞让人想起雅典人的做法，如果任何人提议要修改或废止某条法律，那么这条法律就应该由常规制定的辩护士（*συνήγοροι*）来辩护，但这里的"法律"全然人格化了，就好似受到冤枉的人一样。

50b8: *τὰς δίκας ... κυρίας εἶναι* [判决生效]，[B 注]Amnesty[大赦]之后通过且为 Andocides I§88 引用过的这条法律，*Τὰς μὲν δίκας, ὦ ἄνδρες, καὶ τὰς διαίτας ἐποιήσατε κυρίας εἶναι, ὁπόσαι ἐν δημοκρατουμένῃ τῇ πόλει ἐγένοντο*，在民主制恢复后，更能够适用于司法审判中。

[G 注]"这就要求，判决一旦发布，就应该拥有权威"，这里的措辞一直都被解读成是在指公元前 403 年"三十僭主"（Thirty Tyrants）倒台后，雅典民主制得以恢复时所通过的一项特别的法律。它恢复了三十僭主上台之前的民主制法庭所颁布的一项判决。但丝毫没有道理说这是在援引一条专门为了支持苏格拉底自己受审之

前五年所颁布的判决而制定的法律。

[E 注]苏格拉底被想象成企图破坏这样一条法律，该法律规定：法庭作出的判决应该生效（再次注意这里的 *ἀπολλυμένου*[彻底毁灭]所表达的强硬措辞）。苏格拉底的逃跑潜在地会让这条法律的这方面首当其冲失去效力；他的行为就会是不遵守法庭裁决。

[按]"生效"，本意指"具有权威的"。动词不定式有"应当"之意，故加上了"必须"二字。这句话译作"这条法律要求已经颁布的判决必须具有最高权威"，可能更有气势。Ga 本即作：the one requiring that judgments, once rendered, shall have authority。

[50c]或者我们对它们说"城邦对我们行了不义，因为它没有正确地判决"吗？我们就这样说，还是怎么说？[*ἢ ἐροῦμεν πρὸς αὐτοὺς ὅτι "Ἠδίκει γὰρ ἡμᾶς ἡ πόλις καὶ οὐκ ὀρθῶς τὴν δίκην ἔκρινεν;" ταῦτα ἢ τί ἐροῦμεν;*]

50c1：*Ἠδίκει γὰρ ἡμᾶς ἡ πόλις*[城邦对我们行了不义]，[S 甲注]既然这里的语词是第一人称的引语，引入小品词 *γὰρ* 就变得浑不可解了。Heindorf 主张把 *ἠδίκει*[行不义]读作 *ἀδικεῖ*，但苏格拉底眼下不是在说政府对公民所犯下的一般性的不义，而是在说他自己所受审判中遭到的特定的不义：正如下一句清楚表明的那样（另参 S 甲注）。这段话可以如此翻译："因为国家不正义地对待了我们，判了我们的刑，还把我们关进了监牢。" Buttmann 正确地理解了这一段话的意思，还恰当地注意到动词 *ἔκρινεν* 是不定过去时。按：不少版本都没有把这句话放到引号中视为直接引语。

[A 注]这里的小品词 *γὰρ* 的确切意义其实很清楚："是的，我的意思就是要伤害法律。"Heindorf 用现在时的 *ἀδικεῖ* 来替换过去时的 *ἠδίκει*：该词的现在时常常用于过去所犯的不义，因为这种不义在得到补偿以前被认为一直都在。但苏格拉底说的话，就好像他已经超越了（outlived）受伤感：过去时的 *ἠδίκει*[行不义]因此就与苏

格拉底座右铭 ἐν εὐφημίᾳ χρὴ τελευτᾶν[应该在好名声中死去](《斐多》117e）的精神相一致了。

[B注]无论如何都不应该理解为 Adam 所说的早就穿越了伤害的感觉，因为苏格拉底实际上并没有采纳（克力同的）请求。

[E注]"城邦有罪……"的意境就是把城邦当成了被告，要面对苏格拉底和克力同正式提出的控告，其内容就是城邦在苏格拉底的审判中作出了错误的裁决。这里的 γὰρ 起解释的作用，它所解释的行为就可以理解为"（是的，我们就是如此看待这件事情）因为城邦……"，而 καί 则连接原因："城邦有罪，因为它没有……"

[T注] γὰρ 指的是一种暗含的原因：我们当然有权利逃跑，"因为城邦对我们行了不义"，这里省略了"城邦判了我们的刑"。[按]汉译似乎无法体现小品词 γὰρ 的味道。王太庆把这里的 γὰρ 译作"是的，我们要破坏法律，因为国家冤枉了我们，把案子判得不公"。Ga 本译作 Yes, that is our intention, because the city was treating us unjustly, by not judging our case correctly，似稍过。我把 ἠδίκει 译成"行了不义"是为了与前面的译法保持一致，但这样的话对于城邦来说，可能太重（尽管不如 E 注所谓"有罪"重），像王太庆和严群那样译成"冤枉"则较为适中。

50c2: ἢ τί ἐροῦμεν [还是怎么说]，[S甲注]即，ἢ τί ἄλλο ἐροῦμεν [还是另有什么说法]。另参色诺芬《齐家》3.3，柏拉图《高尔吉亚》480b，《王制》332c。

克：宙斯在上，就要这样说，苏格拉底。[Ταῦτα νὴ Δία, ὦ Σώκρατες.]

苏：如果法律这样说，又当如何："苏格拉底，[c5]难道我们与你以前同意过[你]那个说法吗，还是同意说要遵守城邦判定的判决？"[Τί οὖν ἂν εἴπωσιν οἱ νόμοι "Ὦ Σώκρατες, ἦ καὶ ταῦτα ὡμολόγητο ἡμῖν τε καὶ σοί, ἢ ἐμμενεῖν ταῖς δίκαις αἷς ἂν ἡ πόλις δικάζῃ;"]

50c4-6：ἦ καὶ ταῦτα ὡμολόγητο...δικάζῃ [难道同意了（你）那个说法……判定]，[S 甲注]有人凭猜测给这段话补上了一些内容，但根本就没有必要。Fischer 说得公道："据众多抄本和 Aldine 版本来看，如果我们采信 ἦ καὶ ταῦτα 这种读法，这段话无疑就是真的。因为 ἐμμενεῖν ταῖς δίκαις 的意思是'遵守判决'，所以，毫无疑问，代词 ταῦτα[那个说法]指的就是前面的词语：Ἠδίκει γὰρ ἡμᾶς ἡ πόλις καὶ οὐκ ὀρθῶς τὴν δίκην ἔκρινεν[城邦对我们行了不义，因为它没有正确地判决]，其含义就是，'无论这件事是否也为我们所同意，即，你应该控告国家及其不义的判决；或者毋宁说根本就没有达成协议说你应该遵守国家做出的决定。"关于 ἐμμενεῖν ταῖς δίκαις[遵守判决]，另参 Liucian. T. I.，页 606（Reitz 编本）。关于 μένειν ἐν τοῖς νόμοις[守法]，另参修昔底德（Ducker 编本的页 330），柏拉图《王制》619c3-4 中则是 οὐ ἐμμένοντα τοῖς προρρηθεῖσιν（按：牛津本作 οὐκ ἐμμένοντα τοῖς προρρηθεῖσιν）[并不遵守预先警告]（张文涛译文）。

50c4-5：ἦ καὶ ταῦτα [难道（你）那个说法]，[S 乙注]这一段话有各种各样读法和阐释，然而，Fischer 的解释最充分和正确，因为它扎根文本。ταῦτα[那个说法]要理解为指前面的 Ἠδίκει γὰρ ἡμᾶς ἡ πόλις...，与下文 ἐμμενεῖν ταῖς δίκαις[遵守判决]针锋相对。"法律"说，这是不是我们之间以前订立的合约，说如果法律的诉讼程序不合法，你就可以控告国家不义；还是说，你应该遵守国家在我们的批准下颁布的决议？在雅典，在 ephebi[青年人]得允登记成为公民之前，要强迫他们发誓，尤其要他们答应让神明作为誓言的见证。不清楚为什么斐奇诺要这样解读这段话，但他没有把握住其含义。

[B 注]"那也是在协议之中的吗"？也就是说，决议的正义性应该是可以讨论的问题。[A 注]"这也"，即，可以保留：你要质疑我们的法令，如果你认为它们错了，就不遵守。小品词 καὶ 的含义由下一行来确定：ἦ ἐμμενεῖν...δικάζῃ，即，"或者要遵守国家做出

的决定"，即，毫不保留地遵守。

[？注]克力同很自然地把苏格拉底的解释视为不服从的明显借口：在苏格拉底案件中，法庭的判决不正义。因此，这种借口并没有明确地在上文克力同的"劝说"中起作用，这难道不奇怪吗？

[E 注]柏拉图这里是在引入一种观念，把法律当成国家与公民之间的契约，尽管在对话的这个阶段，还不清楚"法律"与苏格拉底之间的"协议"（agreement）是什么性质，以及它如何达成。[按]严群和王太庆的译法都有问题，就在于忽略了连词 ἤ...ἤ，英语通常做 either...or[要么……要么；究竟……还是]。动词不定式 ἐμμενεῖν[遵守]之前，承前省略了谓语动词 ὡμολόγητο[同意]。这句话还可以更通顺地译为："究竟（你）那个说法是我们与你之间同意了的，还是说要遵守城邦判定的判决，才是我们所同意的？"

如果我们对它们所说的话感到惊讶，它们也许还会说："苏格拉底呀，你对所说的这些事情不要感到惊讶，而是要回答，既然你惯于使用问答的方法。说吧，你对[50d]我们和城邦有什么好控告的，竟而至于试图彻底毁掉我们？首先，难道不是我们生了你，也就是你父亲通过我们才娶了你母亲并生下了你？你倒说说，对于我们这些人，这些关于婚姻的法律，你指责什么，[d5]有哪点不好？"[εἰ οὖν αὐτῶν θαυμάζοιμεν λεγόντων, ἴσως ἂν εἴποιεν ὅτι " Ὦ Σώκρατες, μὴ θαύμαζε τὰ λεγόμενα ἀλλ᾽ ἀποκρίνου, ἐπειδὴ καὶ εἴωθας χρῆσθαι τῷ ἐρωτᾶν τε καὶ ἀποκρίνεσθαι. φέρε γάρ, τί ἐγκαλῶν ἡμῖν καὶ τῇ πόλει ἐπιχειρεῖς ἡμᾶς ἀπολλύναι; οὐ πρῶτον μέν σε ἐγεννήσαμεν ἡμεῖς, καὶ δι᾽ ἡμῶν ἔλαβε τὴν μητέρα σου ὁ πατήρ καὶ ἐφύτευσέν σε; φράσον οὖν, τούτοις ἡμῶν, τοῖς νόμοις τοῖς περὶ τοὺς γάμους, μέμφῃ τι ὡς οὐ καλῶς ἔχουσιν;"]

50c6-7：αὐτῶν θαυμάζοιμεν λεγόντων[对他们所说的话感到惊讶]，[A 注]"应该对它们的语言感到惊讶"：θαυμάζειν[感到惊讶]一般跟人称的属格。[E 注]"惊讶"云云，在暗示苏格拉底和克力同的惊讶的同时，柏拉图也在表现可能的观众对一种新的而且可能有争议的观点的反应。

50c9：τῷ ἐρωτᾶν τε καὶ ἀποκρίνεσθαι [问答的方法]，[B 注] 即 τῳ διαλέγεσθαι[对话]，是苏格拉底常用的方法（按：即"辩证法"，又被称作"苏格拉底的方法"）。另参《申辩》17c，27b，33b，41c，《普罗塔戈拉》336c4，《斐多》75d2，《王制》534d8，《拉刻斯》187c1 以下。

50c9：τί ἐγκαλῶν [有什么好控告的]，[E 注]这在苏格拉底刚才所提出的控告中，是一个修辞性的问题。"法律"只是在暗示那种特殊的控告并不成立，其原因已如前所述。还有一种可能（另参 R. Weiss. *Socrates Dissatisfied: An Analysis of Plato's Crito*. New York / Oxford, 1998, p. 94。按：该书已有中译本，维斯：《不满的苏格拉底》，罗晓颖译，华东师大出版社 2011 年，页 142)，τί 可以理解为独立的用法，就让问题变得更真实了："你为什么要通过控告我们和城邦（指的是 50c1-2）而试图毁灭我们？"

[按]τί 可以理解为"什么"（what）和"为什么"（why），绝大多数西文译本（包括德译本）都译作前者。如果把分词 ἐγκαλῶν[控告]理解为原因或手段，则当如 Weiss 所说。这里显然有一种居高临下的态势，轻蔑地指责苏格拉底的"忘恩负义"：我们法律和城邦待你不薄，甚至给予了你生命，你还有什么好控告的，你干吗要置我们于死地？

50d1-2：οὐ πρῶτον μέν σε ἐγεννήσαμεν [首先，难道不是我们生了你]，[S 乙注] πρῶτον μέν[首先]后面本来应该接 ἔπειτα[然后]，但在下文 d5-6 的 Ἀλλὰ τοῖς περὶ τὴν τοῦ γενομένου...[那些关于出生者的]已经暗含了 ἔπειτα 的意思，后面这句话本来应该写作：ἔπειτα οὐ καλῶς προσέταττον οἱ ἐπὶ τῇ τροφῇ τε καὶ παιδείᾳ τεταγμένοι νόμοι, παραγγ... —παιδεύειν; ἢ καὶ τούτοις μέμφει; —Καὶ δι' ἡμῶν——这解释了前面的 σε ἐγεννήσαμεν[我们生了你]。雅典法律要求所有公民，尤其是那些在国家中身居要职的人，都必须结婚，目的在于传宗接代，这被视为父母好品行的

保证，也表明他们十分关心共和国的利益。"

[B 注]γένεσις[生]，τροφή[养]，παιδεία[教]这个序列在此再次出现（另参 45d1 的注释），另参《法义》920a8。这句话的含义出现在下一个从句中，只是为了表明苏格拉底是"合法出生的"。[A 注] πρῶτον μέν[首先]与 d5-6 的 Ἀλλά 相连，这样就让第二个问题更生动，类似的笔法可比较 48a 和 53b。ἐγεννήσαμεν = γενέσθαι ἐποιήσαμεν，意思是"使之存在"（called into existence），另参亚里士多德《论天》283b31。[E 注]为什么说法律"生下"了苏格拉底，下文马上就做了解释："法律"批准父母的合法结合，然后苏格拉底才得以出生。在雅典，合法出生是获得公民权至关重要的条件，因为它是所有公民权的基础，尤其是财产继承权的基础。

50d2-3：καὶ δι' ἡμῶν ἔλαβε ... ἐφύτευσέν σε [通过我们娶了……生下了你]，[A 注]这是在解释 ἐγεννήσαμεν [生下]。请注意 λαμβάνω（按：即不定过去时 ἔλαβε，Adam 认为应该是过去时的 ἐλάμβανεν）的含义是"娶妻"，另参欧里庇得斯《阿尔克斯提斯》行 325：γυναῖκ' ἀρίστην ἔστι κομπάσαι λαβεῖν[你可以夸说娶了个最贤德的妻子]（张竹民译文）。Goebel 指出，这里的过去时让人想起求爱（如果有的话）与婚礼的场景和设施。

50d4：τοῖς περὶ τοὺς γάμους [关于婚姻]，[A 注]Cron 指出，苏格拉底脑子里想的主要保护婚姻合法性以及由此而保护合法婚生子的法律。

"没有什么好指责的，"我会说。"或者还要指责我们那些关于出生者的抚养和教育的法律，而你本人也是受那些法律教养出来的啊？还是说我们这些规定了这一条养育的法律不曾很好地预先规定，也就是规劝你父亲在[50e]文教和体育方面教育你吗？""很好地预先规定了。"我会说。["Οὐ μέμφομαι," φαίην ἄν. "Ἀλλὰ τοῖς περὶ τὴν τοῦ γενομένου τροφήν τε καὶ παιδείαν ἐν ᾗ καὶ σὺ ἐπαιδεύθης; ἢ οὐ καλῶς προσέταττον ἡμῶν οἱ ἐπὶ τούτῳ τεταγμένοι νόμοι, παραγγέλλοντες τῷ πατρὶ τῷ σῷ σε ἐν μουσικῇ καὶ γυμναστικῇ παιδεύειν;" "Καλῶς," φαίην ἄν.]

50d5：Οὐ μέμφομαι[没有什么好指责的]，[E 注]苏格拉底在这里扮演了一个通常由其谈话对手扮演的角色——也就是一个顺从的"喂养物"的角色。按：直译为"我不指责"。

50d6：τροφήν τε καὶ παιδείαν[抚养和教育]，[A 注]柏拉图常常用这种表达法来表示孩子的抚养和教育，另参《王制》445e。τροφή[抚养]是一个更为宽泛的词语，包括对身体的一般照料，而在παιδεία[教育，教化]中，突出的观念就是照料灵魂。

[E 注]即对孩子的基本养育。苏格拉底这里（为了论证之需？）对雅典习传的教育丝毫不加批评，这与他在其他地方的观点相反，参《拉刻斯》、《申辩》，尤其是《高尔吉亚》。指控苏格拉底，说他鼓励孩子们不敬重父母，见于色诺芬《回忆录》1.2.49 和色诺芬《苏格拉底的申辩》20，这也许早已是对他普遍看法，在阿里斯托芬《云》中有所反映（见下文 51a1-2 的注释）。据柏拉图，苏格拉底对雅典教育的批评更好地体现在《普罗塔戈拉》339 以下，柏拉图在书中让苏格拉底嘲讽了人们对传统希腊诗歌的惯常阐释。

50d7：οὐ καλῶς...[难道没有很好地]，[S 甲注]"法律"极为强调地重复了刚才所提的那个问题。这个地方因此可以如此翻译："但你是不是在抱怨重视抚养和教育孩子的法律，你曾受益于那种抚养和教育啊？我们那些为了这些目的而制定的法律难道未曾很好地令行禁止吗？"等等。一般的抄本读作 ἢ οὔ，不正确（按：Stallbaum 读作 ἦ οὔ，Adam 也如此认为，后者等于拉丁语的 Nonne）。

50d8：παραγγέλλοντες τῷ πατρὶ[规劝父亲]，[B 注]我们不能很有把握地推论说，要直接"强制"父母在 μουσική[文教]和 γυμναστική[体育]方面教育自己的儿子。然而，从埃斯基涅斯 1§7 以下，我们却的确知道，梭伦的法律包含着学校训练的细微规定，法律明确地（διαρρήδην）规定 ἅ χρὴ τὸν παῖδα τὸν ἐλεύθερον ἐπιτηδεύειν, καὶ ὡς δεῖ αὐτὸν τραφῆναι[必须照管自由民的孩子，同样也必须养育他们]。

[E注]我们知道,没有任何一种雅典法律强迫父母教育自己的儿子,尽管梭伦这位六世纪的政治家和立法者制定了详细的法律规定"自由民的孩子"应该学些什么东西。苏格拉底这里的要点有一种修辞学上的效果:παραγγέλλω[规劝]的弦外之音就是"建议"或"劝诫"(比 κελεύω 稍弱,参《希英词典》)。

50d8-e1:ἐν μουσικῇ καὶ γυμναστικῇ παιδεύειν [在文教和体育方面教育],[S 乙注]这是希腊人的习俗和法律,尤其是雅典人的习俗和法律,参亚里士多德《政治学》卷八章三等。

[?注]希腊人,除了斯巴达人外,都习惯于将孩子送去学习文化, γράματα[书写,学问]或 γραμματική τέχνη[文书的技艺],这首先象征着 ἐπιστήμην τοῦ γράψαι καὶ ἀναγνῶναι[学习了书写的知识],也就是得体的书写技艺。这在后来变得更为宽泛,以至于要用 φιλολογία[对讨论的喜爱,对文学的喜爱,后指语文学]这个术语来表示,该术语指关于历史、诗歌、雄辩和一般文学的知识。孩子们也学习体育锻炼、音乐,学习绘画的也并不罕见。

[T注]"体育"包括身体方面的所有"锻炼"和"训练"(training),希腊人在这方面无与伦比。μουσική[文教]则包括精神上全部的"训练"(discipline)和"文化",或者如该词所示,包括"缪斯"(muses)的各个分支。希腊人把"品味"和"情感"的培育看得无比重要,有助于解释他们用来称呼这个教育门类的名称。有的作者还加上了第三个门类 γράματα[书写,学问](letters),或初级教育。亚里士多德在《政治学》卷八章二中把教育分成了四个门类,在文学、体育、音乐之外,增加了绘画(γραφική)。

[A注]这是希腊教育的两个分支,其目的就是要在健康的身体中产生健全的灵魂,另参柏拉图《王制》376e。μουσική[文教]在宽泛的意义上也包括 γράματα[书写,学问](阅读、写作和算术)和 κιθάρισις[演奏弦琴],还包括大段大段背诵诗人的作品,尤其是荷马史诗。[E注] μουσική[文教]包括标准教育的整个文化方面

（literary side）。按：汉译由此不译为常见的"音乐"或"乐教"，而译成更宽泛的"文教"。

[D 注]Nettleship 在 *Hellenica* 上发表的文章《柏拉图〈王制〉中的教育理论》（The Theory of Education in Plato's Republic）页 88 说："普通希腊绅士的教育，就像普通英国绅士的教育，由一定数量的精神培育和一定数量的体操训练构成。前者除了阅读、写作和一些基础的数学之外，主要由背诵和记忆诗歌为主，有时也包括绘画。也许如此多的诗歌最先都是吟唱出来的，或者配以吟唱，所以，'音乐'这个词有时用来既指音乐教育本身，也指文学教育，柏拉图正是在这种更为宽泛的意义上使用该词。""缪斯"在古希腊有着比我们现在更宽的领域。

50e1：Καλῶς [很好地]，[A 注]这只是让苏格拉底谈到了 μουσική[文教] 和 γυμναστική[体育]，至于 μουσική[文教] 和 γυμναστική[体育]是否得到正确的教育，完全是另外一回事。根本不可能相信苏格拉底赞成雅典的教育方法，因为他从来不倦于攻击同胞的无知，并且在他看来，知识是可以传授的。柏拉图在《普罗塔戈拉》339 以下让苏格拉底精心地嘲讽了大众解释是人的方式，证明那帮货色那里根本就没有真正的教育。柏拉图本人则不仅在实际的课程体系方面，而且还在其方法上拒斥大众教育，另参《王制》521c 以下。

"还是的呀。既然你生下来了，被养大成人，受到了教育，你竟然能够首先说你本人以及你的祖先就不是我们的子孙和奴隶？如果果真[e5]那样，难道你会认为你与我们在正义上就平等，因而你就把无论我们试图对你做任何事情，你都可以反过来做同样的事情视为正当之举？[" Εἶεν. ἐπειδὴ δὲ ἐγένου τε καὶ ἐξετράφης καὶ ἐπαιδεύθης, ἔχοις ἂν εἰπεῖν πρῶτον μὲν ὡς οὐχὶ ἡμέτερος ἦσθα καὶ ἔκγονος καὶ δοῦλος, αὐτός τε καὶ οἱ σοὶ πρόγονοι; καὶ εἰ τοῦθ' οὕτως ἔχει, ἆρ' ἐξ ἴσου οἴει εἶναι σοὶ τὸ δίκαιον καὶ ἡμῖν, καὶ ἅττ' ἂν ἡμεῖς σε ἐπιχειρῶμεν ποιεῖν, καὶ σοὶ ταῦτα ἀντιποιεῖν οἴει δίκαιον εἶναι;]

50e3-4: ἔκγονος καὶ δοῦλος [子孙和奴隶]，[E 注]从前面的话可见，以隐喻的方式来说，苏格拉底似乎就被视为"法律"的后代，但他怎么可能被看成法律的"奴隶"呢？然而，法律作为（唯一的）"主人"削减着个人的自由权限，这在公元前五世纪和公元前四世纪的修辞中却再普通不过了，强调的是"城邦"的品质，与希腊之外的地方让城邦从属于个人相反，另参希罗多德《原史》7.104，柏拉图《王制》563d，《法义》700a。"法律"在这里的论证更多地是借用了意识形态，而不是逻辑论证。

[A 注]可以说，苏格拉底乃是 δοῦλος κἀκ δούλων [奴隶中的奴隶]。这种表达方法可以比较《申辩》42a1-2: δίκαια πεπονθὼς ἐγὼ ἔσομαι ὑφ' ὑμῶν αὐτός τε καὶ οἱ ὑεῖς [我和我的儿子从你们得到的就是正义的]（吴飞译文）。[D 注] δοῦλος [奴隶]与 δεσπότης [主人]相对（参 50e8）。这种高水平地服从现行法律，在柏拉图写作之前就已为人熟知。

50e5: ἆρ' ἐξ ἴσου ... τὸ δίκαιον [在正义上平等]，[B 注]"你是否认为你与我们有着同样的正当性"？关于 ἐξ ἴσου（字面意思为"在一个水平上"）后面接两个与格，另参吕西阿斯 12§81。σοί [你]受 δίκαιον [正义]支配。

[A 注]"你是否认为你的权利与我们的在同一个水平上"（Church 译文）？ καὶ ἡμῖν [跟我们]中的，等于拉丁语的 atque，好比在 pariter atque [与之相同]中。ἡμῖν [我们]后面的那个小品词 καὶ，起解释的作用。

[E 注]这是论证的第二个方面。不应该试图报复（即逃跑），因为它是在公然反抗更高的权威。τὸ δίκαιον [正义]在"法律"与苏格拉底之间不是 ἐξ ἴσου [平等]的，父子之间或主奴之间更不是。禁令的力量似乎来自类比的操作；而"法律"之"为人父母"这个比喻，在这一段中承担了过多的论证功能（另参下文 50e7-51a7 的注释）。

[按] δίκαιον 是形容词中性形式，一般表示抽象概念，英译本大

多译作 right（权利），阿佩尔和施莱尔马赫的德译本都作 Recht，惟有 Gallop 译作 what is just。查字典，τὸ δίκαιον 意为"法律、正义、公道"。苏格拉底在这里似乎正是利用了该词的双关意思。

50e5：ἀντιποιεῖν [反过来做]，[E 注]苏格拉底和克力同此前（49b9-c9）已同意，这在任何情况下都是不义的；因此，严格说来，这里的论证是多余的。[按]字典注录为"报答"、"报复"、"反对"。

还是说你对于你的父亲和主人——如果你碰巧有主人的话——在正义上曾经不平等，不能把你所遭受到的报复回去，既不能因为听[51a]到不受用的话就顶嘴反驳，更不能因为挨了打就还手反击，也不能干诸如此类其他很多忤逆之事：[ἢ πρὸς μὲν ἄρα σοι τὸν πατέρα οὐκ ἐξ ἴσου ἦν τὸ δίκαιον καὶ πρὸς δεσπότην, εἴ σοι ὢν ἐτύγχανεν, ὥστε ἅπερ πάσχοις ταῦτα καὶ ἀντιποιεῖν, οὔτε κακῶς ἀκούοντα ἀντιλέγειν οὔτε τυπτόμενον ἀντιτύπτειν οὔτε ἄλλα τοιαῦτα πολλά·]

50e7-51a7，[B 注]这是典型的疑问形式的"矛盾论证"（argumentum ex contrariis），ἄρα 管两个从句。另参《申辩》20c6 的注释，亦参《普罗塔戈拉》325b6。[A 注]这是一种"不容置疑"（a fortiori）的论证：你既然不允许报复你的父母或主人，那就更不能报复你的祖国及其法律！另参《申辩》28e。这里的 ἄρα 表示惊讶，它出现在两个从句中，就让对比更加犀利，增强了修辞效果。请注意 σοι [你] 的位置处在介词和名词中间：这样就不那么引人注目，因为 σοι τὸν πατέρα 几乎等于 σὸν πατέρα [你的父亲]，另参欧里庇得斯《美狄亚》行 324。

[E 注]注意从 50e7 的 πρὸς μὲν ἄρα 到 50e8 的 καὶ πρὸς 再到 51a2-3 的 πρὸς δὲ ... ἄρα，其强烈的修辞把这个长句串起来推向了 51a2-3 的高潮：你不能在这种"不平等的"情况下（父子、主奴）施行报复，难道这就允许你对"法律"进行报复？要知道，"法律"的含

义可是至高无上的父亲和主人啊。注意，这里把 τὴν πατρίδα[祖国]与 τοὺς νόμους[法律]相提并论，就提高了法律的地位。柏拉图这里使用修辞手法，似乎要支持他在把法律类比成父亲时相当成问题的逻辑。

50e7-8：οὐκ ἐξ ἴσου ἦν [曾经不平等]，[A 注]这里的过去时表示苏格拉底的父亲已去世。οὐκ 与 ἐξ ἴσου 很近，注意不要把它等同于拉丁语的 nonne。

50e8：εἴ σοι ὢν ἐτύγχανεν [如果你碰巧有的话]，[A 注]"如果你碰巧有一个"。不必补上 οὐκ ἂν ἐξ ἴσου ἦν τὸ δίκαιον[在法律上也曾经不平等]：οὐκ ἐξ ἴσου ἦν 是结论句，因为希腊人（拉丁人亦同）更喜欢直接而教条的表达模式，用 ἦν 或 erat，而不是 ἦν ἂν 或 esset。

50e9：ὥστε ἅπερ πάσχοις [所遭受到的]，[A 注]这是在解释 ἐξ ἴσου[平等]：如果曾经有过权利上的平等，苏格拉底就会报复，否则就不会报复。正如 οὐκ ἐξ ἴσου[不平等]构成单重否定的观念，我们本来希望看到的是 ὥστε οὐχ ἅπερ πάσχοις ταῦτα καὶ ἀντιποιεῖν[不把你所遭受到的报复回去]，正如 51a3 中，我们看到的是一个带 ὥστε 的肯定性从句来解释肯定性的 ἔσται ἐξ ἴσου：然而，柏拉图更愿意阐明 ἐξ ἴσου[平等]，而不是 οὐκ ἐξ ἴσου[不平等]。也许他是要刻意避免否定词的累加。

50e9-51a1：οὔτε κακῶς ἀκούοντα ἀντιλέγειν [既不要因为听到不受用的话就顶嘴反驳]，[S 乙注]这是补充解释前面的 ταῦτα καὶ ἀντιποιεῖν[报复回去]，结果它前面就没有任何连接词来连接。

[A 注]从这里一直到 52a2 的 τοιαῦτα πολλά[很多诸如此类]，并不像众多编辑家所说，是在补充说明前面的 ὥστε ... ἀντιποιεῖν[报复]（按：反对 Staullbaum 的看法），而是在解释 οὐκ ἐξ ἴσου ἦν τὸ δίκαιον[曾在法律上不平等]，补充的是 οὐκ ἦν σοι τὸ δίκαιον[对你来说，法律不是……]。κακῶς ἀκούειν[听到不受用的话]是 κακῶς λέγειν[说坏话]的被动形式，ἀποθνῇσκω φεύγω[死里逃生]也是用作 ἀποκτείνω διώκω[追杀]的被动形式。

51a1: τυπτόμενον ἀντιτύπτειν [因为挨了打就还手反击]，[A 注] 参见阿里斯托芬《云》行 1409 以下的有趣场景。费狄庇得斯打了他父亲斯特瑞普西阿得斯，还振振有词（1409-1412）：

{Φε.} καὶ πρῶτ' ἐρήσομαί σε τουτί· παῖδά μ' ὄντ' ἔτυπτες;
{Στ.} ἔγωγέ σ', εὐνοῶν τε καὶ κηδόμενος.
{Φε.} εἰπὲ δή μοι, οὐ κἀμὲ σοὶ δίκαιόν ἐστιν εὐνοεῖν ὁμοίως τύπτειν τ', ἐπειδήπερ γε τοῦτ' ἔστ' εὐνοεῖν, τὸ τύπτειν;

费狄庇得斯：我首先问你，小时候你打过我没有？
斯特瑞普西阿得斯：打过你，我那时疼你，为你好呀！
费狄庇得斯：告诉我，你既然说为我好而打我，我如今也照样为你好而打你又有什么不对？（张竹民译文）

应该注意的是，其中一项对苏格拉底的错误指控，就是说他煽动儿子反对父母。

[E 注]这让人想起阿里斯托芬《云》中戏剧性的颠倒黑白，费狄庇得斯试图为打了他父亲斯特瑞普西阿得斯进行辩护（1321 以下）。"法律"的类比从雅典人的惯常做法中获得了依据，在雅典，对于虐待父母者（κάκωσις γονέων）不仅要在法律上给予严惩，而且在大众道德上也要遭到谴责。要担任公共职务的候选人，在接受 dikimasia（审查）时问到的其中一个问题就是，他是否善待其父母（亚里士多德《雅典政制》55.3-4；按：希腊文为 εὖ ποιεῖ，直译作"善待"，颜一译作"对待双亲恭敬"，日知译作"待他的父母好不好"）。[按]"不受用的话"，或作"坏话"，"不好听的话"。另，"顶嘴"、"还手"和"忤逆"为译者所加。

然而，对于祖国和法律，你难道就能够把你所遭受到的报复回去吗，以至于如果我们打算彻底毁掉你，而我们认为这是公正的，那么，你竟然会竭尽全力反过来试图彻底毁灭我们这些法律以及[a5]祖国，你还会说对我们这样做是行正义之举吗？你这位真正关心德性的人啊！[πρὸς δὲ τὴν πατρίδα ἄρα καὶ τοὺς νόμους ἐξέσται σοι, ὥστε, ἐάν σε ἐπιχειρῶμεν ἡμεῖς ἀπολλύναι δίκαιον ἡγούμενοι εἶναι, καὶ σὺ δὲ ἡμᾶς τοὺς νόμους καὶτὴν πατρίδα καθ' ὅσον δύνασαι ἐπιχειρήσεις ἀνταπολλύναι, καὶ φήσεις ταῦτα ποιῶν δίκαια πράττειν, ὁ τῇ ἀληθείᾳ τῆς ἀρετῆς ἐπιμελόμενος;]

51a2：πρὸς δὲ τὴν πατρίδα ἄρα...[然而，对于祖国竟然……]，[S 甲注]过一会儿(51a4)，我们看到的不是简简单单的 καὶ σὺ ἡμᾶς，而是 καὶ σὺ δὲ ἡμᾶς，意在加强反对的力量。

51a3：ἐξέσται σοι[你能够]，[B 注]省略了 ἅπερ πάσχοις ταῦτα καὶ ἀντιποιεῖν[把你所遭受到的报复回去]，按：中译文为求意思完整而补充了这一句话。Schanz 毫无必要地读作 ἔσται[是]，后面省略的则是 ἐξ ἴσου[平等]。

[按]Adam 强烈主张后一种读法，因为他不喜欢前一种读法的音律，并且还在 ἔσται σοι 后面加了问号，就变成了"难道你在正义上与祖国和法律平等吗？"。

51a5：καὶ σὺ δὲ ἡμᾶς[你对我们]，[A 注]这当然是一个独立的问题：我在独立的句子中没有看到过 καὶ...δέ 这样的例子。这个例子有助于我们了解 καὶ...δέ（and also）这一联合用法的起源。καὶ 与插入语连用（另参埃斯库罗斯《普罗米修斯》行 972-973）。这个地方的 δέ 的准确含义很难解释，多用于疑问句，如柏拉图《普罗塔戈拉》312a。

[B 注]这是 δέ 在结论句中（in apodosi）具有破格效果的典型例子，其结构归属于独立形式（ἐπιχειρήσεις）。这种结构上的改变似乎是要表达急切和真诚。Schanz 据巴黎抄本 1808（实为 T 本的抄件）读作 καὶ σὺ γε，这种读法当然很容易就恢复了语法上的对称，却牺牲了修辞上的效果，而这显然是柏拉图故意为之的。

51a6-7，ὁ τῇ ἀληθείᾳ τῆς ἀρετῆς ἐπιμελόμενος[你这位真正关心德性的人]，[S 甲注]作为同位语而加上的，意在讽刺。[A 注] τῇ ἀληθείᾳ[真正地]一词堪称尖酸刻薄的讽刺：苏格拉底习惯自称 ἐπιμελεῖσθαι ἀρετῆς[关心德性]，参《申辩》30a 和 41e，的确，ἐπιμελεῖσθαι[关心]在苏格拉底的说教中几乎是一个技术词汇，另参色诺芬《回忆录》1.2.3.4。像这样在一个句子末尾加上一个限定性的分词从句，常常就产生出讽刺挖苦的效果来，例如，《申辩》34a。

[E 注]嘲讽性的，因为献身于 ἀρετή[德性]乃是苏格拉底的"使命"的基石（《申辩》30a-b），这里所指的也让人想起刚才克力同在 45d8-9 中对苏格拉底的谴责（"一个终生都在宣谕要关心德性的人"）。"关心"云云的腔调在下一句的 σοφός[聪明]中得以继续，而该词在柏拉图笔下常常具有轻蔑的含义，如《申辩》18b7。

[B 注]讽刺性地暗指苏格拉底 ψυχῆς ἐπιμέλεια[灵魂的照料]的学说。苏格拉底在希腊人中似乎第一个把 ψυχή[灵魂]看做是知识与无知、好与坏的场所（另参拙文《苏格拉底的灵魂学说》，刊于 B. A，1915-1916，页 243 以下）。因此，人的主要职责就是"关心自己的灵魂"（ἐπιμελεῖσθαι τῆς ψυχῆς ὅπως ὅτι φρονιμωτάτη καὶ βελτίστη ἔσται[尽可能最审慎最高贵地关注灵魂]），有时则更简略地表达为 ἐπιμελεῖσθαι ἀρετῆς[关心德性]或 ἐπιμελεῖσθαι οὑτοῦ[关心自己]，后来就有了自己（αὑτός）就是灵魂（ψυχή）的说法。关于这样的说法，另参《申辩》29e2，30b2，31b5，36c6，39d7，41e4，亦参《拉刻斯》186a5。这种 ἐπιμέλεια ψυχῆς[关心灵魂]的原则是苏格拉底学说中最根本的东西。在伊索克拉底（Isocrates）那里也能找到这种学说的很多踪迹，伊索克拉底基本上不可能是从柏拉图那里借用过来的，因为柏拉图比他年轻很多。

[按]"彻底毁掉"是直译，意译应为"判处死刑"。"对我们"三字据 Adam 注释所补。"行正义之举"或可译为"做得对"。

"难道说你那样聪明，竟而至于没有注意到，与你的母亲、父亲和其他所有祖先相比，祖国更受尊重、更庄严肃穆和更神圣纯洁，[51b]甚至在神明和有理智的凡人那里都受到了更大的尊敬，[ἢ οὕτως εἶ σοφὸς ὥστε λέληθέν σε ὅτι μητρός τε καὶ πατρὸς καὶ τῶν ἄλλων προγόνων ἁπάντων τιμιώτερόν ἐστιν πατρὶς καὶ σεμνότερον καὶ ἁγιώτερον καὶ ἐν μείζονι μοίρᾳ καὶ παρὰ θεοῖς καὶ παρ' ἀνθρώποις τοῖς νοῦν ἔχουσι,]

51a7: ἦ οὕτως εἶ σοφὸς [难道说你那样聪明]，[A 注]Bodleian 本是 ἡ，没有重音，其他抄本则写作 ἦ（按：如 D 注）。ἦ 是一种好得多的读法：因为"法律"起先以苏格拉底的夫子自道还治其身（ὁ τῇ ἀληθείᾳ τῆς ἀρετῆς ἐπιμελόμενος [你这位真正关心德性的人]），现在继续以其他人的评价来劝服他。从《申辩》18b 可以清楚地知道，σοφός[聪明，智慧]（就像 φροντιστής[思想家、哲学家]）几乎就是苏格拉底的绰号。σοφός[聪明，智慧]在这里当然是一种辛辣讽刺，就像苏格拉底时代的确常常出现的用法一样，另参柏拉图《美诺》75c，色诺芬《回忆录》2.1.21。

[按]这个句子很长，一直到反引号才结束，共 15 行，本来应该处理成几个句子，但为了与希腊文保持一致，只好译得很长，在注释中注明更为通顺的译法。

51a7: λέληθέν σε [你没有注意到]，[A 注]暗指新的 σοφία[智慧]旨在减少"国家"对个人的控制，而苏格拉底和智术师被认为是这种新智慧的教师爷（professors），参阿里斯托芬《云》行 889-1104。按：以下直到反引号结束共 14 行的内容都是"注意到"的宾语。

51a8: μητρός τε καὶ πατρὸς [与母亲和父亲相比]，[A 注]这里的词序可比较《普罗塔戈拉》346a，其情感则可比较西塞罗《论义务》1.57（加上王焕生译文）。国家对于个人具有第一序的优先权利，而家庭和朋友仅仅排在第二位，这在希腊人和罗马人最鼎盛时期的市民生活（civic life）中，都是公认的原则。苏格拉底把自己的研究置于政治生活之上时，无意中传达了这样一种观点，这种观点的逻辑结果（logical issue）却反而是要消解他想要恢复的那种旧式生活。

51a9: τιμιώτερόν ἐστιν πατρὶς καὶ σεμνότερον καὶ ἁγιώτερον [祖国更

受尊重、更庄严肃穆和更神圣纯洁]，[S 甲注]在 πατρίς[比父亲]前没有必要加冠词，有些抄本却加上了（按：D 本正是如此，理由是"以表明各自的祖国"）。因为在 πατήρ、μήτηρ、παῖς、ἀδελφός、γῆ、πόλις、ἀγρός 以及其他名词后，如果不是用来指某个特定的个体，而是指整个一类，常常不需要带冠词。刚才的 μητρός τε καὶ πατρός [比母亲和父亲]，也是明证。

[A 注]"更有价值、更威严和更神圣"。这是一个高潮。τίμιος[有很高价值，受人尊重的]是一种能够用在 τἀνθρώπινα [人间事务]上最崇高的别称，σεμνός[庄严神圣的]也可用在 τὰ θεῖα[神明事务]上，而 ἅγιος[神圣的，纯洁的]几乎只能用在 τὰ θεῖα[神明事务]上。

51b1: ἐν μείζονι μοίρᾳ [受到了更大的尊敬]，[B 注]这是一种伊奥尼亚的方言（Ionicisim），在"法律"口中极为自然。另参柏拉图《法义》923b5。[S 甲注]这是说那些"更受尊重的，在评价和荣誉方面更高的人"。

[A 注]一种崇高且带点诗味的表达法，另参希罗多德《原史》2.172，《伊利亚特》9.318: ἴση μοῖρα μένοντι καὶ εἰ μάλα τις πολεμίζοι[胆怯的人和勇敢的人也分得同等的一份]（罗念生译文）。

[D 注]典出荷马史诗《伊利亚特》。波塞冬对宙斯说：μενέτω τριτάτῃ ἐνὶ μοίρῃ[安守自己的疆界]（王焕生译文，按：这是意译），也就是呆在宙斯自己作为克洛诺斯三个儿子之一所分得的三分之一个世界里。按：本意为"拥有更大的份额"，或可直译作"很受敬重"。这个短语在《希英词典》中解释为 respect, esteem[敬重，尊敬]。

51b1-2: ἀνθρώποις τοῖς νοῦν ἔχουσι [有理智的凡人]，[A 注]稀少而罕见，另参《蒂迈欧》51e。按：王太庆译为"有识之士"，似更佳。另参《王制》331b7。

[E 注] 50a7-c3 是这个精心修辞的长句的第二部分，意在加强苏格拉底和"法律"之间关系 οὐκ ἐξ ἴσου[不平等]的重要性，还把 polis[城邦]的社会领域囊括了进来，这些领域要求毫无疑问地服从。

本句的说服力量更多地依赖于爱国的修辞，而不是靠逻辑论证，尤其要注意：

1. 该句后半部分把 *ἡ πατρίς*[祖国]替换成 *οἱ νόμοι*[法律]，既是为了 *ἡ πόλις*[城邦]（51b10），也是为了自己（51a9，b2-3，c3），这就表明"法律"让论证滑向了爱国主义，偏离了严格意义上的社会—法律之重点（顺便请注意 b3-4 关于 *πατρίδα*[祖国]—*πατέρα*[父亲]的文字游戏，尤其是为了加强 c2-3 的类比；这种把"父母—祖国"相类比的做法在末尾再次出现）。还请注意用来描述这种类比所用词汇的性质（a9-b1）：*τιμιώτερον*[更受尊重]...*σεμνότερον*[更庄严肃穆] ... *ἁγιώτερον*[更神圣纯洁]，以及 b1-2 的 *καὶ παρὰ θεοῖς καὶ παρ' ἀνθρώποις ... σέβεσθαι*[受神明和凡人敬畏]。

2. "愈来愈高地"（crescendo）重复"三子句"（[tricola]，"三个枝干"式的短语——惯用的修辞手法）是为了加强逐渐累积起来的效果：b5-6：*ἐάντε τύπτεσθαι ἐάντε δεῖσθαι, ἐάντε εἰς πόλεμον ἄγῃ*[无论是鞭打还是监禁，哪怕率领参加战斗]——b8-9：*οὐχὶ ὑπεικτέον οὐδὲ ἀναχωρητέον οὐδὲ λειπτέον τὴν τάξιν*[绝不应退让，也不该撤退，更不能放弃阵地]——b9-10：*ἀλλὰ καὶ ἐν πολέμῳ καὶ ἐν δικαστηρίῳ καὶ πανταχοῦ ποιητέον*[相反，在战斗中、在法庭上以及在任何地方都应该做]。

3. 特有用心地编排颇有说服力的两极 *πείθειν...βιάζεσθαι*（c1），而这种 *πειθώ / βία* [说服/强制]在雅典人自以为更重视说服胜于力量，因而就在比其他希腊人更高明的想象中，起着主要的作用（伊索克拉底，Antidosis, 294）。"法律"对意识形态的强调（另参 50a7-51a7）再次让自己能够把自己的权威立场伪装成好像可以被人劝说一样。参 R. G. Buxton, *Persuasion in Greek Tragedy: a Study of Peitho*, Cambridge, 1982, 58-63。

4. 最后关于司法强制和军事强制的联系（b9-10）。这种关联在公元前五世纪到公元前四世纪的观众那里，似乎不像在我们这里那样让人奇怪，因为"城邦"的审议功能（如宣战与媾和）及其法律角色，比今天结合得更为紧密。然而，即便如此，柏拉图在这里让苏格拉底回避了在战斗中遵守军事命令与服从法庭判决之间明显的区别。除此之外，更为重要的是，在《申辩》中，苏格拉底用军事/法律这种类比来为他"藐视"法庭进行辩护：在《申辩》28e-29a中，苏格拉底把 "不放弃军事任务"这种比喻（在用语上与《克力同》惊人地相似：《申辩》29a1：λίποιμι τὴν τάξιν [脱离岗位]，而在《克力同》51b8 中则是：λειπτέον τὴν τάξιν [擅离职守]），用来为自己"坚守岗位"辩护，即，要继续从事哲学研究，即便这会被法庭禁止（《申辩》29c6-d1。尽管苏格拉底可能仅仅是在说一种假设的情况）。在《克力同》中，这种行为被当做了范例，以说明公民为了满足"法律"的要求而应该"服从"到什么程度。

还必须敬畏、顺从和抚慰盛怒之下的祖国远胜于你的父亲，要么说服、要么执行祖国之所命，必须[b5]安然承受祖国下令让你承受的东西，无论是鞭打还是监禁，哪怕率领你参加会让人受伤甚或送命的战斗，也必须干，因为这样做就是正义之举，绝不应退让，也不该撤退，更不能放弃阵地，[καὶ σέβεσθαι δεῖ καὶ μᾶλλον ὑπείκειν καὶ θωπεύειν πατρίδα χαλεπαίνουσαν ἢ πατέρα, καὶ ἢ πείθειν ἢ ποιεῖν ἃ ἂν κελεύῃ, καὶ πάσχειν ἐάν τι προστάττῃ παθεῖν ἡσυχίαν ἄγοντα, ἐάντε τύπτεσθαι ἐάντε δεῖσθαι, ἐάντε εἰς πόλεμον ἄγῃ τρωθησόμενον ἢ ἀποθανούμενον, ποιητέον ταῦτα, καὶ τὸ δίκαιον οὕτως ἔχει, καὶ οὐχὶ ὑπεικτέον οὐδὲ ἀναχωρητέον οὐδὲ λειπτέον τὴν τάξιν,]

51b3：θωπεύειν [抚慰]，[S 乙注] Fischer 译作 blande palpari, verbis blandis precari[用奉承吹捧的话吹捧得很高兴]，意思是"安抚"、"抚摸"。θώψ 意思是 adulator[奉承者]和 palpo[谄媚者]，因此《泰阿泰德》128e θῶπας λόγους 的意思就是"甜言蜜语的或奉承性的谈话"。另参希罗多德《原史》3.80。这一类词语都与θαυμάζω（伊奥尼亚方言作 θωμάζω）有着共同的词源，前者经由 θάπω（伊奥尼亚方言作 θήπω）而来自 θεάομαι，意思是"惊讶"和"羡慕"；

因此，θωψ 的意思就是"表示羡慕或佩服的人"。

[G 注]"法律"在一连串爱国主义修辞中，要求有某种程度的俯首帖耳，而这却常常令人不快。的确，"法律"所谈到的"抚慰"，恰恰暗示了一种卑躬屈膝的行为，而苏格拉底在法庭中曾拒绝如此辱没自己（《申辩》34d-35b）。尽管苏格拉底绝不会反对"法律"的这席话通过柏拉图书写出来，但我们没有必要假定柏拉图可能会赞同它的每一个字，或者假定说是柏拉图有意让读者得出这样的结论。"法律"仅仅是从他们自己的观点来说话。

[按]：全句或可译为"当祖国发怒时，还必须敬重他，顺服他，在他面前承欢，胜过你的父亲"。这里的"顺从"或"服从"，与下文 51b7 的 ὑπεικτέον[退让]是同根词。接下来的"安然"，D 注为"不加反驳或谴责"，严群和王太庆都译作"毫无怨言"。

51b3-4：καὶ ἢ πείθειν ἢ ποιεῖν [要么说服、要么执行]，[S 甲注]Wolf 译为 aut persuadendo contendere oportere[要么说服，要么努力去做所命令的]，因为 πείθειν[说服]就是"以说话来安抚，表明事情是怎么回事；表明一种更好的操作方式"。另参《申辩》35c，那里把 διδάσκειν[教育]与 πείθειν[说服]相提并论。稍后（51c1）"法律"又说 πείθειν αὐτὴν ἢ τὸ δίκαιον πέφυκε[以那自然就是正义的东西来说服祖国]。[A 注]省略了 δε□[应该]。这是一种绝对性的用法。

[E 注]"说服或服从"。公民可以"说服"法律，例如，在辩护的时候让陪审团相信自己无罪。然而，劝说必须成功，如果要让它成为服从的一种选择的话（按：否则就必须服从）；有些评注家的阐释重点放到了公民有说服的机会上去了（最著名的便是 R. Kraut，参其 Socrates and the State, Princeton, 1984, pp. 55-90），但这里用来描述个人与法律关系的语言，却不能产生这样的重点，如 b2 的 σέβεσθαι="敬重"或"崇拜"，ὑπείκειν="服从"，和 b3 的 θωπεύειν="奉承"或"甜言蜜语地诱惑"。按：全句或可译为"假使祖国有何命令，则要么说服，要么执行"。

[G 注]"法律"说,仍然还有可能说服城邦,先问两次重复了这个重要观点(51b-c, 51e-52a)。然而,"法律"并没有明确地说苏格拉底如何可以"说服"城邦,或者苏格拉底如何去认同与他的案子相关的"命令"。这种"命令"很可能就是施加给他的死刑。由于苏格拉底没能"说服"陪审团无罪释放他,或者替代以另一种罚款的惩处,那么,照"法律"的话说,那种命令就是他现在被迫要遵守的东西。

51b5:ἐάντε τύπτεσθαι ἐάντε δεῖσθαι [无论是鞭打还是监禁],[A 注]省略了 προστάττῃ [下令],也是为了解释上一行的 ἐάν τι προστάττῃ παθεῖν[下令让你承受的东西]。这里的 ἐάντε 意思是"是否"(whether)。按:Adam 本的 ἐάντε 写作 ἐάν τε。

[D 注]51b3-5 中有三个 ἐάντε,前两个引导的从句(就像 εἴτε ... εἴτε,即拉丁语的 sive...sive[要么……要么]),与 προστάττῃ 一起理解,就是在解释 ἐάν τι προστάττῃ παθεῖν[下令让你承受的东西],而第三个 ἐάντε 带的一个新的动词和一个新的结论句。前两个详细说明 πάσχειν[承受],第三个例子所类比的情况就是说,无条件服从国家,乃是必需的。战争中的紧急情况就是掩护他人的典型时机,而 ἐν δικαστηρίῳ[在法庭上]论证就达到了顶峰。

51b5-6:ἐάντε εἰς πόλεμον [哪怕去战斗],[A 注]这里的 ἐάντε 意思是"如果"(and if),其结论句是 ποιητέον ταῦτα[必须干]。苏格拉底本人曾经在 Potidaea(公元前 432 年)、Delium(公元前 424 年)和 Amphipolis(公元前 422 年)为祖国英勇战斗过。另参《申辩》28e。按:这里的"哪怕"是为了加强语气,直译应为"如果"。[G 注]特别值得注意的是,这一段话中所有的例子(按指鞭打、监禁和参战)都是一个忠顺的公民必须"遭受"(suffer)的玩意,而不是他必须"做"的事情。

51b7-8:καὶ οὐχὶ ... λειπτέον τὴν τάξιν [绝不……放弃阵地],[A 注]ὑπείκειν 的意思是在敌人面前退却(也许很缓慢),而不是坚守阵地直到死亡(b6 的 ἀποθανούμενον[会送命]),另参《王制》555e。

ἀναχωρεῖν 的意思是"撤退"，另参《会饮》221a。整个从句是为了详细阐释 ἐάντε εἰς πόλεμον ἄγῃ τρωθησόμενον ἢ ἀποθανούμενον[哪怕率领你参加会让人受伤甚或送命的战斗]中的想法。按："放弃阵地"，等同于"擅离职守"（严群和王太庆都译作"弃职"），《申辩》29a1 中为"脱离岗位"。苏格拉底这里再次以军事比喻玩忽职守。

相反，在战斗中、在法庭上以及在任何地方都应该做[51c]城邦和祖国所命令的事情，要么则应该以那自然就是正义的东西来劝说祖国——对母亲父亲动粗使暴已不虔敬，对祖国动粗使暴岂不是远胜于此？"

克力同啊，我们对此该怎么说哟？法律说得在理不在理？

[ἀλλὰ καὶ ἐν πολέμῳ καὶ ἐν δικαστηρίῳ καὶ πανταχοῦ ποιητέον ἃ ἂν κελεύῃ ἡ
51.c πόλις καὶ ἡ πατρίς, ἢ πείθειν αὐτὴν ᾗ τὸ δίκαιον πέφυκε· βιάζεσθαι δὲ οὐχ ὅσιον οὔτε μητέρα οὔτε πατέρα, πολὺ δὲ τούτων ἔτι ἧττον τὴν πατρίδα;" τί φήσομεν πρὸς ταῦτα, ὦ Κρίτων; ἀληθῆ λέγειν τοὺς νόμους ἢ οὔ;]

51c1: πείθειν [说服]，[B 注]就好像前面的词是 δεῖ[应该]，而不是-τέον 形式的动名词。另参《高尔吉亚》492d5。[A 注]省略了 δεῖ[应该]，补充说明 ποιητέον[应该做，必须做]，很常用的短语。按：另参上文 51b3，严群译为"谏"，甚好。

51c1: πέφυκε [自然就是]，[D 注]阐释 πείθειν[说服]，暗含 διδάσκειν[教导]之意。

[G 注]"否则就用那种真正是正义的东西来说服它"。这里的语言暗示了一种"自然"正义的观念，这种自然正义超越于法律规定之上。苏格拉底必须遵守城邦的命令，除非他能够说服城邦：他自己在"道德"上是正确的（moral right）。

[按] ᾗ τὸ δίκαιον πέφυκε，关键在于最后一个词殊难翻译，动词完成时，词根即"自然"或"生长"。Grube 译作"正义的本质"：or persuade it as to the nature of justice. Loeb 本意译作 or must show her by persuasion what is really right，王太庆译作 "指明什么是真正恰当的"。施莱尔马赫译作 oder es ueberzeugen was eigentlich Recht sei，Apelt 译得更为冗长，核心亦为 eigentlich Recht［真正正确的，真正的法律］，Aplet 为此加了一个注释 "起初，每年公民大会召开时，都要修订某些不再受欢迎的法律，会成立一个由立法者组成的委员会处理人们提出的异议和建议，并制定另外的法律"。

51c2：βιάζεσθαι [动粗使暴]，[A 注] βιάζεσθαι 与 πείθειν [说服] 常相连或相对，另参《高尔吉亚》517b，《王制》488d。[按] "说得在理"，参 48b2，49c9，51c7，52d4-5。[G 注] 巧妙地加强了对祖国使用暴力与对父母使用暴力这种类比，在整个讲辞中，通常被译作 "国家" 或 "祖国" 的词（patris）与 "父亲"（pater）是同根词。

克：[c5]我觉得在理。[Εμοιγε δοκεῖ.]

十二、权利与选择（51c6-53a7）

节解：[E 注] "法律" 养育了苏格拉底，给他一个很好的生活环境。另一方面，苏格拉底总有可以自由地离开城邦的机会，如果他愿意的话，也不会丧失财产。一旦留下来，就明确地同意说要么说服要么遵守。在这种情况下，苏格拉底如果逃跑了，就罪大恶极，因为他比大多数人都显得对城邦很满意：他几乎从未离开过城邦，在城邦中生下了孩子，并且在受审时，并不提出流放作为替代性惩罚，反而说什么宁可去死。但现在却试图逃跑。我们这些 "法律" 在处理苏格拉底与我们的协议时，对还是不对？

[D 注] "法律" 不仅关照了苏格拉底的生养和教育，给了他生活中的所有好东西，而且还允许他带着家人和财产到其他地方安家，如果他愿意的话。既然苏格拉底选择了留在雅典，就同意了要遵守

法律。苏格拉底比其他所有雅典人都更坚定地选择了留在雅典，因而就有义务按照"法律"的要求来生活。苏格拉底没有选择去拉栖岱蒙、克里特或其他任何城邦，而是选择了雅典及其法律。

[A注]"法律"坚持认为，留在雅典就是许诺要遵守它们，因为所有人都可以自由地移民。然而，如果苏格拉底潜逃了，就会比其他任何一个雅典人更犯了破坏契约的罪，因为苏格拉底终其一生、甚至在受审之时，都表现出雅典比其他任何城邦都更让他满意。

苏：法律同样还会说："苏格拉底呀，你再考虑，如果我们所说的这些都在理，那么，你以现在的打算来试图对待我们，就不正义了。我们可是生下了你，养大了你，教育了你，尽我们所能[51d]给予了你以及其他所有邦民一切美好的东西，["Σκόπει τοίνυν, ὦ Σώκρατες," φαῖεν ἂν ἴσως οἱ νόμοι, "εἰ ἡμεῖς ταῦτα ἀληθῆ λέγομεν, ὅτι οὐ δίκαια ἡμᾶς ἐπιχειρεῖς δρᾶν ἃ νῦν ἐπιχειρεῖς. ἡμεῖς γάρ σε γεννήσαντες, ἐκθρέψαντες, παιδεύσαντες, μεταδόντες ἁπάντων ὧν οἷοί τ' ἦμεν καλῶν σοί καὶ τοῖς ἄλλοις πᾶσιν πολίταις,]

51c6：Σκόπει τοίνυν [再考虑]，[E注]这是论证中的一个新阶段。"法律"阐述道，苏格拉底如果逃跑了，就不是正义之举。严格说来，法律已经试图论证过这一点了（参上一章）；但"靠同意来论证"似乎在逻辑上与"父—子"这一类比有所不同（另参 50a6）。[E注]把普遍真理运用到特殊例子上。

[按]这里的 εἰ 像 Ga 本和 Aplet 本那样理解为"是否"（而不是像大多数中外译本那样理解为"如果"），再把 ταῦτα 理解为形式主语，ὅτι 引导的从句才是真正的主语（这里的 ὅτι 颇难处理），则可译作"你再考虑一下，我们这样的说法是否在理，即，你以现在的打算来试图对待我们，就是不正义的"。也就是说，ταῦτα 指的不是刚才所说的"忠孝"，而是下文说的"恩典"。

51c8-9：γεννήσαντες, ἐκθρέψαντες, παιδεύσαντες [生下了，养大了，

教育了]，[E 注]另参上文 50d1，但先前那里的论证暗示了强制（苏格拉底作为 ἔκγονος καὶ δοῦλος [子孙和奴隶]）；正如我们所见，这里靠的却是"同意"。"法律"打算在这里变动其基础吗？

51c9-d1，[E 注]柏拉图试图在这里通过在最宽泛的意义上利用雅典法律的观念，即认为雅典法律为其国民提供了全部的文化环境，而不仅仅是提供法律指令和禁令，来焊接逻辑上大相径庭的概念。另参伯里克勒斯的葬礼演说，尤其修昔底德《战争史》2.40 以下。按："邦民"，又作"同胞"。

尽管如此，我们还公开宣布曾赋予雅典人中那种有此愿望的人以这样的权力：一旦通过了成人审查，并且已熟悉城邦事务，也已了解我们法律，如果我们不能让他满意，他就可以拿上[d5]自己的东西离开，去往任何想去的地方。[ὅμως προαγορεύομεν τῷ ἐξουσίαν πεποιηκέναι Ἀθηναίων τῷ βουλομένῳ, ἐπειδὰν δοκιμασθῇ καὶ ἴδῃ τὰ ἐν τῇ πόλει πράγματα καὶ ἡμᾶς τοὺς νόμους, ᾧ ἂν μὴ ἀρέσκωμεν ἡμεῖς, ἐξεῖναι λαβόντα τὰ αὑτοῦ ἀπιέναι ὅποι ἂν βούληται.]

51d2：προαγορεύομεν τῷ ἐξουσίαν πεποιηκέναι [公开宣布曾赋予那种人以权力]，[S 甲注]Stephanus 错误地猜测这里的定冠词应该是 τό。但正如 Fischer 所指出的，προαγορεύομεν[公开宣布]与不定式 ἐξεῖναι [可以，容许，有权力]连用，τῷ ἐξουσίαν πεποιηκέναι 的意思是指：法律宣布，任何公民只要愿意都可以移民；也就是说，法律早就制定能够产生那种结果的条款。这就很清楚为什么这里要用完成时，有人把该词译作"我们宣布"，"我们命令"。

[S 乙注]即，"尽管如此，我们宣布，既然我们答应宽容对待任何雅典公民，那么，只要他达到了有判断力并熟悉国家和我们这些法律方面的事务，如果他想使用我们所允的宽容，来做合法的事情，就可以尽其所能，离开这里，到他愿意去的任何地方"。

[A 注]意为"我们宣布是因为我们曾允许"。τῷ βουλομένῳ[有愿

望的人]从属于 ἐξουσίαν[权力]，而 Ἀθηναίων[雅典人]又是 τῷ βουλομένῳ[有愿望的人]后的部分属格。ἐπειδὰν ... νόμους 这句话也应该理解为是与 ἐξουσίαν πεποιηκέναι[曾赋予权力]一起的：δοκιμασία[审查]一旦通过，事实上（ipso facto）就给予了许可。51d4 的 ᾧ ἂν μὴ ἀρέσκωμεν ἡμεῖς[如果我们不能让这种人满意]依赖于 ἐξεῖναι[可以，容许]，而后者又从属于 προαγορεύομεν [公开宣布]。这个句子明显十分别扭，就在于用 ἐξουσίαν[权力]时后面没有跟一个不定式，但这种用法在柏拉图著作中并不鲜见，如《王制》557d4，那里说的是 πάντα γένη πολιτειῶν ἔχει διὰ τὴν ἐξουσίαν[由于权力而包含了所有种类的政治制度]，也许 ἐξουσίαν[权力]是雅典民主政治铺天盖地的口号，另参修昔底德《战争史》7.69。

[按] ἐξουσίαν[权力]，《希汉词典》作"权力"，《希英词典》作 power，T 本意译为 liberty（自由），王太庆亦译为"自由"，然据此处文意，该词似为"权利"之意（严群即作此译）。

[B 注]"我们公开告知，对允许的事情给予许可"。这种表达法累赘多余，但这里需要有一个 ἐξεῖναι[可以，容许，有权力]来完成 προαγορεύομεν[公开宣布]的结构，又要求 τῷ ἐξουσίαν πεποιηκέναι[曾赋予他以权力]来解释 πρόρρησις[公告]的性质。注意，προαγορεύειν 指"公告"，προλέγειν 则指"预告"。

[E 注]"我们公开宣布，任何想……的雅典人我们都给予许可"。从属于 ἐξουσίαν[权力]的不定式 ἐξεῖναι[可以，容许，有权力]要到 d5 才出现。句法上的别扭表明这是一种正式而庄严的法律公告：προαγορεύω 的意思就是"（传令官）宣布"；τῷ βουλομένῳ[有想法的人]表明这个短语的意思是指发言人在公民大会上的请求——在阿里斯托芬的《阿卡奈人》行 45 中，传令官问道：τίς ἀγορεύειν βούλεται[谁想发言]？

51d3：ἐπειδὰν δοκιμασθῇ καὶ ἴδῃ [一旦通过成人审查并熟悉]，[S 甲注]其意思是"他成为自己的主人之后，已达到有决断能力的年龄，对公共事务也很熟悉了"；也就是说，他达到那个年龄，完全能够判断与国家（commonwealth）相关的那些事务。埃斯基涅斯（adv. Timarch，Bremi 编本页 26）阐释过这一段话。我们现在考虑的问题是何谓 δοκιμασία εἰς ἄνδρας[成人审查]。希望拥有充分而完整雅典公民权的人，还希望获得公共荣誉的人，都在 ληξιαρχικόν[文书管理处]登记。在登记之前，年轻人还要接受一项盘查，问其双亲是谁，双亲是否合法生养了他，以及诸如此类的具体问题。接下来，请注意 λαβόντα[拿上]是宾格，尽管他前面用的 τῷ βουλομένῳ[有想法的人]是与格，另参索福克勒斯《埃勒克特拉》行 470。

[S 乙注]到了这个年龄，就可以决定这类事务，在共和国（republic）产生影响。这里暗指 δοκιμασία εἰς ἄνδρας[成人审查]。那些想享受雅典公民充分权利，并且想以自己的自由为资格分享荣誉人，必须注册，首先是在 κοινὸν γραμματεῖον[公共登记册]上登记，或者登记他们特定的 φρατρία[族盟]或行政区（ward），父母一方也要起誓，说他们每一个如此注册的儿子都是合法生养的。何时给孩子们登记，似乎还不太清楚，有的说一岁时，有的说三四岁时。第二种登记在 18 岁时，这时年轻人得允进入成年人行列。第三次登记是在"泛雅典娜节"，年满 20 岁的男丁被带到 δημόται[同区成员]的公共大会上，进去在 ληξιαρχικὸν γραμματεῖον[文书管理处的登记册]上登记，登记册上写着那个区所有人的名字，那些人都到了可以继承 λῆξις[遗产申请书，抽签得到的一份]，或者父亲的遗产的年龄。这就叫 εἰς ἄνδρας ἐγγράφεσθαι[成人登记]，或 δοκιμασία εἰς ἄνδρας[成人审查]。如此登记过的人，从此就可自作主张，不必受制于监护人的控制。

[A 注]每个雅典人年满 18 岁时，经过通常的 δοκιμασία[审查]或检验，就在 ληξιαρχικὸν γραμματεῖον[文书管理处的登记册]上登记，或注册自己所在的区。这种特殊的审查叫做 δοκιμασία εἰς ἄνδρας[成人审查]，以区别于 δοκιμασίαι，后者指各式各样的政府官员在任职前所接受的审查。"审查"标志着年轻的雅典人到了成为公民的年龄，但要到 20 岁时才能参加公共集会，并获得公民的全部权力。

从 18 岁到 20 岁间，他要在保卫阿提卡边境的 *περίπολοι*[边防哨卡] 或"巡逻队"中服役。

[E 注]这指的是 Boule[议事会，雅典 500 人议会]在一个 18 岁的小伙子要在他那个区登记获得公民权时给予的 *dokimasia*[审查]，此后该小伙子就变为 *epheboi*[成年人]。"法律"把这件事视为一个新增的成年公民"更新"其"契约"的明显标志。

[B 注]"一旦到了成年人的阶段"（Church 译文）。另参吕西阿斯 10§31，埃斯基涅斯 1§18。

51d5：*ἀπιέναι*[离开]，[E 注]"法律"的言辞中第一次引入了"流放"的主题，这在本篇对话余下部分起着越来越重要的作用。

而且我们法律中没有哪一个会阻碍，也没有谁禁止，如果有人想离开我们去往殖民地——假使我们和城邦不能让他满意的话，如果有人想移民到他愿意去的其他任何地方，就拿上自己的东西，去他 [51e] 想去的那个地方好了。[καὶ οὐδεὶς ἡμῶν τῶν νόμων ἐμποδών ἐστιν οὐδ᾽ ἀπαγορεύει, ἐάντε τις βούληται ὑμῶν εἰς ἀποικίαν ἰέναι, εἰ μὴ ἀρέσκοιμεν ἡμεῖς τε καὶ ἡ πόλις, ἐάντε μετοικεῖν ἄλλοσέ ποι ἐλθών, ἰέναι ἐκεῖσε ὅποι ἂν βούληται, ἔχοντα τὰ αὑτοῦ.]

51d7：*εἰς ἀποικίαν ἰέναι*[去往殖民地]，[S 甲注]意思是"去往一个雅典殖民地"，但下一行的 *μετοικεῖν* 的意思却是"去往一个外国势力管辖的地方，无论是希腊人的还是蛮族的"，正如 Fischer 正确指出的。

[A 注] *ἀποικίαν* 指"雅典殖民地"。接下来的 *εἰ μὴ ἀρέσκοιμεν*[如果我们不令人满意]是条件句，其结论句暗含在 *βούληται ὑμῶν εἰς ἀποικίαν ἰέναι*[想离开我们去往殖民地]中：它解释了人们为什么想移民，可译作"如果你们中任何人想去往某个殖民地，假如我们和国家不能让他满意的话"。*οὐδείς...ἀπαγορεύει, ἐάν...βούληται*，是一般条件句的常规形式（与特殊条件句相反）。

[B 注] 苏格拉底绝大可能于公元前 444 年去过 Thurii，时年 25 岁。这与下一行的 μετοικεῖν [移民] 有区别，该词指定居在一个与雅典没有任何联系的城邦中。

[E 注] 去往雅典的"殖民地"（ἀποικία），与移民出雅典的势力范围之外，是有区别的。注意，这里强调的是带着财产自愿流放，与严厉的法律制裁相反，因为后者可能包含没收财产在内。

51d8：ἐλθών [愿意]，[A 注] 该词并非多余，因为 μετοικεῖν 的意思是"当外侨"（μέτοικος [迁居，移民，居住在雅典的侨民]），本来应该用 μετοικῆσαι 来代替 μετοικεῖν ἄλλοσέ ἐλθών。

[按]"阻碍"，本意指"捆住脚"，引申为"妨碍"，王太庆译作"从中作梗"，妙。整个句子的后面部分作"阻碍"和"禁止"的宾语，调整句子结构之后就成了："而且如果有人想离开我们去往殖民地——假使我们和城邦不能让他满意的话，如果有人想彻底移民到他愿意去的其他任何地方，我们法律中没有哪一个会阻碍、也没有谁禁止他拿上自己的东西，去他想去的那个地方。"

"但那种看到我们司执正义和不同的治理城邦的方式，仍然留下来跟我们在一起的人，我们要说，此人就已经以行动向我们同意了我们命令他去做的这一切，[ὃς δ' ἂν ὑμῶν παραμείνῃ, ὁρῶν ὃν τρόπον ἡμεῖς τάς τε δίκας δικάζομεν καὶ τἆλλα τὴν πόλιν διοικοῦμεν, ἤδη φαμὲν τοῦτον ὡμολογηκέναι ἔργῳ ἡμῖν ἃ ἂν ἡμεῖς κελεύωμεν ποιήσειν ταῦτα,]

51e1：παραμείνῃ [留下来一起]，[E 注] 其含义比"呆"（stay）更强，Tarrant 译作 stand one's ground（坚持立场）。英语一般译作 remain。王太庆译作"留在这里不走"。

51e1：τάς τε δίκας δικάζομεν καὶ τἆλλα τὴν πόλιν διοικοῦμεν [司执正义和不同的治理城邦]，[E 注] 第一个短语指的是"司法"，但第二个短语强调的却是与城邦所有影响个体的其他方面的紧密联系。在这个部分中，有两个没有论证的重要假设支撑着"法律"的立场：

1. e3 中的"我们以其他方式组织城邦",与"我们司法的方式"的关系如此紧密,以至于如果拒绝服从后者,实际上就是在拒绝接受整个城邦的组织安排。

2. "法律"代表着不可分割的整体:拒绝服从某个据说是错误的判决,实际上就不仅仅是对整个司法系统的攻击,甚至一般而言是对城邦的攻击。

[按] τάς τε δίκας δικάζομεν,动词和宾语是同根词,来自 dike,直译为"裁决法律"或"判决案子",王太庆译为"执行法律",Gr 本作 conduct our trials[进行审判],Ga 本作 dispense justice[分配正义],Loeb 本作 administer justice[司法],施莱尔马赫译作 die Rechtssachen schlichten[处理法律事务],Apelt 则简单处理作 Rechtsprechung[判决]。与治理国家平行的,不应该是"审理案子"这么简单的事情,而应该是法律,故作此译。此外,τἆλλα 一词也颇为难以处理,Ga 本作 otherwise,Gr 本作 in other ways。我们译作"不同地",试图表明有人对于如何治理城邦持不同政见,但仍然留下不走。

51e3:ὡμολογηκέναι ἔργῳ ἡμῖν [以行动向我们同意],[A 注]"事实上已经同我们订立了契约"(covenant)。[T 注]表示"默示的协约"(tacit compact),但与下列虚构大不相同:现代有些政治哲学家居然从中发现了社会和政府的"起源"。

[? 注] ἔργῳ 指"以他的行为",即,留在城邦中。

[E 注]这是"法律"的立场的关键之点:法律认为,公民仅仅因为没有离开雅典,就"明显地"(explicitly, ἔργῳ)进入了一种与城邦的合同,"要么说服,要么服从"(另参下文 51e7)。[按]一般译为"事实上就已经跟我们签订了协议"。"同意"的名词形式(homologia)有"条约"、"和约"之意。

如果不服从,我们说,他就行了[e5]三重不义:不把我们当成生身父母来服从,不服从(我们这些)抚育者,虽然向我们同意了要服从我们，却既不服从我们，也不说服我们，如果我们有什么做得不好的话，[καὶ τὸν μὴ πειθόμενον τριχῇ φαμεν ἀδικεῖν, ὅτι τε γεννηταῖς οὖσιν ἡμῖν οὐ πείθεται, καὶ ὅτι τροφεῦσι, καὶ ὅτι ὁμολογήσας ἡμῖν πείσεσθαι οὔτε πείθεται οὔτε πείθει ἡμᾶς, εἰ μὴ καλῶς τι ποιοῦμεν,]

51e5：γεννηταῖς[生身父母]，[B 注]"生育者"（begetters，按：可引申为"父母"或"祖先"）。我们必须把这个意义上的γεννηταί，与γενῆται区别开来，后者指同一个γένος或γέννα[家族]的成员，因而就与δημότης[同一个区的成员，乡亲]和φυλέτης[同一个部落的成员]级别相等。另参《法义》717e1，869b3，928d6，相反的情况见《法义》878d7。

[E 注]"法律"在 51e5-6 中，进一步用上了"父母"的类比（另参上文 50d1 以下）。从 51e5 到 52a3 的"愈来愈高的三子句"（tricolon crescendo）结构，加上第三个方面扯得非常宽的主要论点，就重复了上一节高度修辞的腔调。

[按]"生身父母"，即 Burnet 所说的"生育者"。"是"动词的分词 οὖσιν 译成"当成"（英语通常作 being，但很多译本都译掉了这个词），这句话的意思指"不服从我们，而我们本是生育者"，或可译作"不服从我们这些生育者"，另参 50d2-3："难道不是我们生了你，也就是你父亲通过我们才娶了你母亲并生下了你？"

51e6：τροφεῦσι[抚育者]，[A 注]苏格拉底似乎没有付τροφεῖα[哺育费，培养费]。

51e6：ὁμολογήσας ἡμῖν πείσεσθαι[向我们同意要服从]，[A 注]正如 Goebel 所说，ἡμῖν[我们]受 ὁμολογήσας[同意]支配。关于现在时的 πείθεσθαι[服从]（按：Adam、T 本和 E 本都主张用现在时的不定式，T 本注曰：用现在时表示一般的情况或一种习惯），另参 50c5 以及下文 52d4。ὁμολογεῖν 有两种含义，即"承认"（confess），以及"谈判或达成协议"（bargain）或"答应"（promise）；而且，由于"答应"一词暗含将来之意，因此，即便在这个意义上，也可以跟一个现在时的不定式,尽管最好用将来时的不定式,因为将来的意味非常突出。

[按]ὁμολογεῖν 的两个含义,"服从"和"说服",在这一段话中最为明显,主动态时为"说服",中动态和被动态的意思则为"服从"。"向我们同意",亦作"与我们达成了协议"(参上文 51e3)。

[T 注] ἦ μήν(按:作者认为这里 ἡμῖν[我们]应该读作 ἦ μήν)这两个小品词尤其用在确认发誓或允诺时,另参《伊利亚特》1.77,色诺芬《上行记》2.3.27。[B 注]现在时不定式的意思可能是"已经同意要服从我们",因此 Adam 的说法没有必要。这里没有暗示要发誓,而是表明某种默示的契约。

51e7: οὔτε πείθει ἡμᾶς [也不说服我们],[S 甲注]要理解为后面省略了"我们做得不正义",如下一句 εἰ μὴ καλῶς τι ποιοῦμεν[如果我们有什么做得不好的话]所示。

[52a]尽管我们提供了选择,并没有野蛮地强制他去做我们所命令的事情,而是允许他二者选一:要么说服我们,要么[按我们说的]做,他却两样都不干。[προτιθέντων ἡμῶν καὶ οὐκ ἀγρίως ἐπιταττόντων ποιεῖν ἃ ἂν κελεύωμεν, ἀλλὰ ἐφιέντων δυοῖν θάτερα, ἢ πείθειν ἡμᾶς ἢ ποιεῖν, τούτων οὐδέτερα ποιεῖ.]

52a1: προτιθέντων [提供选择],[S 甲注]"法律"在这一段话中被说成了 προτιθέναι[提供、提出]了他们命令人们去做的那些事情;所有的法令都是公开提出的,好让所有人都能够看到并进行判断;这也有必要让任何人提出改进的建议。因此这段话可以如是翻译:"既然我们给了每个人机会,以了解和判断我们所指定的法律,而且并不强横霸道地强迫任何人去做我们希望他们去做的那些事情;此外,还给了两种选择,要么说服我们表明我们错了,要么就服从我们,如果不能够如此说服的话;尽管如此,此人两种都不选。"

[S 乙注]"法律"这里说是在 προτιθέναι[提供选择],暗指法

律在公开场合的提议，出于合理的考虑，写在白板上，悬挂在 ἐπώνυμοι[执政官]塑像上，由人们来批准或驳回，被批准了的要么就叫做 νόμος[法律]，即一种普遍适用而永久有效的法律，要么叫做 ψήφισμα[决议，法令，法规]，只限于特定的地方和时间，但两者（按即法律和决议）效力相同。

[A 注]宾语是 ποιεῖν ἃ ἂν κελεύωμεν[做我们所命令的事情]。προτιθέναι 的意思是提供某种行动方式，但同时并不排除另外的选择，则在下一句 ἀλλὰ ἐφιέντων δυοῖν θάτερα[相反允许二者选一]中都还在说明。ἀγρίως ἐπιταττόντων[野蛮地强制]暗指愤怒的僭主，另参《高尔吉亚》510b，《王制》329c。

[B 注]"尽管我们向你们提出了（两种选择）"，另参《泰阿泰德》196c9。它真正的宾语是 δυοῖν θάτερα[二者选一]，但因为中间插入了一些词，该分词 προτιθέντων 又由 ἐφιέντων[允许]接着往下说了，ἐφιέντων 以略为不同的方式表示相同的意思。ποιεῖν ἃ ἂν κελεύωμεν[做我们所命令的事情]这些词受 ἐπιταττόντων[强制]支配，而不是（像 Adam 认为的那样）受 προτιθέντων[提供选择]支配。

[D 注]从上文可知，这里必须加上 ἢ πείσεσθαι ἢ πείθειν[要么服从，要么说服]。然后又否定地表达了同一个观点，然后再次肯定地表达。也用了 αἵρεσιν προτιθέναι[提供选择]，意思是让人自由选择。苏格拉底不可能太频繁地重复说国家是对的，以反对那些试图躲避国法权威的人。这个事实就解释了后面那个从句，τούτων οὐδέτερα ποιεῖ[他却两样都不干]，而他只是在重复 51e7 的 οὔτε πείθεται οὔτε πείθει ἡμᾶς[既不服从我们，也不说服我们]。

[T 注]赋予雅典公民以特定的权利和权益，在某种法律被提出之时可以规避它，并争取在今后废止它，如果那些法律让人难受的话。最好把 προτιθέντων[提供选择]与 πείθει[说服]放到一起理解，把 ἐφιέντων[允许]与 ποιεῖ[做]放到一起来理解，这是一个由 ἀλλὰ[而是]引导的新从句。这种故意再三重复的做法，是在模仿谈话中的口吻。

52a1：καὶ οὐκ ἀγρίως ἐπιταττόντων[并没有野蛮地强制]，[E 注]

"法律"希望在这里表达的要点是,他们不是那种把自己的意志独断专横地强加给别人的僭主。公民在预定的司法程序中得允有说服的机会;然而,一旦恰当地走完了这个程序,就不允许有异议了。

52a1:ϑάτερα[二者选一],[D 注]多样性的观念在这里实际上消失了,正如 ταῦτα[这些]的用法也常常如此。按:本意为"二者之一",这句话直译为"在这些选择之中,他却一个都不选择"。此前的"允许",近于"提供"。

我们说,苏格拉底呀,你也要遭到这些罪名的指控,如果真的实施了你打的鬼主意,[a5]那么,你丝毫不亚于其他雅典人,反倒最容易受这些指控。" [ταύταις δή φαμεν καί σέ, ὦ Σώκρατες, ταῖς αἰτίαις ἐνέξεσθαι, εἴπερ ποιήσεις ἃ ἐπινοεῖς, καὶ οὐχ ἥκιστα Ἀθηναίων σέ, ἀλλ᾽ ἐν τοῖς μάλιστα."]

52a3-4: ταύταις δή φαμεν … ἐνέξεσθαι [我们说……要遭到指控],[S 甲注]ἐνέχειν(按:即将来时中动态不定式 ἐνέξεσθαι 的现在时不定式)本身的含义是"捉住,缠住",因此这个中动态动词的意思是"束手就擒","允许自己就缚",也就是"被捉住",在法律上就是指"易遭指控";由之而派生出 ἔνοχος,指"易遭"或"容易被"指控(按:《希汉词典》注"被束缚住的"、"难免受……的"和"应得……的")。因此,其意思就是"我们说,你也容易遭到这些指控",或"你也会有这些罪行"。[D 注]ἐνέξεσθαι,残存的古老的将来时中动态和将来时被动态用法。

[A 注]接下来这席话的意思是,如果苏格拉底潜逃了,那么,他就比其他任何雅典人都更可能犯下破坏契约之罪,因为在他整个一生中,哪怕是在遭审判时,他都表明雅典对他来说,比其他任何城邦都更重要。

[B 注]"你更容易受到这些指控"。关于 ἐνέξεσθαι,拉丁语作 teneri 或 obnoxius esse,另参德墨斯忒涅斯 51§11。ἔχω 的复合词在

不定过去时和将来时的中动态和被动态中常常拥有相同的形式。ἐνέχομαι 的形容词是 ἔνοχος（按：参 S 甲注），另参《泰阿泰德》148b4，该词的动词和形容词都频繁出现在《法义》中。另参色诺芬《回忆录》1.1.64。

[E 注] καὶ σέ 意为"你也"。从 52a3 到 53a8 这一段话的意思是：如果苏格拉底逃跑了，他就是罪大恶极的人，因为他比大多数人都明确表示自己对城邦很满意，他几乎从未离开过城邦，在城邦中生下了孩子，他在遭审判时，也没有提出以流放来作为替代的惩罚，而是说他宁肯去死。但他现在却试图逃跑。我们这些"法律"在处理苏格拉底与我们之间的协议时，是否正确？

52a4：ἐπινοεῖς [你打鬼主意]，[S 乙注]"打主意"、"想要"、"计划"，一般都在很糟糕的意义上表示邪恶的想法或恶作剧的发明。[按]"实施你打的鬼主意"，可以较为中性地译作"做你打算的事情"。ἀλλ' ἐν τοῖς μάλιστα，本为"反倒最"，为补充句意完整而译作"反倒最容易受这些指控"。关于 ἐν τοῖς 作副词修饰最高级的用法，参 43c7-8 的注释。如果不把这个词组当做副词，则可译作"在那些（雅典）人中最（易受这些指控）"。

如果我问："为什么呢？"他们同样会公正地责备我，说在雅典人中，我恰巧已同他们签订了那样最易受指控的协议。他们会说：[εἰ οὖν ἐγὼ εἴποιμι· "Διὰ τί δή;" ἴσως ἄν μου δικαίως καθάπτοιντο λέγοντες ὅτι ἐν τοῖς μάλιστα Ἀθηναίων ἐγὼ αὐτοῖς ὡμολογηκὼς τυγχάνω ταύτην τὴν ὁμολογίαν. φαῖεν γὰρ ἂν ὅτι]

52a6：καθάπτοιντο [责备]，[S 甲注]Hesychius 释作 καθάπτεσθαι· λοιδορεῖσθαι, ὀνειδίζειν [谴责，指责，责骂]。[A 注]指"固定"、"攻击"，另参修昔底德《战争史》6.16.1。[S 乙注]荷马是在"责骂"的意义上使用该词，也在其相反的意义上使用，指"安慰"、"抚慰"，另参《伊利亚特》1.582，《奥德赛》2.39，10.70。柏拉图为了与其他阿提卡作家优雅文风相一致而把该词用作最高的概念。阿提卡作家一般把这样模棱两可的词语用来表示在谩骂中以温和来缓解其尖锐性，他们也只有这样才能达到如此的效果。

[B 注]"他们会斥责我"（而不是 Church 和 Fowler 所理解的"反驳"）。我们在荷马史诗《伊利亚特》1.582 中看到的是 καθάπτεσθαι...ἐπέεσσι[攀谈]（罗念生译文），后面接中性意义的宾格；它的意思仅仅是"搭话，搭讪"，不管是友善的还是其他方式的搭话。然而，在后来的希腊语中，该词总是暗指"责难"，并且支配一个属格宾语。[按]该词含义模棱两可，既指搭讪，又指责骂，还指意思相反的抚慰，汉语中很难找到对应的词，"数落"稍稍近之。

52a6: ὁμολογίαν [协议]，[E 注]意为"合约"，"协议"，指服从和遵守城邦的指令，反过来就可以分享 ἁπάτων...καλῶν（所有好东西，51c9-d1）。因为苏格拉底所谓不愿意出国旅行，他就被认为对这项合约特别热情，正如这里的措辞所表示的，ἐγὼ ... ὡμολογηκὼς τυγχάνω，"我实际上非常断然地达成了这项协议……"。

[按]在阿提卡方言中作助动词用，后面接分词。ὡμολογηκὼς ... ὁμολογίαν 这里的表达法在西方语言中较为常见，本是同一个词，前者为动词（分词），后者为名词，作前者的宾语，直译为英语即 agree agreement。该词在本书前面部分多作"同意"，此后的名词形式则多为"协议"。ἐν τοῖς μάλιστα 指前面一句的"最易受指控"，表示苏格拉底与雅典签订的协议，尤其异于常人，在这里作副词短语，修饰 ὡμολογηκὼς，意为"最容易受指控地签订了那样一个协议"。

[52b]"苏格拉底，我们有非常强有力的证据说明，我们让你满意，城邦也让你满意：否则你此前也不会与其他所有雅典人相比异乎寻常地待在了城邦里的家中，如果城邦不曾异乎寻常地让你满意的话，而且你从来不走出[b5]城邦，哪怕是去看赛会，除了去过一次伊斯忒摩斯之外，你也未曾因为别的事情去过任何地方，除了当兵打仗之地而外，["Ὦ Σώκρατες, μεγάλα ἡμῖν τούτων τεκμήριά ἐστιν, ὅτι σοι καὶ

ἡμεῖς ἠρέσκομεν καὶ ἡ πόλις· οὐ γὰρ ἄν ποτε τῶν ἄλλων Ἀθηναίων ἁπάντων διαφερόντως ἐν αὐτῇ ἐπεδήμεις εἰ μή σοι διαφερόντως ἤρεσκεν, καὶ οὔτ' ἐπὶ θεωρίαν πώποτ' ἐκ τῆς πόλεως ἐξῆλθες, ὅτι μὴ ἅπαξ εἰς Ἰσθμόν, οὔτε ἄλλοσε οὐδαμόσε, εἰ μή ποι στρατευσόμενος,]

52b2：ἡμεῖς ... ἡ πόλις [我们……城邦]，[E 注]这两者在这里联系紧密，但不相等同（另参下文 c1，"法律"在那里说的是"我们和我们的城邦"）。正如我们在上文所见，"法律"论证的中心之点，恰恰就是在 οἱ νόμοι[法律]、ἡ πόλις[城邦]和 ἡ πατρίς[祖国]之间关系上的模糊性（常常强烈暗示着它们是相同的）。

52b2-3：τῶν ἄλλων Ἀθηναίων ἁπάντων διαφερόντως [与其他所有雅典人相比异乎寻常地]，[S 甲注]指"比其他雅典人更"，另参《斐多》64e；关于这里所说的主语，另参《蒲法伊德若》230d。[A 注]本指"与……不同"，意即"比……更甚"。该词在条件子句中重复的情况，可参《申辩》31d。

[B 注]字面意思为"与其他所有雅典人相比都更甚"。动词 διαφέρειν 及其派生词都可以带一个程度比较的结构（所以有 διαφέρειν ἤ... [比……更……]），另参《斐多》65a2。

52b3：ἐν αὐτῇ ἐπεδήμεις [呆在了城邦里的家中]，[B 注]"（否则你就不会）呆在雅典城里的家中"。这里的 ἐπιδημεῖν[住在家里，归家]是 ἀποδημεῖν[离家远行，到外地去]的反义词，后者指"出国旅行"。但 ἐπιδημεῖν[住在家里，归家]更多的时候指外邦人前来雅典，另参《申辩》20a3。

52b4：ἐπὶ θεωρίαν [去看赛会]，[S 甲注]即"目睹严肃的赛会"，也就是奥林匹亚赛会、涅默亚赛会（Nemaean）、伊斯武摩斯赛会（Isthemian）和皮提亚赛会（Pythia），希腊每个地方的人都可以参加这些赛会。

[S 乙注] ἐπί 常常放在行为动词后，带一个名词词组，该词组不是表示地点，而是表示某人去留行为之目的（按：即"行为的对

象"），另参希罗多德《原史》1.37。θεωρίαν[观看赛会]指的是奥林匹亚赛会、涅默亚赛会、伊斯忒摩斯赛会和皮提亚赛会，参 Robinson 的《古希腊》(*Grec. Antiq.*)，卷三，21-24。

[B注]本指"观看风景名胜"（see the sights），这是希腊人特别喜爱的一件事情。另参《王制》579b6-8，"观光"被说成是僭主的一种痛苦，μόνῳ τῶν ἐν τῇ πόλει οὔτε ἀποδημῆσαι ἔξεστιν οὐδαμόσε, οὔτε θεωρῆσαι ὅσων δὴ καὶ οἱ ἄλλοι ἐλεύθεροι ἐπιθυμηταί εἰσιν[在城邦中，只有僭主才无权出国去任何地方，也无权去看其他自由人可以随心随意去看的东西]。

[D注]这里的假设性表达法（οὐ γὰρ ἄν...）变得越来越不那么突出，并以 52b7 的 οὐδέ[不]而彻底消失，正如否定性的 ἀλλὰ[然而]明确所示。θεωρία 不仅仅指国家派往赛会和节庆上观礼的使团（另参《斐多》58b），也指以私人身份参加宗教节庆，尤其参加大型的国家赛会。另参 53a 的 ἀλλάττω ἀπεδήμησας[更少外出离开]。

[T注]除了去过一次伊斯忒摩斯赛会之外，苏格拉底从来没有去过任何赛会，这也可以被视为苏格拉底单方面讨好雅典。

52b5: ὅτι μὴ ἅπαξ εἰς Ἰσθμόν [除了去过一次伊斯忒摩斯之外]，[G注]伊斯忒摩斯是一条连接伯罗奔半岛和希腊大陆的长条形土地。苏格拉底也许参加过在科林多举行的两年一届（王太庆注为"三年开一次"）的伊斯忒摩斯赛会。

[A注]（按：Adam 认为这句话是衍文）雅典那乌斯（Athenaeus）所用的文本已经解释了这一点（很可能如此），参 v. 216b。我们发现，柏拉图在其他作品中没有提到这样一次旅行而且至少有一个地方似乎明显地否认了有那次旅行，参《斐德若》230c。拉尔修（Diogenes Laertius）似乎是在法伯里诺斯（Favorinus）那里、而不是在柏拉图那里看到的这个故事：拉尔修也把某种说法归在亚里士多德名下，好像说苏格拉底也去过德尔斐神庙（2.5.23）："开俄斯人伊翁说，苏格拉底年轻时曾陪同阿尔刻拉俄斯访问过萨摩斯；亚里士多德说他去过德尔斐；另据法伯里诺斯在其《回忆录》的第

一卷中说,他还去过伊斯特摩斯。"(徐开来译文)

[B 注]提到唯一的一次例外,就增加了表达的力度。如果如拉尔修所载亚里士多德真的说过苏格拉底曾去过德尔斐,那无疑是一种失误。这几个词在 T 本中有,在 W 本中的边注上也有,因此在 B 本和 W 本中没有这几个词,纯属偶然。这几个词共有 18 个字母,也许在原来抄件中刚好够一整行。雅典那乌斯(或毋宁是他所尊奉的赫洛狄科斯[Herodicus])在它们原来的位置上当然读到这几个词;因为雅典那乌斯试图表明这几个词与《申辩》(28e)中的说法不一致,在《申辩》中,苏格拉底在波底代亚(Potidaea)、安菲波里(Amphipolis)和德利昂(Delium)服过兵役。另参雅典那乌斯 216b,他没能注意到下文 52b6 的 $εἰ\ μή\ ποι\ στρατευσόμενος$[除了当兵打仗之地而外]。

亚里士多德说法(残篇 2,如果他真的说过)的来源,明显是《蒲法伊德若》229e5;但正如泰勒所说(*Var. Soc.* p.65),第欧根尼(或其来源者)仅仅是从以下事实作出的推论而已:亚里士多德曾说过德尔斐的铭文"认识你自己"对苏格拉底产生过影响,我们从残篇 1 也知道($ἐν\ τοῖς\ Πλατωνικοῖς$[在柏拉图笔下])苏格拉底的确受到过该铭文的影响(普鲁塔克 *adv. Col.* 118c)。泰勒的看法为 H. Maier 所采纳(*Skrates*,页 82 注释)。

[E 注]Adam 删去了这几个词,Burnet 以及牛津第二版则包含了这几个词。众多抄本的证据都不能得出确定的结论,而且柏拉图其他著作中也没有提到"去过伊斯忒摩斯"(科林多的地方,也许是为了去看赛会);但雅典那乌斯读到过这几个词,而柏拉图(《蒲法伊德若》230c-d)也并没有与此相抵牾,蒲法伊德若只是开玩笑说,苏格拉底从来没有像这样在城外走动(按:苏格拉底回答说,他热爱学习,但他在树木和开阔的乡村中,不如他在城里的人们身上更能学到东西),但这个说法非常一般,而且是用现在时来表述的。[按]Loeb 本删去了这几个词,并加注说明 Schanz 等人认为它们是早期的衍文。

52b6：εἰ μή ποι στρατευσόμενος［除了当兵打仗之地而外］，［S 甲注］苏格拉底在忒拉克的波底代亚和安菲波里以及玻俄提亚的德利昂打过仗，另参彼尔修《名哲言行录》2.22。［B 注］"除了去服兵役"。我们在《申辩》28e2 以下，听苏格拉底说他在波底代亚、安菲波里和德利昂服过役（另参 Burnet 在那里的详细考证）。他在那里提到的这些战役就好像自己亲历过的，但有很好的依据认为苏格拉底在三十多岁的时候也参加过围攻萨摩斯（Samos）的战斗（公元前 440 年），另参《名哲言行录》2.23，如果真的这样，苏格拉底对抗的就是麦里梭（Melissus）所指挥的军队。另参《拉刻斯》181a-b。

你也从来没有像其他人那样曾背井离乡去异国，你并不渴望去了解其他城邦，也不想精研其他法律，相反，我们[52c]以及我们的城邦对你来说，就已足矣——［οὔτε ἄλλην ἀποδημίαν ἐποιήσω πώποτε ὥσπερ οἱ ἄλλοι ἄνθρωποι, οὐδ' ἐπιθυμία σε ἄλλης πόλεως οὐδὲ ἄλλων νόμων ἔλαβεν εἰδέναι, ἀλλὰ ἡμεῖς σοι ἱκανοὶ ἦμεν καὶ ἡ ἡμετέρα πόλις］

52b6-7：οὔτε ἄλλην ἀποδημίαν ἐποιήσω…［你也没有背井离乡去异国］，［B 注］另参《蒲法伊德若》230c7，这一段话实际上并不与苏格拉底惟有一次去过伊斯忒摩斯相抵牾。蒲法伊德若是泛泛而谈，"法律"则谈得很仔细。[按]"背井离乡"本意为"离家远行"，"到外地去"，引申为"侨居异国"（另参 53a2，那里译作"外出离开"）。

52b7：ὥσπερ οἱ ἄλλοι ἄνθρωποι［像其他人那样］，［A 注］Forster 注曰：Philosophi praesertim [尤其对哲人而言]，另参希罗多德《原史》1.30，克洛伊索斯（Croesus）对梭伦（Solon）说，περὶ σέο λόγος ἀπῖκται πολλὸς καὶ σοφίης [εἵνεκεν] τῆς σῆς καὶ πλάνης, ὡς φιλοσοφέων γῆν πολλὴν θεωρίης εἵνεκεν ἐπελήλυθας [我们听说过很多关于你的智慧，以及关于你出于求知和考察外部世界而巡游列国的事情]（徐松岩译

文)。

52b8：οὐδὲ ἄλλων ... εἰδέναι [不去了解其他的……]，[S 甲注] 也就是 ὥστε εἰδέναι αὐτούς[以便去认识它们]（按：指背井离乡或出国旅行的目的是"闻其政"）。据塞涅卡（Seneca）、拉尔修（Laertius）、黎巴尼俄斯（Libanius，按：约 311—394，坚持希腊文明的修辞教师）和其他人所说，苏格拉底拒绝过马其顿国王阿刻拉俄斯（Archelaus）以及其他君王的引诱，他们都曾邀请过苏格拉底到他们的领土上去定居。

[A 注] ἐπιθυμία σε ἄλλης πόλεως ... ἔλαβεν εἰδέναι 是类似于 οἶδά σε τίς εἶ[你认识什么是]的短语，不定式 εἰδέναι[认识，精通]的宾语依赖于该不定式自己所依赖的那个词（即 ἐπιθυμία[渴望]），另参《高尔吉亚》513e 和《王制》443b。

[B 注] εἰδέναι 的宾语调整为支配它的 ἐπιθυμία。这是柏拉图典型的笔法。

[T 注] ἐπιθυμία 先支配属格的 ἄλλης πόλεως [其他城邦]和 ἄλλων νόμων[其他法律]，然后再接不定式 εἰδέναι，它在此应该被理解为一个宾格的代词，指前面的属格，"渴望其他城邦或其他法律——来认识他们"。

[D 注]为了清楚和准确而加上 εἰδέναι。其结果就是，此前的属格似乎就成了某种预期的（prolepsis）的情况。不定式的主语或宾语常常用来预期支配该不定式的动词、名词或形容词。[按]直译为"对其他城邦和其他法律的渴望，使得你去了解（它们）"。

所以，你就坚定地选择并同意按照我们的要求当一个公民，尤有甚者，你在该城邦中还生了一大堆孩子呢，似乎城邦让你很满意嘛。 [οὕτω σφόδρα ἡμᾶς ᾑροῦ καὶ ὡμολόγεις καθ᾽ ἡμᾶς πολιτεύσεσθαι, τά τε ἄλλα καὶ παῖδας ἐν αὐτῇ ἐποιήσω, ὡς ἀρεσκούσης σοι τῆς πόλεως.]

52c2：πολιτεύσεσθαι [当公民]，[E 注]在最低限度的意义上可阐释为"作为一个公民生活在城邦中"（另参下文 d5）；柏拉图笔下的苏格拉底把自己说成刻意远离实际的政治活动（《申辩》31c 以下）。

[S 乙注]这里的"同意"可以比较 51e6 的 ὁμολογήσας ... πείσεσθαι[同意服从]，那里以将来时代替现在时，就暗示了如下的情况，公民发誓要约束自己服从国家的法律，而且在比较下列两种解释的效果时，会承认要服从其中一种：ἢ μὴν ὁμολογῶ κατὰ τοὺς νόμους πολιτεύσεσθαι[我同意将按照法律的要求当一个公民]，或者 ἢ μὴν ὁμολογῶ κατὰ τοὺς νόμους πολιτεύεσθαι[我同意按照法律的要求当一个公民]（疏：两句话惟一的区别在于前者是将来时不定式，后者是现在时不定式）,如果发誓的人很正确地选择了后一种誓言，就显得更加坚定和强调；一旦同意遵守，法律就马上对之具有强制性。因此，要把 oratio recta[直接的誓词]中仍然有效的规则应用到 oratio obliqua[间接的言辞]上，不会有丝毫困难，正如上文以及相似段落所示。

按：Burnet 等人认为这种语法现象并不表示与"誓言"有关，参上文 51e6 的注释。

52c2: τά τε ἄλλα καί[尤有甚者]，[A 注]"而且尤其"。τά τε ἄλλα 在语法上是修饰 ὡμολόγεις[同意]，而不是修饰 πολιτεύεσθαι（[当公民]，如 Cron 所认为），也不是修饰由之而来的 καὶ ἐπολίτευου[当公民]（如 Stallbaum、Wohlrab 和 Goebel 所认为）：在城邦中生孩子，实际上就是宣誓保证（ὁμολογεῖν）遵守城邦的法律。

[B 注]正如 Adam 所说，指"尤其"，该词组已经变成固定的措辞，因此，要问它修饰哪一个动词，就显得多此一举了。[T 注]"除了所有剩下的之外还有"，省略了"你的行为"，表明你喜欢呆在雅典，另参《申辩》36a, 31d。

52c2-3：καὶ παῖδας ἐν αὐτῇ ἐποιήσω[还在该城邦中生了一大堆孩子呢]，[E 注]一个有些牵强附会的论点；在雅典生孩子的问题是，几乎不能指望苏格拉底会例外，而这与所谓对该城邦很满意的说法之间只有相当松散的联系。[按]"一大堆"翻译的 παῖδας[很多孩子]的复数形式，以加强语气（据说苏格拉底至少生了三个孩子）。"按我们的要求"，亦可译为"在我们之下"。"坚定地"（σφόδρα），亦可译为"明确地"，该词本为副词，指"很"，"非常"，英译作 emphatically（Ga 本）或 decisively（Gr 本）。"似乎"（ὡς），所有译本多作肯定的理解，"表明"，"暗示"等等。但这里明明白白风马牛不相及的逻辑，即，你在城邦中生了一大堆孩子就等于你对城邦很满意，显然包含很多玩笑和戏谑的语气在内：十分讲究逻辑且作为理性化身的"法律"，大概还不会在逻辑上荒唐到这样的程度。故，中译在语气上稍作处理，看起来更像半真半假的玩话。

"再者说，你在那场审判中，本来可以提出流放之刑，如果你愿[c5]意的话，而你现在打算做的违背城邦意愿的事情，那时本可得允而行。[ἔτι τοίνυν ἐν αὐτῇ τῇ δίκῃ ἐξῆν σοι φυγῆς τιμήσασθαι εἰ ἐβούλου, καὶ ὅπερ νῦν ἀκούσης τῆς πόλεως ἐπιχειρεῖς, τότε ἑκούσης ποιῆσαι.]

52c4：τοίνυν [再者说]，[A 注]表示"此外"，柏拉图和演说家们经常这样用，参《申辩》33e。[E 注]在一个系列中引入一个更进一步的问题，"而且，再说了……"。[D 注]转向一个新的论点，然而，却与主导观念保持着紧密联系。

52c4：ἐν αὐτῇ τῇ δίκῃ ἐξῆν σοι φυγῆς τιμήσασθαι [你在那场审判中本来可以提出流放之刑]，[S 甲注]那时法官们对他的案子进行第一次投票。控方总会在诉状中写上处罚内容，如果法律没有明文规定相应处罚的话。这就叫做 τιμᾶν[提出犯人应受的惩罚]，该词带一个与格的人称，和一个属格的处罚建议。诉讼请求得到通过后，假如法官们经过第一轮投票发现被控告方有罪，犯人就会被问及自己认为应该受到什么样的处罚：τί ἄξιος εἴη παθεῖν ἢ ἀποτῖσαι[应该受到什么样的罪罚或者赔偿]。这就是 τιμήσασθαι[提议处罚] 或 ἀντιτιμήσασθαι[提议替代处罚]，或 ὑποτιμήσασθαι[提议较轻的处罚]

（参色诺芬《苏格拉底在法官面前的申辩》23）。因此，苏格拉底在被问到这样的问题时，本来应该回答说自己值得遭流放。

[A 注]"提议流放之刑"，另参《申辩》37c。正如苏格拉底的审判一样，在 ἀγὼν τιμητός [量刑提议]时，如果被告被证明有罪，那么，被告就有义务提出一个与控方所要求的处罚相对的处罚建议。苏格拉底提出的 30 明那的罚款，参《申辩》38b。[疏]"量刑提议"，字面意思为"关于刑罚的诉讼"或"关于刑罚的竞争"，指控辩双方各自提出相应的处罚，看似"竞争"。

[E 注]据柏拉图的《申辩》37b-38b，柏拉图把苏格拉底（即"法律"）说成指苏格拉底在最近的审判中，拒绝提出流放的刑罚，有充足的理由假定陪审团会接受苏格拉底的流放动议（参下文 c5-6），而不是死刑。在 ἀγὼν τιμητός [量刑提议]时，如果没有固定的处罚条款，正如指控苏格拉底"不虔敬"这类案子，对苏格拉底来说，谨慎的做法就是提出一个陪审团至少会认为实际算得上严厉的处罚。据柏拉图的《申辩》来看，苏格拉底（最终）提出了一个合理的处罚，30 明那的罚款，但陪审团投票的结果却是死刑。在《申辩》中，拒绝接受流放的选择，与苏格拉底的"使命"紧密相连。但在《克力同》此处，"法律"却把苏格拉底这种没有提出流放作为替代处罚，视为苏格拉底一般而言满意于雅典的各种制度的进一步明证。Burnet 为这种文本间的相互关系（亦参上文 45b7）所误导，竟而认为这段话乃是"《申辩》历史真实性的证据"（参 Burnet 对下文 52c7 的注释）。然而，这段话真正证明了的，最多是柏拉图这两篇对话在这一点上部分相符。因为还有另一种对苏格拉底自己在有可能遭到死亡判决时的态度的阐释，参色诺芬《苏格拉底在法官面前的申辩》23。

[按]最后一句字面意思为"你现在打算做的违背城邦意愿的事情，那时本可得允而行"，Ga 本译作 thus, what you are now attempting to do without the city's consent, you could then have done with it。Gr 本译作 and you are now attempting to do against the city's wishes what you could then have done with her consent，似较好。原文中的 ἀκούσης 本意为"不情愿"，ἑκούσης 则为"情愿"。这里重点突出的另一组对比是 νῦν[现在]与 τότε[那时]，这两组张力（情愿与不情愿、现在与那时）充分说明：苏格拉底现在要逃跑，不如当初主动提出流放，其效果一样。反之，苏格拉底不愿意逃跑，正如当初不愿意提出流放作为死刑的替代处罚。

你那时却往自己脸上贴金，说什么即便必死无疑也不嗔不恼，而是——如你所说——宁愿选择去死，也不愿意流放；但如今呢，既不在那些话面前感到羞耻，也不转而敬重我们法律，反倒试图毁灭我们，你现在[52d]做的可是最卑贱的奴隶才会做的事情，试图违背条约和协议而逃走，但你以前可是向我们订约同意按照那些条约和协议当公民的啊。[σὺ δὲ τότε μὲν ἐκαλλωπίζου ὡς οὐκ ἀγανακτῶν εἰ δέοι τεθνάναι σε, ἀλλὰ ᾑροῦ, ὡς ἔφησθα, πρὸ τῆς φυγῆς θάνατον· νῦν δὲ οὔτ' ἐκείνους τοὺς λόγους αἰσχύνῃ, οὔτε ἡμῶν τῶν νόμων ἐντρέπῃ, ἐπιχειρῶν διαφθεῖραι, πράττεις τε ἅπερ ἂν δοῦλος ὁ φαυλότατος πράξειεν, ἀποδιδράσκειν ἐπιχειρῶν παρὰ τὰς συνθήκας τε καὶ τὰς ὁμολογίας καθ' ἃς ἡμῖν συνέθου πολιτεύεσθαι.]

52c6：ἐκαλλωπίζου[往自己脸上贴金]，[S 甲注]据 Hesychius 说，καλλωπίζεσθαι[美化、自夸]本身就是 κοσμεῖσθαι[打扮，遮饰]，即"装饰自己"或"打扮自己"，因此 καλλωπίστρια 就是"替别人梳妆打扮的女人，丫环"。但该词在比喻的意义上指"像一个因自己的服装而骄傲的人那样傲慢，像一个吹牛大王那样兴高采烈"，正如《克力同》此处一样。另参《普罗塔戈拉》333d。

[S 乙注]恰当的意思是，"美化"或"装饰"，因此指"为了吹嘘自己而装出骄傲或矫揉造作的样子"。另参《泰阿泰德》195d。
[E 注]很可能在暗指《申辩》37c-38a。然而，苏格拉底在他的"申辩"一开头（《申辩》17b9）就说他"并不"打算做的，正是说出

κεκαλλιεπημένους γε λόγους[刻意修饰的言辞]。

[按]英译多作 pride[自傲]，或 put on airs[装腔作势]（王太庆译作"装模作样"）。严群译作"装面子"，妙。俗语"打肿脸充胖子"甚相对应。

52c7: ὡς ἔφησθα[正如你所说]，[B 注]另参《申辩》37c4-38a6。这里我再次认为，我们可以把《克力同》这里所指视为《申辩》历史真实性的证据（另参 45b7 的注释）。对于柏拉图来说，要让"法律"在苏格拉底自己的虚构中与自己争论起来，很难说是合适的做法。柏拉图必须考虑到他的读者还想得起那场审判。按：另参上文 52c4 的 E 注对 Burnet 把《克力同》作为"《申辩》历史真实性的证据"的批评。

52c8: λόγους αἰσχύνῃ[在话语面前感到羞耻]，[A 注]与 ἐπὶ λόγοις αἰσχύνει[对这些话感到羞耻]相当不同，这个地方的 λόγοι[言辞，话语]是拟人化的。另参《卡尔米德》169c。[B 注]"你在这些话面前不感到羞耻"。

[D 注]不是"耻于这些话语"，而是"在这些话语面前感到羞耻"。这些言辞是拟人化的，让苏格拉底直面的出尔反尔和反复无常。[T 注]"尊重"，字面意思是"在其面前感到羞耻"。

52c9: οὔτε ἡμῶν τῶν νόμων ἐντρέπῃ[也不转而敬重我们法律]，[A 注]"转向"自然过渡到"注意"和"敬重"，犹如拉丁语的 advertere[转向, 注意, 发现]。这一行另一个词之所以是 διαφθεῖραι[毁灭]，便在于"法律"是拟人化的。下一行 ἀποδιδράσκειν 通常指奴隶的"逃跑掉"。

[B 注]"你对我们法律也没有丝毫敬重"，另参《蒲法伊德若》254a3。这个动词原来指"转身"（很像"尊重"和"敬重"，另参希罗多德《原史》7.211），在这个意义上，该词的用法结构与 ἐπιμελεῖσθαι[关心]（按参 45d8）和 φροντίζειν[思考, 注意, 担心]之类表示"关心"的动词一样。这种用法在荷马史诗中已经有了，参《伊利亚特》15.553，另参《奥德赛》1.59，尽管 μετατρέπομαι[转

身，关注]在这个意义上更常用。ἐντρέπομαι[转身，改变，犹豫，尊重，畏惧，惭愧]主要是伊奥尼亚方言，多用于肃剧中。索福克勒斯把该词用得很灵活，色诺芬也用过该词（《希腊志》3.33）。该词在希腊化时期很常用，并具有了"耻于"（因……而羞愧）的意思。在《新约》中，ἐντροπή 的意思就是"羞耻"。

52d2：τὰς συνθήκας τε καὶ τὰς ὁμολογίας [条约和协议]，[E 注]重复苏格拉底的"协议"（同意），并把"协议"表达成复数，也许旨在隐藏其含糊性（另参下文 d9-e1）。那（些）协议是什么？苏格拉底大约什么时候签订的？为什么"法律"在这里不能更确切一些？

[按]"订约同意"（συνέθου），同时具有"同意"和"订约"之意，其名词即为这里的"条约"。

那么，你首先回答我们这样一个问题，我们说你是以行动、而不是以言辞同意了按照我们的要求[d5]当一个公民，究竟说得在理，还是不在理？"克力同啊，我们对此又该说什么？我们除了同意还能有别的什么回答吗？[πρῶτον μὲν οὖν ἡμῖν τοῦτ' αὐτὸ ἀπόκριναι, εἰ ἀληθῆ λέγομεν φάσκοντές σε ὡμολογηκέναι πολιτεύσεσθαι καθ' ἡμᾶς ἔργῳ ἀλλ' οὐ λόγῳ, ἢ οὐκ ἀληθῆ." τί φῶμεν πρὸς ταῦτα, ὦ Κρίτων; ἄλλο τι ἢ ὁμολογῶμεν;]

52d5：ἔργῳ ἀλλ' οὐ λόγῳ [以行动而不是以言辞]，[A 注] ἔργῳ 受前面的 ὡμολογηκέναι [同意了]支配，ἀλλ' οὐ λόγῳ [而不是以言辞]旨在强调 ἔργῳ，意为"用行动，而不是用言语"。这里暗示的是，言语上的和约，不如那种用行动代替言语的和约更有约束力。从修昔底德以来，"言语"（λόγος）与"行动"（ἔργον）的对立就是人们耳熟能详的了。

[B 注]是一个固定的表达法，切不可太字面地分析（and must not be too closely analysed）。

[E 注]"法律"在这里承认缺少一种言语上的合约,但清楚地意指"行动上的协议",以表示苏格拉底所做出的比言语上的协议更强的承诺。然而,正如 Tarrant 所指出的,在这个特定的例子中,正是由于合约中"缺少"言语,似乎可能弱化"法律"的立场。对此,另参 Weiss:《不满的苏格拉底》,114n.9(中译本页 172),尽管她错误地把 Adam 当成与其他编者一样,把短语不正确地理解为"不仅仅在言语上"。关于这个契约问题的哲学讨论,尤其是对含蓄协议(implicit agreement,不讲明的约定)问题的讨论,参 R. D. Woozley. *Law and Obedience: The Argument of Plato's Crito*. London, 1979, pp. 76ff。

52d6: ἄλλο τι ἤ... [除了……还能有别的什么吗],[A 注]等于拉丁语的 nonne[难道不],另参上文 50a。ὁμολογῶμεν[同意]是一个深思熟虑的连接词(deliberative conjunctive):就像一般性的命令句表达法,深思熟虑的连接词既可以用在主句中,也可以用在从句中,正如这个地方,完整的结构是 ἄλλο τί ἐστιν ἤ ὁμολογῶμεν(注意,这里的 ἤ 相当于拉丁语的 quam[比,除了,即英语的 than],而不是 aut[或者])。另参《克拉提洛斯》425d: εἰ μὴ ἄρα δή...ἀπαλλαγῶμεν,意即"除非我们也许走脱了"。参 Postgate 在《剑桥古典语文学会学报》上的文章,卷 3,第一部分,页 50-55。

[按]"在理",即"真理地"、"真实地",英语一般译为 right 或 true。"我们除了同意还能有别的什么可能吗"系直译,一般译作"难道我们能够不同意吗"(must we not agree)。

克:必须同意,苏格拉底。[Ἀνάγκη, ὦ Σώκρατες.]

苏:法律还会说:"你无非就是在违背你跟[52e]我们自己签订的条约和协议,你以前同意之时可不是出于被强迫,也不是由于被欺骗,更不是被逼迫在很短时间内做出的决定,而是有七十年之久哇,在这七十年间,你完全可以离开,如果我们不能让你满意,或者你认为[e5]那些协议不公正的话。["Ἄλλο τι οὖν," ἂν φαῖεν, "ἢ συνθήκας τὰς πρὸς ἡμᾶς αὐτοὺς καὶ ὁμολογίας παραβαίνεις, οὐχ ὑπὸ ἀνάγκης ὁμολογήσας οὐδὲ ἀπατηθεὶς οὐδὲ ἐν ὀλίγῳ χρόνῳ ἀναγκασθεὶς βουλεύσασθαι, ἀλλ' ἐν ἔτεσιν ἑβδομήκοντα, ἐν οἷς ἐξῆν σοι ἀπιέναι, εἰ μὴ ἠρέσκομεν ἡμεῖς μηδὲ δίκαιαι ἐφαίνοντό σοι αἱ ὁμολογίαι εἶναι.]

52d8：ἂν φαῖεν [他们还会说]，[B 注]仅仅是一种插入语，因此，不要觉得 ἂν 是在引导一个从句，另参《斐多》87a7，德墨斯忒涅斯 1§14 和 1§19。

[T 注]"他们会说，那么，难道你不是在破坏……"字面意思是"你除了破坏……还做过什么事情呢"（按：这里译作"无非"，英语常作 other than 或 except，另参 50a9 的注释）。ἂν 一般跟在 φαῖεν 后面，但当两个从句合并成一个时（尤其是在 φαίη 和 φαῖεν 的情况下），小品词常常挪出其原来的位置，另参 Hermann 对小品词 ἂν 的研究。

52e1：ἡμᾶς αὐτοὺς [我们自己]，[A 注] αὐτοὺς[亲自，自己]似乎是在强调 ἡμᾶς[我们]，这里没有反身的含义（疏：也就是不要理解为"你们自己"）。Cron 比较了《斐多》79a；而 Goebel 则猜测可能是 σαυτοῦ[你自己]，比较 54c：乍一看去，这里似乎不存在这种异常强调的表达式的情况。我认为其含义是"实际上与我们订立的契约"，既然破坏契约总是一件坏事，而如果契约一方乃是自己的国家，就更为糟糕了，另参 51a-c。

[B 注]"与我们自己"（不是反身性的）。"你难道不是在破坏你跟我们自己（with us in person）签订的条约和协议吗？"按：或可理解为"当面签订的条约和协议"。

52e1：παραβαίνεις [违犯]，[B 注]有一种违犯契约的机制（συνθήκης παραβαίσεως δίκη[违犯契约的权利，违犯契约的案件]，见 Pollux vi.153, viii.31），我们从这一段话可以推想，在回应这一机制时，如果该契约是被强迫签订（ὑπὸ ἀνάγκης），或者是由于欺骗（ἀπατηθείς）而签订的，就可以提出请求让契约作废。

[E 注]这样说就好像一种司法上的情形：παραβαίνεις 是专门表示违法的用语，如"违犯契约"（συνθήκης παραβαίσεως δίκη）；对于这种罪名可以提出请求说是遭到了欺骗、强迫和时间上的压力。在苏格拉底与"法律"所签订的"合同"中，"法律"认为所有这些（按：即欺骗、强迫等）都不能说成可以废止契约的理由。

52e2：ὁμολογήσας [以前同意]，[D 注]让步性的。本句其他分词都从属于该词。

52e2：ἐν ὀλίγῳ χρόνῳ [在很短时间内]，[B 注]介词 ἐν 用来指任何事情所持续的时间，另参《斐多》58b7：τοῦτο δ' ἐνίοτε ἐν πολλῷ χρόνῳ γίγνεται [这件事有时很长时间都存在]。因此，这里的意思正如 Church 所说，指"你并没有不得不匆匆做出决定。你有七十年时间……"

52e3：ἔτεσιν ἑβδομήκοντα [七十年]，[A 注]苏格拉底出生于公元前 469 年。下一句的 ἐν οἷς ἐξῆν σοι ἀπιέναι[在这期间你完全可以离开]说法基本上不准确。

[E 注]一种夸张的修辞；我们仅仅能够想像，苏格拉底只有在诸如 dokimasia（公民资格审查）之后，才会有时间做出明智的决定。[D 注]另参《申辩》17d。严格说来，从他成年以来，这段时间仅有 50 或 52 年。[G 注]夸张：苏格拉底在受审之时仅仅 70 岁。他在成年之前，几乎不可能有什么选择权可以离开雅典到其他城邦去。

然而，你既不愿意去拉栖岱蒙，又不愿意去克里特，你可是每次都说它们治理得很好，你既不去其他任何[53a]一个希腊城邦，也不去蛮族人的城邦，你反而比瘸子、盲人和其他残疾人都更少外出离开过她——[σὺ δὲ οὔτε Λακεδαίμονα προῃροῦ οὔτε Κρήτην, ἃς δὴ ἑκάστοτε φῂς εὐνομεῖσθαι, οὔτε ἄλλην οὐδεμίαν τῶν Ἑλληνίδων πόλεων οὐδὲ τῶν βαρβαρικῶν, ἀλλὰ ἐλάττω ἐξ αὐτῆς ἀπεδήμησας ἢ οἱ χωλοί τε καὶ τυφλοὶ καὶ οἱ ἄλλοι ἀνάπηροι·]

52e5-6: οὔτε Λακεδαίμονα ...οὔτε Κρήτην...[既不去拉栖岱蒙，又不去克里特]，[B 注]这句话毫无意义，除非"历史上的"苏格拉底真的赞美过斯巴达和克里特的法律。就斯巴达而言，这一点为阿里斯托芬《鸟》1281 所证实：ἐλακωνομάνουν ἅπαντες ἄνϑρωποι τότε, ἐκόμων, ἐπείνων, ἐρρύπων, ἐσωκράτων[人们都犯着斯巴达人的毛病：蓄长发，饿肚子，不洗脸，学苏格拉底]（张竹民译文）。[T注]柏拉图和当时的其他政治哲学家常常把这些国家当成法律和秩序的楷模来引用。

[E注]在色诺芬笔下，苏格拉底被说成强烈赞同斯巴达人对法律的服从（《回忆录》4.4.15）。另参《王制》544c（Adam 还引用了柏拉图《普罗塔戈拉》342a 以下，不过这是在开玩笑的语境中说的）。苏格拉底及其门徒流行的名声就是"拉孔尼亚人"（Laconian，疏：伯罗奔半岛南端即名"拉孔尼亚"地区，其首府拉栖岱蒙，又名斯巴达，后来以"斯巴达"代指整个地区），见阿里斯托芬《鸟》1281-3（另参 N. Dunbar. Aristophanes: Birds, Oxford, 1995 年的相关注疏）。

[G注]拉栖岱蒙（Lacedaemon）是斯巴达地区的正式名称。斯巴达和克里特都是集权而"封闭"的社会，都禁止公民离境。柏拉图对这两个国家的态度也并非不加批评。他对斯巴达生活方式的见解见于《希琵阿斯前篇》283a-286a 和《普罗塔戈拉》342a-343c，这两处都添加了浓厚的讽刺色彩。在《普罗塔戈拉》那段话中，克里特与斯巴达联合起来了，从两个国家来的对话者都出现在柏拉图的《法义》中，地点就在克里特。这两个国家与雅典政治体系的比较，参 R. Kraut, *Socrates and the State*, Princeton, 1984，页 177-80，215-28。

52e6: ἃς δὴ ἑκάστοτε φῄς εὐνομεῖσϑαι [你可是每次都说它们治理得很好]，[S 甲注]这些国家（按：即斯巴达和克里特）的法律和制度据说都有利于苏格拉底，另参《王制》544c,《法义》634 以下，《普罗塔戈拉》342c-d，《阿尔喀比亚德前篇》121,《米诺斯》321b6 以下；色诺芬《回忆录》3.5.15-16 和 4.4.15。这个地方的 δή 等同于拉丁语的 scilicet [当然]，该词的这种用法见 Valcken《论希罗多德〈原史〉5.20》。ἑκάστοτε，指"如同你经常说起的它们"（quotiescumque de iis loqueris）。按："治理得很好"（εὐνομεῖσθαι），又作"有好法律"，正如 eunomia 既指"良法"（good laws, Reeve 本即作此译），又指"良序"（good order）。

[A 注]苏格拉底对克里特和斯巴达最羡慕的是它们对法律的绝对服从：这两个国家构成了对苏格拉底的原则——τὸ δίκαιον [正义]就是 τὸ νόμιμον [合法]——可能最好的阐释。

[D 注]柏拉图，像其他很多人一样，常常赞美这些国家，它们相似的制度都是因为它们起源于多利克（Dorian origin）而具有相同的品格。色诺芬本人是斯巴达的热心拥护者，他在自己的《回忆录》中记载了苏格拉底在各种场合赞美多利克制度。苏格拉底对斯巴达人严格服从法律的赞赏，以及对斯巴达人为了让人们严格服从法律而进行的教育的赞赏，参《回忆录》3.5 和 4.4。但他不那么欣赏斯巴达妇女的教育。

53a1：τῶν Ἑλληνίδων πόλεων οὐδὲ τῶν βαρβαρικῶν [希腊城邦，也不去蛮族人的城邦]，[A 注]如果我们相信《斐多》78a 中的话，苏格拉底偶尔也瞟一瞟大希腊范围以外的世界。应该注意，οὐδὲ 与 οὐδεμίαν 紧密相关，它当然与此前的 οὔτε 无关。

[B 注]注意，不是 τῶν Ἑλληνικῶν πόλεων [希腊人的城邦]（疏：指大希腊范围内的城邦，不是雅典人的殖民地，也不属于狭义的"希腊"），τῶν Ἑλληνίδων πόλεων 才是常见的阿提卡用法。ἐθνικόν [民族]，而非 κτητικόν [获得物]，才用来指城邦（如此处），以及指船（Φοίνισσα, Κίλισσα ναῦς, Μεγαρίδες νῆες, ἡ στρατεγίς, "旗舰"）。这有人格化之功效，类似于我们在相似的情况中说祖国为"她"。这同样适用于猎犬，Λάκαιναι σκύλακες [拉孔地区的小狗]，而不是 Λακωνικαί σκύλακες[拉孔尼刻周边的小狗]（疏：后者范围更大）。

53a2：ἐλάττω ... ἀπεδήμησας[更少外出离开过]，[A 注]是 ὀλίγα... ἀπεδήμησας 的比较级。关于这种说法本身的含义，另参上文（52b5）对 ἐξῆλθες[走出]的注释。[B 注]关于 ἐλάττω（字面意思为"更少的情况"），参《高尔吉亚》512b5，《王制》396d1。关于苏格拉底喜欢呆在国内，另参《蒲法伊德若》230c7（见上文 52b6 的注释）。

53a3：ἀνάπηροι[残疾人]，[S 甲注]正如 Fischer 正确指出的，该词以及 πηροί，用于指"那些身体任何部分或器官有缺陷的，或至少那些器官失去功用的人"。

[A 注]关于前缀 ἀνα- 的用法，另参 ἀναπλέως[充血]和 ἀναπιμπλάναι[感染]在医学上的含义，参《申辩》32c 的注释。按："外出离开"即 52b6 的"背井离乡"，这里的"她"指"雅典"，参 Burnet 的注释。

所以说，与其他雅典人相比，城邦让你异乎寻常地满意，我们这些法律也显然让你很满意：因为[a5]一个没有法律的城邦会让谁满意呢？难道你现在竟然还不信守那已同意了的协议吗？是啊，苏格拉底呀，如果你服从我们——就不会因为离开这个城邦而变得荒唐可笑。[οὕτω σοι διαφερόντως τῶν ἄλλων Ἀθηναίων ἤρεσκεν ἡ πόλις τε καὶ ἡμεῖς οἱ νόμοι δῆλον ὅτι· τίνι γὰρ ἂν πόλις ἀρέσκοι ἄνευ νόμων; νῦν δὲ δὴ οὐκ ἐμμενεῖς τοῖς ὡμολογημένοις; ἐὰν ἡμῖν γε πείθῃ, ὦ Σώκρατες· καὶ οὐ καταγέλαστός γε ἔσῃ ἐκ τῆς πόλεως ἐξελθών.]

53a3-5：[E 注]大部分都是在重复上文 52b2-5 中的原话，为这一特定的主题画上了界限。

53a4：οἱ νόμοι δῆλον ὅτι[法律也显然]，[S 乙注]"尤其是你，超过其余雅典人，觉得国家以及我们即法律很令人满意；因为一个国家如果没有法律，那又该向谁推荐自己呢？"

[A 注]这里的 δῆλον ὅτι 是副词性用法：ὅτι 就好像在 εὖ οἶδ᾽ ὅτι

中的用法一样。这个副词放在句末是为了起强调作用，就像 εἰκότως[可能地，当然地，合适地]常常在德墨斯忒涅斯笔下所起的作用一样，另参《会饮》195b。

[B 注]"而且可能还有我们，法律"。这是从城邦推导到法律之上，这种推导在下一个从句（τίνι γὰρ ἂν）中得到了论证。很多人认为这个句子多衍文，但这个句子以及下一个从句对于论证来说都是必需的，它们只在预告这样的反对意见，即，苏格拉底是受其他东西的引诱而留在雅典，而不是因为雅典的法律才留下来的，还反对说根本就没有什么法定的合同要遵守。[按]δῆλον ὅτι 是一种惯用词组，意为"显然"。这句话也可译为："所以，你显然比其他雅典人更满意于城邦和我们这些法律。"

53a5：ἄνευ νόμων[没有法律]，[A 注]与此前的 πόλις[城邦]相连，"一个没有法律的城邦"。另外一种理解，即把这个词组视为前面紧邻动词的宾语，则成了"谁会喜欢一个不喜欢自己法律的城邦呢"？——这不可能从希腊语中得出这样的理解，也就是说，ἄνευ νόμων 不能等于 ἄνευ τοῦ νόμους ἀρέσκειν。其推理如下：既然没有人会喜欢一个根本就没有法律的国家，那么，你喜爱自己的国家，因而就喜爱她的法律。Schanz（追随 Hirschig）把 δῆλον ὅτι· τίνι γὰρ ἂν πόλις ἀρέσκοι ἄνευ νόμων 括起来，但这个从句包含着有价值而且严格相关的观念，即，一个 πόλις ἄνευ νόμων[没有法律的城邦]就是一个 πόλις ἄπολις[不是城邦的城邦，没有城邦的城邦，被毁灭的城邦]。[按]意为"谁会喜欢一个没有法律的城邦呢"。Gallop 译作 because who would care for a city apart from its laws[因为除了其法律之外，谁会在乎一个城邦呢]，可谓别具一格（王太庆译作"谁能只爱城邦不爱法律"，不准确，可能受了 Gallop 译文的影响）。

53a5：νῦν δὲ δή[现在竟然]，[A 注]"但现在的确"。[E 注]强调性的，"现在，所有这些之后……"（Tarrant 译文）。这一行前面第一个单词 γὰρ，是在解释前一个短语中的增加部分（καὶ ἡμεῖς οἱ νόμοι[我们这些法律]），也解释为什么这种增加应该是显而易见的；

"（你也对我们法律感到满意）为了谁……"

53a6：ἐὰν ἡμῖν γε πείθῃ [是的，如果你服从我们]，[S 甲注]"法律"说的这几个词是回答它们自己的。我们应该把这个句子的末尾理解为 ἀλλ' ἐμμενεῖς [但你会信守]，作为重复的表达，是用来问这个问题的。

[S 乙注]"法律"是在回答它们自己："但你会坚持留下来（这里应该理解为 ἀλλ' ἐμμενεῖς），如果你服从我们的话，而且也不会因为离开我们而变得卑劣。"

[A 注]"是的，如果你接受我们的建议"。关于这种表达形式，另参 53e，亦参 53c-d 和 52d。[E 注]这里提到的说服（按：服从）为这个部分的论证画上了句号，另参克力同的 παραίνεσις [劝告]，在 45a4 和 46a8-9。另外，53a6-7 这两行中的 γε...γε，意为"是的，（你会），如果你接受我们的建议……那么，至少你不会成为一个笑柄"。

53a6-7：καὶ οὐ καταγέλαστός γε ἔσῃ [你不会变得荒唐可笑]，[A 注]"至少你会免于受人嘲笑"。这个说法再次出现于 53d。τὸ καταγέλαστον [可笑的东西]让人 καταγελᾶν [嘲笑，讥笑]。因此，γελοῖον 常常等于"滑稽可笑的"、"搞笑"、"幽默"和"笑料"。另参《会饮》189b。

[B 注]"是的，你会，如果你接受我们的建议，而且你也不会因离开雅典而显得滑稽可笑"。下一段话具体说明了苏格拉底可能让自己变得滑稽可笑的特定方式。

十三、越狱的危害（53a8-54b1）

节解：[E 注]如果苏格拉底逃跑了，结果他的朋友们也会遭到法律的惩罚。而且苏格拉底作为一个法律的破坏者，在管理得很好的城邦中也不受欢迎。此外，即便他去了那些地方，也会很紧张，生怕为了有益和正义再重复自己的主要观点，以此证实了我们对他的审判（是公正的）。另一方面，如果苏格拉底去了克力同在忒塔利亚（Thessaly）的朋友那里，他就会成为趣闻轶事的材料———一个笑柄。而且如果他去了忒塔利亚，就比他的朋友更能够照顾好自己的孩子，如果他死了的话呢？[A注]"法律"现在详细回应克力同的观点。逃跑会给朋友们带来危险，给自己带来痛苦和耻辱，最低限度而言，也不会让孩子们得到更好的照料。

[D注]如果苏格拉底撕毁了他与"法律"所订立的契约，所有守法的人都会用怀疑的眼光来看待他。如果他后来去了任何秩序井然的城邦，也不会受人待见。另一方面，如果他去了忒塔利亚，他又能在那个地方说点什么？他逃到那里后，当然不能说他在雅典曾经说过的这一席话，免得贻人笑柄。忒塔利亚人会津津乐道他越狱的故事；但如果他在那里冒犯了任何人，就会听到让人不舒服的大实话。但他为什么应该去忒塔利亚呢？如果他把孩子们带到忒塔利亚去了，这些小家伙就会被他变成雅典的外国人。但如果苏格拉底不把孩子们带走，不管他在冥府哈得斯还是在忒塔利亚，孩子们都会有同样的结局。

"你好好考虑，违犯了那些协议和犯这样一些错误，将给你自己或[53b]你自己的挚友带来什么样的好处。你的那些个挚友，他们自己将处于遭放逐、失去城邦或者丧失财产的危险之中，几乎确然无疑——["Σκόπει γὰρ δή, ταῦτα παραβὰς καὶ ἐξαμαρτάνων τι τούτων τί ἀγαθὸν ἐργάση σαυτὸν ἢ τοὺς ἐπιτηδείους τοὺς σαυτοῦ. ὅτι μὲν γὰρ κινδυνεύσουσί γέ σου οἱ ἐπιτήδειοι καὶ αὐτοὶ φεύγειν καὶ στερηθῆναι τῆς πόλεως ἢ τὴν οὐσίαν ἀπολέσαι, σχεδόν τι δῆλον.]

53a8: Σκόπει γὰρ δή [你好好考虑]，[A注]"好好考虑"（just consider），是引导性的，另参 44a 的注释。[E注]组合使用小品词意在引起注意（GP 243），γὰρ 表示论点与前面的部分有联系："因为现在好好想一想……"这种说话的方式让人想起 50a6 和 51c6。[D注]一般放在一个独立句子的前面，正如 ὁρᾶς [你看] 常见的用法一样。另参 47a2。

53a8：ταῦτα παραβὰς καὶ ἐξαμαρτάνων [违犯了那些协议和犯错误]，[A 注]注意时态上的差别：ἁμαρτία[罪过]在赎罪以前仍然还在。另参 50c1 的 ἠδίκει[行了不义]及其相关注释。ταῦτα παραβὰς 中的 ταῦτα 不是"这些责任"（如 Goebel 所认为），而是"这些罪责"，该词是同源的宾格。

[B 注]"在这些方面有任何的冒犯"。这里用现在分词，是因为要表示一种持续的状态，正如 ἀδικῶ[行不义]一样。[E 注]ταῦτα 指公民与"法律"之间签订的"合同"。这里再次使用复数形式（如52d2 一样），似乎是为了避免模棱两可。注意 ἐξαμαρτάνων 是现在分词，与表示单个行为的不定过去时的 παραβὰς 相对立。

[D 注]这里的 ταῦτα，即 τὰ ὡμολογημένα[同意过的事情，签订了的协议]。按："好处"云云，意在反讽。

53b1：σου οἱ ἐπιτήδειοι [你的那些个挚友]，[A 注]出于更合理的原因，没有用 οἱ σοί ἐπιτήδειοι 这样的说法，也许是由于仍然感觉 ἐπιτήδειοι 像一个形容词。

53b1-2：καὶ αὐτοὶ φεύγειν [他们自己遭流放]，[A 注]意为 et ipsi exulare[并且自己也流放]，省略了"你也如此"。紧接着的 καὶ στερηθῆναι τῆς πόλεως[失去城邦]，等同于省略了"放逐"的 ἄτιμοι γενέσθαι[变得名声扫地]。关于 στερηθῆναι[失去，被排除在外，遭放逐]，参上文 44b7 的注释。"法律"在这里回答了克力同 44e 和 45e 的请求。按："失去城邦"为直译，王太庆译为"丧失家园"，但这里是两个不同的动词，尽管这两个动词意思相近。

53b3：σχεδόν τι [几乎]，[A 注]"几乎近于"（pretty nearly），等于拉丁语的 propemodum。σχεδόν τι[几乎、差不多]、ὡς ἔπος εἰπεῖν[常言道]和 ἐμβραχύ[总之，简言之]这三种表达法意思大体相同，第一种一般接形容词，第二种与 οὐδείς[一点也不]和 πᾶς[完全，全部]连用，第三种只与关系词连用，如《高尔吉亚》457b1 的 ἐμβραχὺ περὶ ὅτου ἂν βούληται[总之，对此正如所计划的那样]。

[D 注] τι 是副词性的用法，常与 πάνυ、σχεδόν、πλέον、μᾶλλον 和 πολύ 连用。按：简单译作"很显然"，亦可。

[E 注]53b1-3 这个部分是在直接回答克力同，后者曾在上文 44e2-6 中详细阐释了这些可能性，并在 45a6 以下提议说，金钱可以摆平 συκοφάνται[告密者]，尽管由于他人的告密，帮助苏格拉底越狱的人可能有受指控的危险。

首先就你自己来说，如果你去了某些最近的城邦，要么去忒拜，要么去墨伽拉——[b5]两者都治理得很好，那么，苏格拉底呀，对于他们的政制来说，你是作为敌人而到来，那些心忧自己城邦的人，要对你侧目而视，把你视为法律的破坏者，[αὐτὸς δὲ πρῶτον μὲν ἐὰν εἰς τῶν ἐγγύτατά τινα πόλεων ἔλθῃς, ἢ Θήβαζε ἢ Μέγαράδε —εὐνομοῦνται γὰρ ἀμφότεραι—πολέμιος ἥξεις, ὦ Σώκρατες, τῇ τούτων πολιτείᾳ, καὶ ὅσοιπερ κήδονται τῶν αὑτῶν πόλεων ὑποβλέψονταί σε διαφθορέα ἡγούμενοι τῶν νόμων,]

53b3：πρῶτον μὲν [首先]，[A 注]第二个选择（按：即"其次"）在 53d2 的 ἐκ μὲν τούτων τῶν τόπων ἀπαρεῖς [然后，你会离开这些地方]，另参 50d1 对 πρῶτον μὲν 的注释。[E 注] αὐτὸς δὲ[你自己]回答上文 b1 的 ὅτι μὲν γὰρ 这句话。πρῶτον μὲν 讲苏格拉底逃亡的第一个选择，第二个选择要等到下文 53d1 才出现（按：逃到忒塔利亚）。

53b3：εὐνομοῦνται γὰρ ἀμφότεραι [两者都治理得很好]，[A 注] 忒拜和墨伽拉的政制都是寡头制，因此，"法律"所说的 εὐνομοῦνται γὰρ ἀμφότεραι[治理得很好]（按：也可译为"两者也都有良法"），是站在苏格拉底的立场上说的（尽管不无一丝讽刺挖苦的意味）。

[B 注]苏格拉底在忒拜和墨伽拉都有朋友。我们已经知道（见上文 45b4，按：另参本书"人物志"）忒拜的一些毕达哥拉斯主义者追随苏格拉底，而且有直接的证据表明忒拜当时之所以治理得

好，得归功于毕达哥拉斯主义者，他们当时是 Epaminondas 的老师（[疏]Epaminondas，约公元前 418—前 362 年，忒拜的将军和政治家，让忒拜从斯巴达治下独立，并进行了政治改革，生前即被誉为解放者和理想主义者，后被西塞罗称为"希腊第一人"）。

[E 注]忒拜和墨伽拉当时都实行寡头制，苏格拉底在两个城邦都有朋友（关于忒拜，另参上文 45b4-5）。"法律"在此处的要点是，苏格拉底在雅典"破坏"法律的行为，会被视为拥有良法（即 εὔνομος 的字面意思）的城邦的威胁。"治理得很好"的城邦与下文（53d1 以下的忒塔利亚）针锋相对。但能够说这两个城邦（忒拜和墨伽拉）中，哪一个会有这样一些制度，最初竟然会允许签订苏格拉底可能会撕毁的"合约"？

[D 注]在伯罗奔半岛战争之前和期间，忒拜实行着温和的寡头制（ὀλιγαρχία ἰσόνομος[人人有平等权利的寡头制]，与希波战争时期的 δυναστεία ὀλίγων[少数人有权利的政制]有所不同），政治上倾向于斯巴达。墨伽拉也有寡头制形式的政府，从 Coroneia 战争（公元前 447 年）后，也一直站在斯巴达一边。

[G 注]忒拜是波俄提亚的主要城邦，位于阿提卡西北部；墨伽拉在伊斯忒摩斯（参 52b 的注释）。两个国家都离雅典不远。

53b5-6：πολέμιος ἥξεις...τῇ τούτων πολιτείᾳ [对于他们的政制来说，你是作为敌人而到来]，[S 甲注]要把 τῇ τούτων πολιτείᾳ 理解为"这些国家的公民的"。[A 注]因为你即便赞同他们的政制，由于你违犯了你自己的政制，而且接下来也会侵犯他们的，既然你不再相信 δίκαιον[正义]在于 νόμιμον[合法，法规]。这里的 τούτων 是阳性。πολέμιος 指"国家的敌人"。

[T 注] τῇ τούτων πολιτείᾳ 意为"这些人的政制"，而不是这些国家，就好像前面的词是 πολιτῶν[邦民，公民]，而不是 πόλεων[城邦]。这种 synesis[意义正确但不符合语法规范的句子结构]在柏拉图笔下屡见不鲜。

53b7：ὑποβλέψονταί σε [对你侧目而视]，[S 甲注]Hesychius 理

解为：ὑποβλεπόμενος· ὑπονοῶν, ἐχθραίνων[用怀疑的眼光看：充满怀疑和仇视]。ὑποβλέπεσθαι 的意思是"带着怀疑的眼光去看"、"怀疑"，有时也指"仇恨"、"成为敌人"。

[A 注]"会怀疑地看着你"（will eye you askance）。亦见于《会饮》220b。该词的前缀 ὑπο-[从下面]意为"（眼光）来自眉毛之下"，也就是带着一种愁容（如《斐多》117b），或者有时表示偷偷摸摸的表情，指恋人之间的偷瞥。

[D 注]前缀 ὑπο-传达出怀疑的含意，犹如在 ὑφορᾶν[从下面看，侧目而视，怀疑，嫉妒]，ὑποψία[猜疑，疑惧]中一样，另参色诺芬《上行记》2.4.10。

而且你还会证实法官们的意见，以至于他们认为自己以前正确地判了这个[53c]案子——任何人如果是法律的破坏者，都很可能要被视为年轻人和没有理智的人的败坏者。[καὶ βεβαιώσεις τοῖς δικασταῖς τὴν δόξαν, ὥστε δοκεῖν ὀρθῶς τὴν δίκην δικάσαι· ὅστις γὰρ νόμων διαφθορεύς ἐστιν σφόδρα που δόξειεν ἂν νέων γε καὶ ἀνοήτων ἀνθρώπων διαφθορεὺς εἶναι.]

53b7-8：βεβαιώσεις τοῖς δικασταῖς τὴν δόξαν [你会证实法官们的意见]，[S 甲注]即"你将证实法官们的看法，即，他们判你有罪，乃是正确的"。或者说，"你将向其他人证实这样的看法，法官们的决定乃是正确的"。就好像读成了 ὥστε αὐτοὺς δοκεῖν... [以至于他们认为]。另参《优提德谟》305d。

[B 注]"你将证实法官们的意见"。这些词同样可以表示"你将帮助法官证实其他人对它们的意见"，因而 Schanz 认为后面这个句子（ὅστις γὰρ νόμων...）让第二种理解变得更适当。我看不出这一点，我更愿意接受前面那个更明显的阐释。法官们会深信它们判处苏格拉底败坏青年之罪乃是正确的，因为一个破坏法律的人 *a fortiori*[更加]有可能成为一个败坏青年的人。

[T 注]即，会证实其他人的想法，这些想法对法官有利，结果

就会认为法官正确地判决了苏格拉底的案子。

53b7-8：σφόδρα που ... διαφθορεὺς εἶναι [很可能……是败坏者]，[A 注]因为 διαφθείρειν ἀνοήτους ἀνθρώπους [败坏缺乏理性的人]比破坏有理性的法律（reasonable laws）更容易。对苏格拉底的判决见于《申辩》24b。按："缺乏理性的人"直译为"愚蠢的人"或"不思考的人"。按：这里的 δόξειεν[认为，即 dokeo]是祈愿式，颇为难解。

[E 注]装模作样假装不自信（diffidence）的 που[可能，也许，大约]与 σφόδρα[很，非常]一起，其实强调了说话人的确信，即，后一种较轻的罪行（misdemeanor）来自前一种："人们会认为，谁作为法律的破坏者，都很可能被视为年轻人和蠢人的败坏者。"值得注意的是，苏格拉底（意即"法律"）对自己的批评在《克力同》戏剧结构之内，虽然仅仅涉及逃跑的不正义之上（这当然是假设性的，因为那不会真正发生），但柏拉图在这里似乎扩宽了画面，把其他人如色诺芬和波吕克拉底（Polykrates）在其他地方对苏格拉底的一般性批评也包括了进来，并暗示说，如果苏格拉底真的逃跑了，那么，对苏格拉底的这种审判的确就会被证明是正确的。

那么，你要逃离治理得好的城邦和安分守序的人们？这样做的话，难道[c5]你的生命还将值得过吗？还是说，你要接近这些安分守序的人，恬不知耻地与他们谈话——苏格拉底呵，你好意思跟他们谈什么样的道理呢？莫非谈你在我们这里说的那些，什么德性和正义，以及习俗和法律，乃是凡人最有价值的东西云云？你难道不知道这会让苏格拉底这个老东西[53d]显得很可耻吗？你当然应该知道。

[πότερον οὖν φεύξῃ τάς τε εὐνομουμένας πόλεις καὶ τῶν ἀνδρῶν τοὺς κοσμιωτάτους; καὶ τοῦτο ποιοῦντι ἆρα ἄξιόν σοι ζῆν ἔσται; ἢ πλησιάσεις τούτοις καὶ ἀναισχυντήσεις διαλεγόμενος—τίνας λόγους, ὦ Σώκρατες; ἢ οὕσπερ ἐνθάδε, ὡς ἡ ἀρετὴ καὶ ἡ δικαιοσύνη πλείστου ἄξιον τοῖς ἀνθρώποις καὶ τὰ νόμιμα καὶ οἱ νόμοι; καὶ οὐκ οἴει ἄσχημον [ἂν] φανεῖσθαι τὸ τοῦ Σωκράτους πρᾶγμα; οἴεσθαί γε χρή.]

53c4: καὶ τῶν ἀνδρῶν τοὺς κοσμιωτάτους [安分守序的人]，[S 甲注]κόσμιοι 指那些"遵守 τὸν κόσμον，即秩序和审慎（modum，节制）的人"，或者如 Fischer 所解释的，指"按照法律规范勤勉地管理和编排自己的生活、道德和追求的人；节制谦和的人（modesti），公正的人（probi）"。

[A 注] κόσμιος 即 ὁ κόσμον ἔχων[指有秩序的人，有规矩的人]。[T 注]连同前面的 τάς τε εὐνομουμένας πόλεις，指"拥有良法的城邦，以及最尊重法律和秩序的人"。

[按]"好意思"为译者所加。"道理"，亦作"话"。有注释者（如T注）认为在 ἢ πλησιάσεις τούτοις καὶ ἀναισχυντήσεις διαλεγόμενος[接近这些人，恬不知耻地交谈]这句话中，要把后面两个词 ἀναισχυντήσεις διαλεγόμενος[恬不知耻地交谈]，理解为是在 ἤ[或者，还是说]后面，这样一来，句子就变成了"你恬不知耻地接近这些安分守序的人并且与他们交谈"（王太庆即如此理解），似无必要，也与原文不甚吻合。

53c7-8: ἡ ἀρετὴ καὶ ἡ δικαιοσύνη … καὶ τὰ νόμιμα καὶ οἱ νόμοι [德性和正义……习俗和法律]，[E 注]这是苏格拉底学说一种很有趣的表达：柏拉图的对话向我们清楚地证明苏格拉底关注前一对范畴，但不容易找到苏格拉底关注后面那对范畴的证据，而且提到前者最著名的地方（《申辩》30a-b）却没有包含后者。这个句子把两组范畴分割开来，并把第二组排列得好像是后来的想法［见下一句］，这究竟标志着柏拉图对苏格拉底这两种不同的表达感到不安，还是说这种分列可能意在回头代表苏格拉底那些更保守的支持者对他的辩护？按："习俗"，又作"惯例"和"合法之事"。

53c8: καὶ οὐκ οἴει ἄσχημον… [你难道不知道……可耻]，[B 注]"难道你不认为那对苏格拉底来说很不合适（indecent）吗"？另参《希琵阿斯前篇》286e8。[E 注] *ἄσχημον* 意为"不适当"、"可耻"，因苏格拉底实际上背叛自己的原则而让他的学说变得伪善。但是，可以肯定地说，只有在苏格拉底把 *καὶ τὰ νόμιμα καὶ οἱ νόμοι*[习俗与法律]这一组范畴包括在自己的学说中时，这种指责才成立。坚持前一组范畴（按：即 *ἡ ἀρετὴ καὶ ἡ δικαιοσύνη*[德性与正义]），并不必然与苏格拉底逃跑相冲突。但"法律"的意思很清楚，*ἀρετή*[德性]和 *δικαιοσύνη*[正义]与遵守 nomoi[法律]不可分割，当然，这是以《克力同》惟一主要阐释性问题——"法律"讲辞的意义——为论据（beg the ... question）的。

53d1：*τὸ τοῦ Σωκράτους πρᾶγμα* [苏格拉底这个老东西]，[S 甲注]"苏格拉底的事情或事务"，要理解为在说苏格拉底本人（按：D 注亦然）。所以，*τὸ πρᾶγμα* 说的是人，另参《高尔吉亚》520b。

[A 注]"苏格拉底以及关于他的一切事情"。所以《申辩》18b3 的 *οἱ περὶ Ἄνυτον*（按：牛津本作 *τοὺς ἀμφὶ Ἄνυτον*），等于"阿尼托斯以及那些跟他一起的人"。该表达法有些轻蔑的意味，另参《希琵阿斯前篇》286e。*χρῆμα*[必需品，事件，事务]差不多是同样的用法，惟一的不同在于更为轻蔑，如《王制》567e。阿里斯托芬《云》开头两行就以相似的短语表达厌倦和憎恶。

[按]"老东西"直译 *πρᾶγμα*，或译"苏格拉底的事业"、"与苏格拉底相关的事务"。Stryker 和 Slings 翻译成"苏格拉底的困境"（E. de Strycker and S. R. Slings. *Plato's Apology of Socrates*. Leiden: Brill, 1994, p. 268）。

53d1：*οἴεσθαί γε χρή*[你当然应该知道]，[A 注]回答自己问题的一种方式，另参下文 54b1。[B 注]"我应该如此认为"，这种表达法用于回答自己，另参《斐多》68b2，《普罗塔戈拉》325c4。[E 注]其中的 γε 让这里的命令变得更严厉："你当然应该这样想！"

"抑或说你要离开那样一些地方，去忒塔利亚投奔克力同的异方朋友吗？那里当然最混乱无序和放纵不节，他们大概也乐于听到

你当时如何裹上某种服装滑稽可笑地[d5]从监狱逃跑出来，你要么穿上兽皮外套，要么穿上逃亡者习惯穿上的那类其他东西，改变你自己的外貌——[ἀλλ' ἐκ μὲν τούτων τῶν τόπων ἀπαρεῖς, ἥξεις δὲ εἰς Θετταλίαν παρὰ τοὺς ξένους τοὺς Κρίτωνος; ἐκεῖ γὰρ δὴ πλείστη ἀταξία καὶ ἀκολασία, καὶ ἴσως ἂν ἡδέως σου ἀκούοιεν ὡς γελοίως ἐκ τοῦ δεσμωτηρίου ἀπεδίδρασκες σκευήν τέ τινα περιθέμενος, ἢ διφθέραν λαβὼν ἢ ἄλλα οἷα δὴ εἰώθασιν ἐνσκευάζεσθαι οἱ ἀποδιδράσκοντες, καὶ τὸ σχῆμα τὸ σαυτοῦ μεταλλάξας·]

53d2：ἀπαρεῖς[离开]，[A 注]苏格拉底从一个城邦流亡到另一个城邦，另参《申辩》37d。"法律"现在是在回答克力同在 45c 中的提议。

[B 注]"你要动身离开吗"？另参《书简七》328c4 的 ἀπῆρα οἴκοθεν[动身回家]。其反义词是 καταίρειν[降下，进港]。最好在不及物的意义上把 αἴρω[抓取，理解]解释为没有目标的行为，而不是理解为有所省略。在英语中"提升"（lift）就可以作不及物动词。[按]"异方朋友"（ξένος，上文译作"异邦世交"），有"客人"、"（订有世代相传互为宾主约言的）朋友"之意，柏拉图《法义》笔下的主要角色即为"雅典异方人"，英语多译为 stranger，不确，guest-friend 庶几近之。王太庆把下文 54a4 的这个词译为"异域之民"，妙。

53d3-4：ἐκεῖ γὰρ δὴ πλείστη ἀταξία καὶ ἀκολασία[那里当然最混乱无序和放纵不节]，[S 甲注]那时的忒塔利亚人因其生活方式的放荡不羁，可谓臭名昭著。他们的欺诈成性、猥亵无耻、淫荡任性，还有其他恶习，另参雅典那乌斯，4.6.137，10.4.418，1.6.527，14.23.663。

[A 注]ἀταξία 是 κοσμιότης[守规矩]的反义词，即 σωφροσύνη[审慎]的 ἀκολασία[放纵]。忒塔利亚和马其顿人放纵和沉湎于酒色，几乎是众所周知的事情，参色诺芬《回忆录》1.2.24（关于忒塔利

亚），另参 Theopompus（疏：希腊历史学家和修辞家，约生于公元前 380 年）的 *ap. Athen.* 12.527。

[E 注]这是雅典人在描述一个地区没有政制时的普遍看法（另参色诺芬《回忆录》1.2.24），被"法律"说成是不证自明的（γὰρ δή 表示"毫无疑问"）。忒塔利亚只是最近才冒出来的，它原来的政府形式最出名的地方在于努力争取对各式各样的贵族制家庭进行政治统治，其公元前五世纪末公元前四世纪初以短命的僭主制和频发的内乱而著名。苏格拉底对克力同的感情并不十分敏感，便在于他考虑到了克力同与那个国家的联系（另参 45c2-5）。

[D 注]苏格拉底说 ἐκεῖ γὰρ δή，似乎克力同很熟悉那个事实。忒塔利亚的贵族富有而好客，也有粗暴和放荡的名声。色诺芬《上行记》2.6.21 以下所描述的美诺的性格，可以佐证这里的话题。

53d5：ἀπεδίδρασκες [逃跑]，[A 注]很生动的过去时。[E 注] ἀπεδίδρασκες 让我们生动地感受到苏格拉底化装潜逃的图景而深化了这种荒唐可笑的性质。最充分地把苏格拉底逃跑的性质表现为"逃奴"的动机，另参上文 50a7 和 52d1-2。

53d5：σκευή [服装]，[S 甲注]似乎应该理解为遮住全身的长袍，如动词 περιθέμενος[放在周围，戴上，穿上，加诸]所示。[A 注]指某种服装或装饰，通常指不常见的服饰，比如演员穿的戏服（S 甲注曰：套在整个人身上的长袍，参下文）。

[B 注]指"剧装"，"伪装"，另参《王制》577b1，《法义》947c5 和色诺芬《上行记》4.7.27。[T 注]Stallbaum 认为该词也指下文的"皮外套"，但最好在更一般的动态意义上来理解它，或作"个人表现"，如拉丁语的 habitus[情况，性质，服装，习惯，心情]常见的用法。

53d6：ἢ διφθέραν λαβὼν ἢ ἄλλα [要么穿上兽皮外套，要么其他]，[A 注]两种特殊的 σκευή[服装]。διφθέρα 是牧羊人的皮外套（按：王太庆译作"老羊皮"，传神）。[T 注]乡巴佬穿的兽皮服装，因此特别适合用来伪装。

[D 注]这个两者必居其一的选择从属于上文的 σκευήν τέ τινα περιθέμενος[裹上某种服装]。据古人对阿里斯托芬《云》行 73 的注疏，διφθέρα 指一种 ποιμενικὸν περιβόλαιον [牧羊人的衣服]。σκευή 和 ἐνσκευάζεσθαι 指换服装（穿戴好），也用来指演员的戏服。σχῆμα[外形，姿态，样式，伪装]则指为了完成转型而在脸上和身上进行必要的伪装。

53d6：οἷα δή [那类]，[E 注]"几乎都免不了蔑视、嘲讽和轻视的口气"（GP 220）；"那一类打扮……"。

53d7：καὶ τὸ σχῆμα τὸ σαυτοῦ μεταλλάξας [改变你自己的外貌]，[S 甲注]这里的 σχῆμα 指 habitum[情况，性质，服装，习惯，心情]和 vestitum[衣服，外观]。上文 ἢ διφθέραν ...ἢ ἄλλα[要么兽皮外套，要么其他]指不同种类的 τῆς σκευῆς[服装]。[A 注]这里的 καί 与上文 53d5 σκευήν τέ τινα 中的 τέ 相连。这个句子指的是人身的伪装，与服饰无关。B 本在页边上把 μεταλλάξας 更正为 καταλλάξας。前者的意思是"改变"，后者的意思是"交换"和"调和"。

难道没有人会说，这样一个老头儿，生命中所剩时间[53e]很可能已经不多了，你居然还有脸面如此贪婪地渴望活命，不惜违犯最重要的法律？也许没有人会这样说，假如你没有惹恼什么人的话；但如果不是这样，苏格拉底呀，你就会听到很多把你自己说得一无是处的话。[ὅτι δὲ γέρων ἀνήρ, σμικροῦ χρόνου τῷ βίῳ λοιποῦ ὄντος ὡς τὸ εἰκός, ἐτόλμησας οὕτω γλίσχρως ἐπιθυμεῖν ζῆν, νόμους τοὺς μεγίστους παραβάς, οὐδεὶς ὃς ἐρεῖ; ἴσως, ἂν μή τινα λυπῇς· εἰ δὲ μή, ἀκούσῃ, ὦ Σώκρατες, πολλὰ καὶ ἀνάξια σαυτοῦ.]

53d7 以下，[E 注]苏格拉底对不计代价苟且偷生这种有伤尊严事情的看法，另参《申辩》37c 以下。按："生命中所剩时间很可能已经不多"为直译，啰嗦冗长，或可简作"来日无多"。整句话亦可更流畅地译作："难道没有人会说，你个老头儿，本身已来日无多，却如此贪生，竟敢违犯伟大的法律？"其中，违犯法律是一个分词短语，可以表示方式，也就是指苏格拉底居然"通过违犯伟大的法律"来苟且偷生。

53e1：ἐτόλμησας οὕτω γλίσχρως [有脸面]，[S 甲注]这里的 τολμᾶν 是"忍受"（sustinere）之意（按：后面加不定式意为"下决心做……"），而不是"羞愧"，οὐκ αἰσχύνεσθαι。[按]《古希腊语汉语词典》注录为："[加不定式]下决心做……"，但据《希英词典》，应为：后面加不定式表示，不管任何自然感受，也有"勇气、胆量、厚颜无耻、残酷"或"脸面、耐心"去做一件事情，即"冒险去做"、"胆敢去做"。王太庆译作"死乞白赖"，意近。注意，这里的 ἐτόλμησας 是第二人称单数"你"——尽管这里是间接引语，似乎就更生动了。

53e1：οὕτω γλίσχρως [如此贪婪地]，[B 注]指"如此贪婪地"。γλίσχρος 字面意思是"黏糊糊的"（glutinous），由此可以很容易派生出比喻性的"纠缠不休"和"贪婪"之意（另参《斐多》117a2 中 γλιχόμενος τοῦ ζῆν 的动词 γλίχομαι 的含义）。该词也可以指"吝啬"、"微不足道"和"破旧寒酸"。[A 注]οὕτως αἰσχρῶς [如此无耻，如此卑鄙]（按：Adam 认为这里应该据其他抄本作此读法，而不是 οὕτω γλίσχρως，但 Burnet 在注释中予以了有力的反驳，从略）与后面的相连，由 νόμους τοὺς μεγίστους παραβάς [违犯最重要的法律]所阐释。

53e2：οὐδεὶς ὃς ἐρεῖ [难道没有人会说]，[A 注]省略了系动词，就好像在 οὐδεὶς ὅστις οὐ 中一样。[D 注]"就没有人会这样说吗"？这里如同很多常见的习语一样，省略了动词"是"或"有"（to be）。[E 注]主句放在了句末，其从句是此前 53d7 以下的 ὅτι δὲ γέρων ἀνήρ…，主句后置是为了修辞的效果。

53e3：εἰ δὲ μή [但如果不是这样]，[S 甲注]"但如果不是"，指"但如果你让忒塔利亚人感到麻烦"。比较欧里庇得斯《阿尔克斯提斯》行 707。[S 乙注]"否则"，阿提卡作家特别爱这样用：否定性的命题，常常跟一个否定条件的反题（antithesis）。

[A 注]等于拉丁语的 alioquin [另一方面，无论如何，否则]，

另参《斐多》91c。[B 注]"否则",即"如果你惹恼了任何人"。这个短语已经变成模式化的表达,甚至用于否定性的条件之后,而与其字面意思无关了。[T 注] ἴσως, ἂν μή...以下可译为"也许不,如果你不冒犯任何人的话;但如果不是这样",即,如果你真的冒犯了任何人,"你就会听到……"。

53e3: ἀκούσῃ [听到],[A 注]用作 53e2 的 ἐρεῖ[说]的反义词,另参 50e 的注释。[D 注]就像 ἀκούειν κακά (ὑπό τινος) [听到(某人说的)坏话],也就是 λέγειν κακά [说坏话]的被动态。

[按]"把你自己说得一无是处的话",直译为"你自己的一钱不值"(ἀν-άξια,"价值"的反义词,意为"无价值"),据注疏,可译作"关于你的坏话";严群译作"扯你脸皮的话",王太庆译作"不中听的话",Ga 本译作"让你丢脸的话"(discredit),Gr 译作 disgraceful things。

因此,你将对所有人摇尾乞怜甚至屈尊为奴来度过余生——[e5]你在忒塔利亚除了饱食终日,就好像背井离乡来到忒塔利亚专为赴宴似的,还能做什么呢?你那些关于[54a]正义以及其他德性的大道理,对我们来说,又将何在?[ὑπερχόμενος δὴ βιώσῃ πάντας ἀνθρώπους καὶ δουλεύων—τί ποιῶν ἢ εὐωχούμενος ἐν Θετταλίᾳ, ὥσπερ ἐπὶ δεῖπνον ἀποδεδημηκὼς εἰς Θετταλίαν; λόγοι δὲ ἐκεῖνοι οἱ περὶ δικαιοσύνης τε καὶ τῆς ἄλλης ἀρετῆς ποῦ ἡμῖν ἔσονται;]

53e4: ὑπερχόμενος ...δουλεύων [摇尾乞怜……屈尊为奴],[S 甲注]施莱尔马赫和 Buttmann 等人都认为这一段话有问题,后者彻底改变了这段话的结构,前者则认为 καὶ δουλεύων [甚至为奴]与此前的 ὑπερχόμενος [摇尾乞怜]意思差不多,是多余的,但该词绝非没有特定的意义,它表达的意思比 ὑπερχόμενος [摇尾乞怜]更为强烈。其意思就是"你的确会活下来研究如何逐渐取得他人的友情和好感(familiaritetem et favorem insinuare studeas),甚至到了不惜屈尊为奴的程度"。因此,第二种指责(按:即屈尊为奴)比第一种指责

（按：即讨好所有人）严厉得多，尤其这种指责针对的是一个如此憎恨一切奴性东西的人时。整段话的意思是"因此你会作为一个谄媚者而活着，甚至当其他人的奴隶；否则，你在忒塔利亚享用宴席（残羹冷炙）时，除了（把自己想像成）从你自己的国家专程来到忒塔利亚赴宴之外，还能怎么样呢"（vives igitur adulator adeoque servus aliorum quid quaeso aliud faciens quam convivans in Thessalia, quasi ad epullum quoddam e patria profectus sis in Thessaliam)？这里重复忒塔利亚并非毫无目的。另参索福克勒斯《俄狄浦斯王》行 940，946；欧里庇得斯《乞援人》行 127。

[A 注]"靠阿谀逢迎进入"（cringing into），"靠奉承讨好进入"（fawning into）。在这个意义上（等于 θωπεύω[阿谀奉承]，πρὸς χάριν ὁμιλῶ[献媚结交]），ὑπέρχομαι 也许会用现在时之外的时态。在阿提卡通常的陈述句中，当该词用作"来到……之下"时，一般说来就等于 ἔρχομαι[来]及其复合词，也适用于 εἶμι[去]的其他用法（ᾖα, ἴω, ἴοιμι, ἴθι, ἰέναι, ἰών, 将来时为 εἶμι）。δουλεύων[为奴]不是多余的，正如 Stallbaum 所指出的，因为 δοῦλος[奴隶]在程度上低于 κόλαξ[马屁精]。

[S 乙注]ὑπερχέσθαι 的意思本身是"来到……之下"，"偷偷进入"；因此而有"迂回潜入"，以及通过屈服和奉承让自己"逐渐巧妙取得"他人的好感。

[B 注]"奉承讨好"，"卑躬屈膝"。阿提卡作家只有在这种复合词中，也只有在这种比喻的意义上，才把词根 ἐρχο-用作一般过去时、现在时和现在分词。Elmsley 最先阐述 ἔρχομαι[来]的变形及其复合词的现象，Cobet 予以了补充。另参德墨斯忒涅斯 23§8，[色诺芬]《雅典政制》2.14。

[D 注]这里的 δή 是"因此"（accordingly）之意，苏格拉底将不得不下决心这样做，他别无选择。最好把 καὶ δουλεύων [甚至屈尊为奴]理解为绝对属格，而不要理解为带一个暗含的与格。这样，

我们对苏格拉底在说 ὑπερχέσθαι 时脑子里所想的事实，就看到了一个直言不讳的说法。

[按]分词 ὑπερχόμενος 本意为"（偷偷）进入"，另有"讨好"、"乞怜"和"欺骗"之意。这里的 πάντας ἀνθρώπους [所有人]究竟是作 ὑπερχόμενος 的宾语还是后面那个分词 δουλεύων [当奴隶]的宾语，不好确定。Ga 本译作 live as every person's toady and lackey[作为每一个人的马屁精和奴仆而活着]。"度过余生"，本意为"过日子"。

53e5：τί ποιῶν ἢ εὐωχούμενος [除了饱食终日还能做什么呢]，[A 注] τί 等于 τί ἄλλο [否则，除了]（按：另参 50a9, 52d6, d8），另参《美诺》86e,《王制》509c。关于 εὐωχούμενος [被设宴款待，尽情享用，饱食]用来指北方人（疏：忒塔利亚在雅典的北方）的奢华，另参阿里斯托芬《蛙》行 83-85，当时阿伽通住在马其顿国王阿克劳斯（Archelaus）的宫殿里。Schanz 把 ἐν Θετταλίᾳ [在忒塔利亚]括起来，而 Kral 则拒绝承认，但在两个从句末尾重复提到忒塔利亚，有一种修辞上的力度。

[B 注]阿里斯托芬《蛙》行 85 也这样说阿伽通，他到马其顿国王阿克劳斯王宫去了，阿里斯托芬说他离开是 ἐς μακάρων εὐωχίαν [去天堂赴宴]（张竹民译文）。忒塔利亚首领这种半野蛮式的殷勤好客可谓臭名昭著。欧里庇得斯在其《阿尔刻提斯》中有所提及。另参色诺芬《希腊志》4.1.3。

[E 注] εὐωχούμενος ἐν Θετταλίᾳ 已成为谚语，指野蛮的自我放纵。

53e5-6：ὥσπερ ἐπὶ δεῖπνον ἀποδεδημηκὼς εἰς Θετταλίαν [就好像背井离乡来到忒塔利亚专为赴宴似的]，[A 注]加上这句辛辣嘲讽的话，是为了解释 Θετταλῶν εὐωχία [忒塔利亚的盛宴]。[T 注]整句话可译为"你就会靠讨好每个人和当他们卑贱的奴仆来度过余生——那样做，也只不过在忒塔利亚欢宴，的确是出国到忒塔利亚来享受"。这里轻蔑地重复"忒塔利亚"，就让贯穿于整段话的讽刺变得更为辛辣。

53e6-54a1：περὶ δικαιοσύνης τε καὶ τῆς ἄλλης ἀρετῆς [关于正义和

其他德性］，[E 注]柏拉图笔下的苏格拉底对这些问题的讨论构成了"苏格拉底对话"的主要部分。然而，惟一流传下来直接把 δικαιοσύνη[正义]作为主题的对话，却是《王制》。

[T 注]后面的 ποῦ ἡμῖν ἔσονται 指"它们会变成什么"，意思是说，我们在哪里才找得到它们？另参索福克勒斯《俄狄浦斯王》行 965，欧里庇得斯《乞援人》行 127。

[按]"大道理"（logos），王太庆译作"宏论"，Ga 本作 principles。与格的 ἡμῖν，Reeve 译为 tell us。最后一句或可译为："你对我们宣扬的那些关于正义和其他德性的大道理，又到哪里去了呢？"或"那些关于正义和其他德性的道理，告诉我们，又会在哪里呢？"

"莫非你愿意苟且偷生正是为了孩子们，以便把他们抚养大并教育成人？这怎么可能？难道你把他们带到忒塔利亚去抚养和教育，就为了把他们变成异方人，好让他们也享受这种异域飘零？[a5] 还是说，如果你不那样做，他们便在雅典这里接受抚养，难道他们就会因为你还活着而被抚养和教育得更好，哪怕你并没有跟他们在一起？[ἀλλὰ δὴ τῶν παίδων ἕνεκα βούλει ζῆν, ἵνα αὐτοὺς ἐκθρέψῃς καὶ παιδεύσῃς; τί δέ; εἰς Θετταλίαν αὐτοὺς ἀγαγὼν θρέψεις τε καὶ παιδεύσεις, ξένους ποιήσας, ἵνα καὶ τοῦτο ἀπολαύσωσιν; ἢ τοῦτο μὲν οὔ, αὐτοῦ δὲ τρεφόμενοι σοῦ ζῶντος βέλτιον θρέψονται καὶ παιδεύσονται μὴ συνόντος σοῦ αὐτοῖς;]

54a1-2：ἀλλὰ δὴ τῶν παίδων ἕνεκα βούλει ζῆν [莫非你愿意苟且偷生正是]，[S 甲注]这里的 ἀλλὰ δή，像拉丁语的 at enim[确实，究竟]一样，可以翻译成"但也许你会说"。该短语用于表达一种意图，以拒绝预期中的反对意见，另参《王制》600a，《普罗塔戈拉》338c。

[A 注]这里是在回答克力同 45c-d 的请求。ἀλλὰ δή，像拉丁语的 at enim，"哦，但是"，引入一种反对论证。

[E 注]ἀλλὰ δή，引入一个反对的论证，"但你会回答道……"。

这个明确的观点，就是克力同在 45c10-d6 中所说的：苏格拉底如果呆在雅典等待死刑，就会遗弃孩子们。按："苟且偷生"本意为"活着"。

54a3：τί δέ; [这怎么可能？] [A 注]等于拉丁语的 quid vero[的确是谁，真的是什么]。请注意后面 εἰς Θετταλίαν [去忒塔利亚]的强调作用：忒塔利亚名声极坏，另参 53d 的注释。

[按]英语一般译作 how so，德语作 wie also，意思可能是苏格拉底试图活下来抚育孩子这种理由根本就站不住脚。

54a4：ἵνα καὶ τοῦτο ἀπολαύσωσιν [好让他们也享受这种异域飘零]，[S 甲注]动词 ἀπολαύειν [享受，得到好处]，本身用来说美好的和让人愉快的事物，但在阿提卡作家笔下，常常与 εἰρωνεία [假装糊涂的激将法，苏格拉底的自知无知，口是心非]连用，表示一种糟糕的意思，另参《法义》910b。

[S 乙注] ἀπολαύειν 本身指"享受什么东西"，意在有利；阿提卡作家常常在相反的意义上使用该词。

[A 注] τοῦτο 等于 τὸ ξένοι εἶναι [当异方人，当外国人]。ἀπολαύειν [享受]有反讽的意义，该词常常用来指某种好东西，见欧里庇得斯《腓尼基人》行 1204-1205。ἀπολαύω 一般在句子中支配与格宾语，表示快乐由之而来，除非宾语是中性的代词；有些不那么好的抄本这里读作 τοῦτό σου。

[B 注]"他们也会得到这个好处"。这是反讽的说法。[E 注]严重的反讽：孩子们随乃父一起被剥夺了雅典的公民权后，在忒塔利亚就会成为异方人。

[D 注]即，在所有其他义务之外。ἀπολαύειν 正如在这里一样，常常用作反讽的意义。肃剧和荷马史诗中的段落很清楚地阐明了希腊人如何看待流放。莎士比亚在《理查二世》(Richard II) 2.1.3 中也表达了同样的精神。

[按]分词短语 ξένους ποιήσας [变成异方人]，表示目的或结果，故而加上"就为了"字样。"享受"，王太庆译作"沾光"，颇为传

神。"异域飘零"为译者所加。

54a5：ἢ τοῦτο μὲν οὔ [还是说如果不那样]，[B 注]"或者说，如果你不那样做"，即，不把他们带到忒塔利亚去抚养，而是把他们留下来，让他们在雅典这里（αὐτοῦ）被人抚养。"法律"问道，那样的话，他们是否会因为你还活着（σοῦ ζῶντος），并由于你远在忒塔利亚而非跟他们在一起（μὴ συνόντος σοῦ αὐτοῖς），就会被抚养得更好么一点点呢？

54a5：αὐτοῦ [雅典这里]，[S 甲注]即"在雅典"、"雅典的"或"雅典人的"（Athenis）——后面紧跟的 θρέψονται καὶ παιδεύσονται [被抚养和教育]要理解为 παθητικῶς [热烈地，充满感情地]。[A 注]前一个词 οὔ 等于 οὐκ ἔσται。后面的 παιδεύσονται 与 παιδευθήσομαι 都是被动态，然而，θρέψομαι 要比 τραφήσομαι 更好。

54a6：μὴ συνόντος σοῦ αὐτοῖς [哪怕你没有跟他们在一起]，[E 注]"由于你不会在那里为了他们"，即，苏格拉底不在雅典，与苏格拉底死去，对孩子们来说，都没有什么区别。Tarrant（页 211 注 56）不依据任何抄本就在 μὴ 前面加了 καί，而且他的翻译"甚至没有你在那里"，都没抓住要领：难道正是"由于"不在，即便他还活着，也能够让他的儿子们得到更好的抚养？Tredennick 极其简约的（minimalist）翻译"没有你"（企鹅第一版）至少避免了这种错误的强调。

[A 注] ξυνεῖναι 和 ξυνουσία [在一起]常常被柏拉图用来指师生之间的关系，如《高尔吉亚》515b，另参《会饮》206b。

[按]最后一句颇为难解。如果把 αὐτοῦ 和 σοῦ ζῶντος 理解为比较二格，即"比在这里"和"比你活着"，但分词 τρεφόμενοι 却是主格，所以说不通。关键是哪个比哪个更好。如果把后面的不定式短语理解为被比较的对象，并把 αὐτοῦ 和 σοῦ ζῶντος 两个属格理解为修饰分词 τρεφόμενοι，意思就成了："如果你活着，他们在雅典这里所受到的抚养，比你没有跟他们在一起的情况下他们所受到的抚养与教育要更好。"不够通顺，没有突出这里的苏格拉底逃广的主题。

苏格拉底如果逃亡，带不带走孩子，都是两难。Gr 本译作 Or not so, but they will be better brought up and educated here, while you are alive, though absent？Ga 本译作 Or if, instead of that, they are brought up here, will they be better brought up and educated just because you are alive, if you are not with them？

诚然，你的那些挚友会关照他们。是不是说如果你离家到了忒塔利亚，他们会关照你的孩子们，而如果你离家去了哈得斯，他们就不关照了呢？如果那些自[54b]称是你挚友的人还有点用处的话，他们当然应该知道去关照。[οἱ γὰρ ἐπιτήδειοι οἱ σοὶ ἐπιμελήσονται αὐτῶν. πότερον ἐὰν μὲν εἰς Θετταλίαν ἀποδημήσῃς, ἐπιμελήσονται, ἐὰν δὲ εἰς Ἅιδου ἀποδημήσῃς, οὐχὶ ἐπιμελήσονται; εἴπερ γέ τι ὄφελος αὐτῶν ἐστιν τῶν σοι φασκόντων ἐπιτηδείων εἶναι, οἴεσθαί γε χρή.]

54a6-7：οἱ γὰρ ἐπιτήδειοι οἱ σοὶ [诚然，你的那些挚友……]，[B 注]"是的，你的朋友会照看他们"。"法律"为前面的问题提出了一种可能的回答。[E 注] γὰρ 表示对前一个问题的回答（是的，会……）。

54a7-8：πότερον ἐὰν μὲν εἰς Θετταλίαν [是不是说如果你去了忒塔利亚]，[S 甲注]为了避免读者可能由于这里缺乏一个连接词把这个句子与前一个连起来而产生理解上的困难，应该指出，强烈对立的句子之间常常没有小品词。

[B 注]意思是指，你的朋友是否会照料他们，会取决于你是在忒塔利亚而不是在阴间？按：哈得斯，即"冥府"或"阴间"。

[E 注]这里和下一行的 ἐὰν...ἐὰν δὲ，一模一样地重复这些词，是在玩 ἀποδημήσῃς[离家远行，到外地去，背井离乡，出国]的文字游戏（"迁往忒塔利亚"或"哈得斯"）。关于死亡即为"迁移"的观念，另参《申辩》40e4 以下：εἰ δ' αὖ οἷον ἀποδημῆσαί ἐστιν ὁ θάνατος ἐνθένδε εἰς ἄλλον τόπον, καὶ ἀληθῆ ἐστιν τὰ λεγόμενα, ὡς ἄρα ἐκεῖ εἰσι πάντες οἱ τεθνεῶτες, τί μεῖζον ἀγαθὸν τούτου εἴη ἄν, ὦ ἄνδρες δικασταί;[另

外，如果死就是从这里移到另一个地方，而且人们所说的是真的，即，所有的死人都在那里，法官们，还有什么比这更好的？]（吴飞译文）

54a9：εἴπερ γέ τι ὄφελος...［如果还有点用的话］，［B注］"如果他们还有点用的话"。另参 46a2 的注释，《优提弗伦》4e9 的注释。按：严群译为"稍有出息"，妙。王太庆译掉了这个词组。另"用处"一词，另有"帮助"之意。

54b1：οἴεσθαί γε χρή［你当然应该知道］，［B注］"可以肯定地说，他们会"。这个短语（另参 53d1 的注释）已经变成了模式化的表达，正如 53e3 的 εἰ δὲ μή 一样（参见那里的注释），甚至可以用在一个否定性的说法之后。

十四、结论与诫命（54b2-54d1）

节解：［E注］没有什么比做正义之事更重要了，尤其当苏格拉底还要在另一个世界申诉自己的案子时。他会作为一个错误决定的牺牲品去那里，那个错误的决定不是"法律"做出的，而是苏格拉底的同胞们做出的。但如果苏格拉底因"法律"对他的伤害而反过来伤害"法律"的话，那么，他就会在另一个世界中面对"哈得斯的法律"。苏格拉底应该接受"法律"的、而不是克力同的建议。

［D注］苏格拉底应该接受"法律"的建议，并且最大限度地尊重正义——就是为了能够向哈得斯的统治者提供关于他的生命更好的解释。他被人们、而不是法律伤害了。但如果他越狱了，撕毁了他与"法律"的合约，"法律"就会在他生前对他发火，而如果他死去，法律的兄弟，也就是"哈得斯的法律"，也不会轻饶他。

"所以说啊，苏格拉底，听从我们这些抚育了你的人吧，不要把孩子、生命和其他东西看得比正义更为重要，以便你去了哈得斯之后，才有全部[b5]而充分的理由向那里的统治者申辩。[Ἀλλ', ὦ

Σώκρατες, πειθόμενος ἡμῖν τοῖς σοῖς τροφεῦσι μήτε παῖδας περὶ πλείονος ποιοῦ μήτε τὸ ζῆν μήτε ἄλλο μηδὲν πρὸ τοῦ δικαίου, ἵνα εἰς Ἅιδου ἐλθὼν ἔχῃς πάντα ταῦτα ἀπολογήσασθαι τοῖς ἐκεῖ ἄρχουσιν·

54b3：*παῖδας*［孩子］，[D 注]没有把苏格拉底的妻子克桑提佩（Xanthippe）算成需要苏格拉底照顾的人。[按]在"抚育了你的人"中，原文没有"人"这层含义（英语多译作定语从句 who have brought you up），但苏格拉底把"雅典法律"拟人化了，故可译作"人"（严群即作此译）。

54b4：*πρὸ τοῦ δικαίου*［比正义］，[A 注]在 *πλείονος*［更大，更重要］之后的用法，与在其他比较级后的用法一样，参《斐多》99a。[B 注]等于 *ἢ τὸ δίκαιον*，但意思更强烈。

54b4：*ἵνα εἰς Ἅιδου ἐλθὼν*［以便你去了哈得斯之后］，[A 注]这里对未来生活（按即来世）的信仰，说得比《申辩》更加独断（dogmatically），另参《申辩》40c 以下。[B 注]可以假定这里说的是俄耳甫斯教关于死后审判的教义。对克力同来说，没有保留的必要，但这在法官面前却很恰当。另参《申辩》40c6 以下及其注释。关于 *ἐκεῖ*［那里］指"在另一个世界"，与 *ἐνθάδε*［这里］"这个世界"相对，另参《斐多》61e1 及相关注释。

54b5：*ἀπολογήσασθαι*［申辩］，[D 注] 苏格拉底在《高尔吉亚》结尾处，也说将来会对身体所做的行为进行审判。[按]"全部而充分的理由"，直译为"所有这一切"。死后也有审判，当然也需要申辩，参《王制》末尾的"俄尔神话"。这里的死后"申辩"，正好呼应苏格拉底生前在雅典的"申辩"。"申辩"为中动态，含有"为自己"之意，故王太庆作此译，但"申辩"总是为己，亦可略去。

54b5：*τοῖς ἐκεῖ ἄρχουσιν*［那里的统治者］，[E 注]苏格拉底在这里重新操起了对话一开始（44a10-b5）那个睡梦中所引入的那种宗教的和先知的腔调。据传统，冥府有三位法官：米诺斯（Minos）、拉达曼提斯（Rhadamanthys）和埃阿科斯（Aiakos，疏：见《高尔吉亚》523e-524a），他们生前享有正义者的名声，作为奖赏而在死后获得了这样的地位。在伦理讨论中引入来世（afterlife），这乃是柏拉图几篇对话的结尾的特征，并且是从对话此前的性质中而得到这种调子的。例如，在《申辩》41a 中，苏格拉底遭死刑判决后，推论并沉思了死后的景象，反而坚定了他的信念：他没有什么好怕的。另一方面，在《高尔吉亚》523a 以下和《王制》614b 以下，末世论神话（eschatological myths）详细描述了个体的灵魂死后的命运，这旨在从宗教上确证辩证法的论证。

如果你做了[克力同提议的]那些事，对你在今生这里显然没有任何好处，既不更正义也不更虔敬，对你其他亲友也一样，而且你到了那里也不会有什么好处。[οὔτε γὰρ ἐνθάδε σοι φαίνεται ταῦτα πράττοντι ἄμεινον εἶναι οὐδὲ δικαιότερον οὐδὲ ὁσιώτερον, οὐδὲ ἄλλῳ τῶν σῶν οὐδενί, οὔτε ἐκεῖσε ἀφικομένῳ ἄμεινον ἔσται.]

54b5：οὔτε γὰρ ἐνθάδε [但对今生这里没有]，[S 甲注] ἐνθάδε "在今生"。[T 注] "既不在今生这里……你到了那里即另外一个世界也不……"。这两个以 οὔτε 开头的从句相互关联，而两个 οὐδὲ 开头的则仅仅是为强调前者所加。按："今生"据文意加。

54b6：ταῦτα πράττοντι ἄμεινον εἶναι [做那些事有好处]，[S 甲注] ταῦτα πράττοντι 指 "克力同向你提的建议"。人们常常用 ἄμεινον εἶναι 来代替 ἀγαθὸν εἶναι[有好处]。另参《申辩》30d1，《斐多》115a，《高尔吉亚》468b 和 d，《王制》410d。但既然常常这样使用比较级 ἄμεινον[更好]，为了增加吸引力，也可以添加 οὐδὲ δικαιότερον οὐδὲ ὁσιώτερον[既不更正义，也不更虔敬]。同样的方式见于《斐多》98e。这个句子的意思是 "你不会，你的任何朋友也不会，或被认为更幸福，更正义，或更虔敬，如果你越狱了的话"。

54b6-7：οὐδὲ δικαιότερον οὐδὲ ὁσιώτερον [既不更正义也不更虔敬]，[A 注] οὐδὲ 与 ἄμεινον 一起修饰 δικαιότερον：54b 5 中的 οὔτε 与 54b 7

中的 οὔτε 相连（按：即构成"既不……也不"）。δίκαιον[正义]是 τὸ προσῆκον περὶ ἀνθρώπους[与人相关，适合于人]，而 ὅσιον[虔敬]则是 τὸ προσῆκον περὶ θεούς[于神相关，适合于神]，另参《高尔吉亚》507b。

[E 注]分别是凡人和神明的领域。这里描绘了（不知名的）冥府法官，把他们当做阳间法官（参下文 54c6-7）的兄弟，而且更为强大有力，就强调了"法律"的论点。然而，把哪怕是哈得斯中半神的法官的人格特征，与"（雅典）法律"的人格化抽象等同起来，恰好就回避了那个隐含在柏拉图论证中的微妙问题：不管是个别上还是总体上，"法律"在多大程度上等于真正的法官？

54b7：οὐδὲ ἄλλῳ[对其他亲友也不]，[A 注]这里 54b6 的 οὐδὲ 与 σοι 一起修饰 ἄλλῳ。这一行的 ἐκεῖσε 指"未来的世界"（来世），另参《申辩》40e，另参 54b5 的 τοῖς ἐκεῖ ἄρχουσιν[那里的统治者]和下文 54c6 的 ἐκεῖ。

[D 注]"你的任何朋友也不。""法律"加上这句话是替克力同考虑。[按]"也一样"，简单的处理，完整的翻译需要把承前省略的话补充完整："对你其他亲友来说，也没有任何好处，既不更正义，也不更虔敬。"

不过，你如今遭受不义而去哈得斯了，[54c]如果去了的话，也不是被我们这些法律、而是被凡人行了不义——但如果你如此无耻地逃跑了，也就是反行了不义和反过来报复，违反了你自己向我们签订的协议和条约，并且对最不[c5]应该伤害的，你自己、你的朋友、你的祖国以及我们法律，干了坏事，[ἀλλὰ νῦν μὲν ἠδικημένος ἄπει, ἐὰν ἀπίῃς, οὐχ ὑφ' ἡμῶν τῶν νόμων ἀλλὰ ὑπ' ἀνθρώπων· ἐὰν δὲ ἐξέλθῃς οὕτως αἰσχρῶς ἀνταδικήσας τε καὶ ἀντικακουργήσας, τὰς σαυτοῦ ὁμολογίας τε καὶ συνθήκας τὰς πρὸς ἡμᾶς παραβὰς καὶ κακὰ ἐργασάμενος τούτους οὓς ἥκιστα ἔδει, σαυτόν τε καὶ φίλους καὶ πατρίδα καὶ ἡμᾶς,]

54b8：ἀλλὰ νῦν μὲν[不过，如今]，[S 甲注]即："但如果你没有服从克力同的建议，你会离开，……"[S 乙注]省略了"既然你拒绝采纳克力同的主意"。[B 注]"如其所是","实际上","事实上"(as it is),由后面的 ἐὰν δὲ ἐξέλθῃς...[如果你逃跑了]来回答。[D 注]假定苏格拉底已经打定主意不采纳克力同的建议。

54c1：οὐχ ὑφ᾽ ἡμῶν τῶν νόμων ἀλλὰ ὑπ᾽ ἀνθρώπων [不是被我们这些法律、而是被凡人]，[A 注]这里的 ἄνθρωποι [人，凡人]，尽管这样称呼有些错误，另参《申辩》24d-e。另参 49b 的 οὐδὲ ἀδικούμενον ἄρα ἀνταδικεῖν[对行不义者反行不义]的注释。因此，这里（54c2-3）的 ἀνταδικήσας[反行不义]和 ἀντικακουργήσας[反过来报复]的对象就不是"法律"，而是 δικασταί[陪审团]。

[D 注] ὑπ᾽ ἀνθρώπων 指那些容易犯错的凡人（mortals），他们扮演着无可指责的法律的守护者和代理人。[G 注]"法律"从未承认他们冤枉了苏格拉底。他们倒是认为如果他们做了什么错事，就可以毁灭他们（51a），并且可以不服从他们。

[E 注]这是为数不多的场合之一，"法律"实际上承认了存在着审判不公（a miscarriage of justice，另参 50c1-3，苏格拉底在那里也说有不义）。但"法律"实际上能够摆脱这样的暗示，即，雅典陪审团对苏格拉底所行的不义是以他们"法律"的名义吗？"法律"在《克力同》中的论点的关键问题是，柏拉图似乎想采用两种方式让"法律"论证自己的观点：正如在当前情况下，"法律"自身与他们容易犯错的代表——雅典陪审团划清界限（distance），而同时又依靠这样的论证：要忠诚于他们（"法律"），也就必须服从那些代表不正义的决定。

54c2：οὕτως αἰσχρῶς [如此无耻地]，[A 注]修饰 ἐξέλθῃς[逃跑]，并且被后面两个分词 ἀνταδικήσας τε καὶ ἀντικακουργήσας[反行不义和反过来报复]解释。这里指的是 49b-d。后面的 παραβὰς καὶ κακὰ ἐργασάμενος[违犯且干了坏事]又解释前面的 ἀνταδικήσας τε καὶ ἀντικακουργήσας。[E 注]Adam 的注释恰恰是以上一个注释（54c1）中的问题为前提。

54c4-5：οὓς ἥκιστα ἔδει, σαυτόν τε... [最不应该（伤害）的，你自己……]，[A 注]注意 σαυτόν[你自己]的强调位置：一个人最不应该伤害的人就是他自己（oneself is the last person one should injure）。比较《申辩》37b2-3：πεπεισμένος δὴ ἐγὼ μηδένα ἀδικεῖν πολλοῦ δέω ἐμαυτόν γε ἀδικήσειν[我相信，我没有对任何人行不义，我也不会对自己行不义]（吴飞译文）。苏格拉底的哲学是自我主义（egoism）。σαυτόν τε καὶ φίλους καὶ πατρίδα καὶ ἡμᾶς[你自己、你的朋友、你的祖国和我们法律]总结了 51a-54b 的论证。

[E 注]把不同的种类在修辞上混合起来，恰恰就是为了免于对 54c1-2 中的问题进行分析。

那么，你还活着的时候，我们要对你大为光火，而你到了那里，我们那些在哈得斯的兄弟，也不会友善地接纳你，因为他们知道你试图尽你所能彻底毁灭我们。好啦，你不要[54d]听从克力同去做他说的那些事，不如听我们的。"[ἡμεῖς τέ σοι χαλεπανοῦμεν ζῶντι, καὶ ἐκεῖ οἱ ἡμέτεροι ἀδελφοὶ οἱ ἐν Ἅιδου νόμοι οὐκ εὐμενῶς σε ὑποδέξονται, εἰδότες ὅτι καὶ ἡμᾶς ἐπεχείρησας ἀπολέσαι τὸ σὸν μέρος. ἀλλὰ μή σε πείσῃ Κρίτων ποιεῖν ἃ λέγει μᾶλλον ἢ ἡμεῖς."]

54c6：οἱ ἡμέτεροι ἀδελφοὶ οἱ ἐν Ἅιδου νόμοι [我们那些在哈得斯的兄弟]，[S 乙注]希腊的作家雅致地把 ἀδελφοί[兄弟]和 ἀδελφοά[姐妹]这样的词用来指相同或相似特性和种类的东西。

[E 注]"法律"是否把冥府的 νόμοι[法律]等同于 54b5 的 τοῖς ἐκεῖ ἄρχουσιν[那里的统治者]？把人格化的名词和抽象名词混合起来（正如我们在 54c1-2 的注释中所见，这对"法律"的论证来说至关重要)，对苏格拉底的同时代人来说，似乎不会很陌生，这种混合使用可以用来表示诸如 Δίκη[正义]的人格化，例如安提戈涅所提到的 ἡ ξύνοικος τῶν κάτω θεῶν Δίκη[和下届神祇同住的正义之神]（索福克勒斯《安提戈涅》行 451）。

[按]"友善地接纳你",英文多作 receive you kindly,王太庆译为"善待你"。这里的意思是"我们在你生前要对你大动干戈,我们那些在冥府的兄弟在那里也对你不客气"。

54c8:*τὸ σὸν μέρος*[尽你所能],[E 注]如同上文 50b2。"法律"也许感到如果认为苏格拉底可以单枪匹马"毁灭"(*ἀπολέσσαι*)他们,简直是违犯直觉的荒谬(counter-intuitive absurdity)。

54c8:*ἀλλὰ μή σε*[好啦,你不要],[E 注]这里表示在"法律"最后请求苏格拉底之前稍有转折:"好啦,……"(Come now, …)[D 注]"不要听从"。[按]最后一句"听我们的",也可以译为"服从我们"。

尾 声

章解：[E 注]苏格拉底在延伸代表"法律"讲话之后，转而回到自己的身份（*persona*），把他所"听到"的要点与在他耳中回想的仪典音乐相类比，要与这种东西争辩，纯属徒劳。克力同被问到是否还有什么话要说；克力同拒绝了，苏格拉底确认他将按照原来计划好的进程前进。

[E 注]"法律"的话语回想在苏格拉底耳中，以至于他无法听到任何其他东西；但克力同可以说话，如果他有什么不同的意见要说的话。

十五、神明的指引（54d2-54e2）

亲爱的老伙计克力同啊，你要知道，我认为自己所听到的那一切，就好像参加科吕班特祭仪的人认为自己听到了笛声一样，而且这些言辞的回声本身还在我耳中隆隆作响，[d5]让我无法听到其他的：你要知道，这就是我眼下的想法，假如你要反驳那些话语，说了也是枉然。不过，你如果真的认为自己还有什么更多的要做，就请讲吧。[Ταῦτα, ὦ φίλε ἑταῖρε Κρίτων, εὖ ἴσθι ὅτι ἐγὼ δοκῶ ἀκούειν, ὥσπερ οἱ κορυβαντιῶντες τῶν αὐλῶν δοκοῦσιν ἀκούειν, καὶ ἐν ἐμοὶ αὕτη ἡ ἠχὴ τούτων τῶν λόγων βομβεῖ καὶ ποιεῖ μὴ δύνασθαι τῶν ἄλλων ἀκούειν· ἀλλὰ ἴσθι, ὅσα γε τὰ νῦν ἐμοὶ δοκοῦντα, ἐὰν λέγῃς παρὰ ταῦτα, μάτην ἐρεῖς. ὅμως μέντοι εἴ τι οἴει πλέον ποιήσειν, λέγε.]

54d2：ὦ φίλε ἑταῖρε Κρίτων [亲爱的老伙计克力同啊]，[A 注]这种异常啰嗦的称呼方式表示怜悯和同情。[D 注]苏格拉底说得很温柔，好让自己的拒绝不那么难听。这种称呼方式的特别之处在于最后提到了"克力同"的名字。

54d2：*οἱ κορυβαντιῶντες* [参加科吕班特祭仪的人]，[S 甲注]科吕班特（Corybante）是弗里吉亚地方众神之母的祭司，他们在神性的影响下跳跃和舞蹈。另参 Strabo. X. 725（Almelov 编本）。因此，*κορυβαντιᾶν* 的意思就是"被一种叫做 *κορυβαντιασμός*[科吕班特疯病]的疾病感染了"，患病的人想像自己耳中听到了笛声：这种疾病据说就来自科吕班特人。下文 54d4 的 *βομβεῖ*，"嗡嗡响"，是说"法律"的声音在耳中再次响起。下文的 *ἀλλὰ ἴσθι*[你要知道]，正如《申辩》20d5-6：*εὖ μέντοι ἴστε, πᾶσαν ὑμῖν τὴν ἀλήθειαν ἐρῶ*[但你们要明白，我要告诉你们的都是真的]，也如 30a5：*ταῦτα γὰρ κελεύει ὁ θεός, εὖ ἴστε*[你们要清楚，是神命令如此的]（吴飞译文）。按：简作"科吕班特人"，但这里是分词，故作此译。

[S 乙注]科吕班特人，女神库柏拉的祭司，常常用铙钹的撞击声，尤其用长笛，来干扰那些纵情狂欢者的理智，让他们除了乐器的声音外，感觉不到其他任何东西。该词以前本身用来指那些苦于精神错乱的人，耳中有杂音，无法休息（broken rest），对此最有效的治疗就是来回摇动病人，就像摇孩子一样，用音乐抚慰入睡。

[A 注]科吕班特人是库柏拉的祭司，祭拜库柏拉时，常有舞蹈的喧闹和长笛的乐声。这里重复 *δοκοῦσιν ἀκούειν*[他们认为自己听到了]，是为了加深印象，起强调作用。同样地，*αὕτη ἡ ἠχὴ τούτων τῶν λόγων*[这些言辞的回声本身]，以及本书最后一句 *πράττωμεν ταύτῃ, ἐπειδὴ ταύτῃ ὁ θεὸς ὑφηγεῖται*[咱们就这样办，既然这是神明指引的]，做的是重复论证。

[E 注]科吕班特人原来是弗里吉亚的女神库柏拉的祭司，雅典在公元前五世纪后期引入对库柏拉的崇拜。科吕班特人在长笛和鼓声的伴奏下狂乱地舞蹈。苏格拉底的意思是，那种声音即便已经停止了，但仍然继续回响在他耳中，"而且"淹没了所有其他声音。苏格拉底再次回到类似于宗教（quasi-religious）的想像，正好呼应了他在对话开头处对梦境的再阐释。尽管这在形式上只是一个比喻

（苏格拉底说他把"法律"的话看做"好似"[ὥσπερ]神秘的狂喜），以及为了强调而添加的 αὕτη ἡ ἠχὴ τούτων τῶν λόγων（"这些"话语的"这种"声音），伴着 βομβεῖ[嗡嗡响]一词所传达的意象，凡此种种似乎都在表明，"法律"话语的声音如此强大，竟而淹没了其他声音，让他无法听到其他观点（极似耳鸣的效果，正如 Campbell 所注）。Adam 认为"法律"话语的声音和效果云云，是用来类比苏格拉底的"神迹"（《申辩》40a 以下），但苏格拉底这里的说法表达的是某种远为坚定的想法。

[D 注]这里似乎指某种疯狂，在这种疯狂的影响下，人们就想像自己听到了科吕班特狂欢中所吹奏的笛声。另参《伊翁》534a，以及欧里庇得斯《巴克库斯的狂女》中那些狂欢者的歌声（行123-127）。下文 54d5 的 ποιεῖ 省略了 ἐμέ[我]，这一行后面的 τῶν ἄλλων 省略了 λόγων[言语]。

[T 注]科吕班特人举行仪式以献祭弗里吉亚的库柏拉。那些仪式伴有嘈杂的音乐和疯狂的舞蹈，因此科吕班特人让人印象深刻的是他们如此受某种观念或情感所激发或左右，以至于不能看到或听到其他任何东西。在苏格拉底口中，那就是"法律"的声音，换言之，就是"神的声音"，如此萦绕于耳中并控制着他的灵魂。这一段话美不胜收。"法律"在苏格拉底面前人格化了，化身并代表着的不仅仅是凡人的权威。"法律"在跟苏格拉底讲道理。"法律"规劝他不要干朋友们要强加给他的蠢事和坏事。"法律"一步步走近苏格拉底，说话的腔调也越来越诚恳和有命令的意味，直到苏格拉底最后再也不能够听到和看到其他任何东西，并终止了朋友们白费劲的论证和恳求，说的是谦卑然而却崇高的虔敬言辞：那神明的声音——咱们遵守吧。

[G 注]科吕班特人以笛声和鼓乐伴奏举行狂欢的仪式和舞蹈。他们的音乐有时在精神混乱的人身上产生一种狂乱的状态，随后伴以深度的睡眠，醒来后病人就痊愈了。苏格拉底把"法律"的言辞比作科吕班特的音乐，即便乐器已停止演奏后，仍然在他耳中回响。

54d3-4：τῶν αὐλῶν δοκοῦσιν ἀκούειν [认为自己听到了笛声]，[B注]"认为他们听到了"，即便已停止了演奏。这就是形容词 ἔναυλος 比喻性地用来指"余音袅袅"的起源。另参《默涅克塞诺斯》235c1，埃斯基涅斯 3§191。

[E 注]对于 54d3-6，早期的编者倾向于删除一些词，以避免 ἀκούειν 一词的重复（参 Burnet 的注释）。但这种重复其实相当准确，此外，这也是《克力同》普遍的风格学特征，而且这种特殊的重复也许是故意用来详细阐释苏格拉底耳中不断再次响起的"法律"口中那些"科吕班特式的"观点。

54d4-5：βομβεῖ καί ποιεῖ μὴ δύνασθαι τῶν ἄλλων ἀκούειν [隆隆作响，让我无法听到其他的]，[A 注]苏格拉底也许多次说起过同样的 δαιμόνιον σημεῖον[神迹，灵异]：另参《申辩》40a-b。我认为苏格拉底的意思是指"法律"的请求与神迹的声音完全一致。

54d5-6：ὅσα γε τὰ νῦν ἐμοί δοκοῦντα [这就是我眼下的想法]，[A 注]"缺乏自信"（diffidence，或译"羞怯"）是苏格拉底的典型特征，另参《王制》506e，比较《高尔吉亚》527a 和《斐多》85c-d。这里的句法另参上文 46e3 的 ὅσα γε τἀνθρώπεια[按人之常理来说]。

[E 注]对于柏拉图笔下的苏格拉底辩证法（另参《高尔吉亚》527a，《王制》506e）的暂时性和渐进性来说，这是一种整体结构上不可或缺的警告因素。这种因素出现在"法律"所营造的肯定性说法的语境中，的确相当怪异。而苏格拉底在有可能在前进得很远之前，就可能死去！

[D 注]加上这种限制，为了软化那种说法。另参 46e。λέγῃς[说]后面不需要宾语。λέγειν παρά...意思非常接近于 ἀντιλέγειν[反驳]。另参前面 54d5 的 ποιεῖ μὴ δύνασθαι...省略了 ἐμέ[我]的做法。格罗特让我们注意这样一个事实，《克力同》中"法律"的论点，其实代表所有忠诚的雅典人共同的情感，不独苏格拉底为然，所以，从某种程度上说，《克力同》就是柏拉图对大众那些恶意批评的回答，他们认为苏格拉底在《申辩》中的态度似乎是对法律的蔑视和挑衅

（defiance）。

54d7: *ὅμως μέντοι εἴ τι οἴει πλέον ποιήσειν, λέγε* [不过，如果你真的认为自己还有什么更多的要做，就请讲吧]，[E 注]苏格拉底直到最后仍然保持着合作讨论的假象（collaborative illusion）。但克力同很长时间都没有发言了。

克：既如此，苏格拉底，我没有要说的啦。[*Ἀλλ', ὦ Σώκρατες, οὐκ ἔχω λέγειν.*]

苏：[54e]那就到此为止吧，克力同呀，咱们就这样办，既然这是神明指引的。[*Ἔα τοίνυν, ὦ Κρίτων, καὶ πράττωμεν ταύτῃ, ἐπειδὴ ταύτῃ ὁ θεὸς ὑφηγεῖται.*]

54e1: *Ἔα τοίνυν* [那到此为止]，[B 注]"就这样吧"（Let it be），另参《卡尔米德》163e6。[D 注] *ἔα* 以绝对的形式带一个虚拟式或命令式，以拒绝或驳回正在讨论的那个问题。另参《优提弗伦》302c。

54e1-2: *καὶ πράττωμεν ταύτῃ, ἐπειδὴ ταύτῃ ὁ θεὸς ὑφηγεῖται* [咱们就这样办，既然这是神明指引的]，[S 乙注]苏格拉底在那位神明（the Deity）的指引下，表达了他要坚守克力同最终被引导去证明的那个原则。该对话的主要之点，也就是加诸每一个公民的道德义务（moral obligation），即，任何情况下都要服从国家的法律，由一位哲人充满热情且清晰明白地提出，这充分表明了在这样一个特殊的时刻，他的思想多么深刻地与祖国和他自己相连，而且他的情感也主要与之相关。——他如此对待自己的国家，是因为一个政府除了不带私人感情（indifferently）地管理之外，其法律也不允许犯人不受惩罚地随便规避，否则就是不可想像的；而对他自己，便在于除了以身作则坚持要尊重和崇敬那些法律之外——即便要以生命为代价，找不到更有效拒斥其对手谎言的方法，因为他们说苏格拉底藐视法律的约束。苏格拉底在漫长而艰苦卓绝的生命中，作为雅典人的朋友和导师，在国内提倡德性，在战场上又是雅典人毫不逊色的卫士（champion）和英勇的楷模，他把雅典人的公民荣誉和军事荣誉视为自己不知疲倦追求的目标。也不是只有那时才可以想像得到，他会服从祖国的命令直到生命的尽头，他活着，一直就在致力于促进雅典的安全，常常让人清楚地看到雅典的安全问题，而当人们不再感觉到他是在侍奉雅典时，当眼前即便绝对服从，也不可避免地无法为那种曾影响过他一辈子的正直和诚实提供成功的和不可辩驳的证明时，苏格拉底就心甘情愿地和忠顺地放弃了自己的生命。

[A 注]比较《申辩》结尾的话（42a4-5）ἄδηλον παντὶ πλὴν ἢ τῷ θεῷ[谁也不知道，除非是神]（吴飞译文）。对苏格拉底来说，"法律"的声音就是神的声音：他的神迹不允许他逃跑。[B 注]"神明引领"。这里无疑不是指任何特定的神明。这些话肯定是一神论的（monotheistic）。[E 注]这里的 θεός[神明]是单数，让人想起《申辩》（42a5），但也代表着最后把那些权威形象混合到一起了，那些权威形象，"法律"（νόμοι）、城邦（πόλις）、祖国（πατρίς）和最后的神明（ὁ θεός），支撑着这场论证而使之具有势不可挡的力量。

[D 注]54e1-2 重复 ταύτῃ，效果更佳。另参《申辩》19a 中的 τῷ θεῷ[神]。很清楚，苏格拉底相信神明关心凡人。这里，以及在正式的辩护词末尾（《申辩》35d），以及在法庭上最后的话（42a）中，苏格拉底都提到了 ὁ θεός[神，那个神]。但丁在其伟大诗篇的三个部分结尾每次都提到的是"星辰"。这在柏拉图和但丁那里都不是偶然为之的，尽管柏拉图拥有哲人的理性，而但丁不大可能有，除了《天堂篇》（Paradiso）最后一行外，那里把 ὁ θεός[神]翻译成了诗人自己的语言：L'Amor che muove il Sole e l'altre stelle（爱让太阳和其他星辰运动）。

[G 注]"那位神明"（the god），苏格拉底也许是在指引导他自己的神灵（deity），但在最后的话语中，似乎能够让人看到某种更深刻的和一神论的解说，就像在《申辩》末尾一样（另参《申辩》42a 的注释）。

附录

人 物 志

苏格拉底：[按]雅典人，西方政治哲学的创始人，伦理学的开创者，柏拉图的老师。因四处劝人向善和批评"时代精神"而得罪很多人，受到"不信城邦所信的神"、"引进新神"和"败坏青年"的指控，被判死刑。

克力同：[B 注]与苏格拉底一样，都来自雅典的 Alopece 区，与苏格拉底同庚（《申辩》33d9）。色诺芬把他算作真正的苏格拉底分子（《回忆录》1.2.48），他在苏格拉底提出 30 明那罚款作为死刑替代处罚时，是担保人之一（《申辩》38b6）。此外，要正确理解当前对话，还有一个很重要的事实是，他似乎曾提出要保释苏格拉底，担保他在圣船从德洛斯回来以前这一期间内不会试图逃跑（《斐多》115d7–8：πρὸς τοὺς δικαστὰς ἠγγυᾶτο. οὗτος μὲν γὰρ ἦ μὴν παραμενεῖν[曾向陪审法官们提出。他担保（我）不会逃走]）。

这里所提到的时间不是在审判之前，因为保释的请求是 πρὸς τοὺς δικαστὰς[向陪审法官们提出的]，正常情况下，雅典公民无论如何也不会在审判到来之前寻求保释。这里所提到的事情也不可能是对罚款的担保，因为《斐多》中的话就排除了这一点。既然是在法庭延期（πρὸς τοὺς δικαστὰς）以前提出的申请，也就只能假定，那项申请的目的便是要让苏格拉底在审判与圣船从德洛斯回来这段时间内，免于监禁之辱。对雅典的公民来说，收监实际上很不常见，除非监禁本身就是审判的一部分（另参《申辩》37c2：δεδέσθαι ἕως ἂν ἐκτείσω[被十一人委员会关押]）。我们都知道，克力同的这项保释申请未被批准，从不定过去时 ἠγγυᾶτο[提出]似乎就可以看出。

克力同是个有钱人。色诺芬(《回忆录》2.9)讲过一个故事,这个故事是他从克力同本人那里听来的,说他曾经如何被一些 συκοφάνται[告密者]讹诈,他在苏格拉底的建议下,请了一个贫穷但能干的人 Archedemus 来帮忙,后者在讹诈者面前成功地反败为胜,结果讹诈者非但没有敲成克力同的竹杠,反倒还得付钱给克力同。

关于克力同的家财,亦参《优提弗伦》304c3。法勒柔斯(Demetrius Phalereus,据希腊文应为:法勒隆的德墨特里俄斯)在其名为《苏格拉底》的著作中,说克力同曾照料过苏格拉底从祖宗那儿继承而来的遗产所作的投资。另参普鲁塔克《阿里斯提德传》(Aristides) 1.9.6: καὶ γὰρ ἐκείνῳ φησὶν οὐ μόνον τὴν οἰκίαν ὑπάρχειν, ἀλλὰ καὶ μνᾶς ἑβδομήκοντα τοκιζομένας ὑπὸ Κρίτωνος[他说苏格拉底不但有住宅,而且还从克力同那里得到七十米那的息金](吴彭鹏译文;见《希腊罗马名人传》,商务印书馆 1990 年,页 313)。我们从《申辩》23c1 已知苏格拉底并非一直都穷,因此没有理由怀疑这个非常确切的说法。

色诺芬在其《申辩》(按:即《苏格拉底向法官的申辩》)中提到过苏格拉底的朋友们努力想把他从监狱中搞出来,见§23.7-10: ἔπειτα τῶν ἑταίρων ἐκκλέψαι βουλομένων αὐτὸν οὐκ ἐφείπετο, ἀλλὰ καὶ ἐπι σκῶψαι ἐδόκει ἐρόμενος εἴ που εἰδεῖέν τι χωρίον ἔξω τῆς Ἀττικῆς ἔνθα οὐ προσβατὸν θανάτῳ[后来,当他的同伴们想把他偷偷带出监牢时他也不肯跟他们走,反而似乎开玩笑地问他们是不是知道在阿提卡以外,有什么死亡不会临到的地方](吴永泉译文,见《回忆苏格拉底》,商务印书馆 1984 年,页 194)。色诺芬那时正好不在雅典,但这个事实当然是声名狼藉而众所周知的。第欧根尼两次(《名哲言行录》2.60 和 3.35)重复了一个故事,讲实际上是雅典斯菲托斯区的埃斯基涅斯劝苏格拉底逃跑,而柏拉图把对话归在克力同头上,是因为他不喜欢埃斯基涅斯。这个故事出自朗萨科斯的伊多美纽斯,在这种形式中，这个故事很显然是这位恶毒的伊壁鸠鲁分子的一出戏说（tittle-tattle；按：第欧根尼·拉尔修一般被视为伊壁鸠鲁主义者）。当然，一贫如洗的埃斯基涅斯不可能用上这里归在克力同名下的那些论点。另一方面，相当可能的是，埃斯基涅斯也是苏格拉底那些劝他逃跑的 ἑταῖροι[伙伴们]之一，他甚至还可能就这个主题写过一篇对话（另参 44b2 的注释）。

这个说法一般认为是引自赫若第科斯（Herodicus），说柏拉图的《克力同》Σοφοκλέους περιέχει καταδρομήν[包含了对索福克勒斯的抨击]。然而，那种看法似乎来自对文本的混淆。这里所提到的倒真的是《王制》329c（按：柏拉图在那里提到了索福克勒斯，但似乎看不出是在抨击他）。

苏格拉底在《克力同》中的态度，与他几年前拒绝执行三十僭主的专断命令（《申辩》32c4 以下）之间，丝毫不存在不一致。三十人委员会是一个临时的机构，由德拉孔提德斯（Dracontides）提出的法案（psephism）指派他们来修订法律，他们除了拥有完成这项任务所必需的东西之外，在法律上没有任何权利做任何事情。当然，他们也就没有资格未经审判（ἀκρίτους）就处死公民，而他们专断的法案显然也包含在《申辩》31e4 中所提到的 παράνομα[违法乱纪]之内。亚里士多德在《雅典政制》41.2 中明确地把三十人的统治叫做 τυραννίς[僭政]，尽管他们后来才被叫做"三十僭主"。色诺芬对民主当然没有任何偏见，也相当清楚，逮捕萨拉米斯的勒翁（Leon of Salamis）是 παρὰ τοὺς νόμους[违法]的（《回忆录》4.4.3）。

西姆米阿斯和克贝斯（45b4-5）：[B 注] Σιμμίας[西姆米阿斯]这个名字，就像雅典的人名 Σίμων 和 Σιμύλος，无疑来自 σιμός，即"扁平鼻子的"。他们是从忒拜来的毕达哥拉斯学派的门徒，在菲洛拉俄斯（Philolaus）返回意大利之前，曾是他的学生（《斐多》61d7）。其时，他们还相当年轻（见《斐多》89a3：τῶν νεανίσκων[年轻人]）。色诺芬把他们纳入苏格拉底的真弟子之列（《回忆录》

1.2.48）。色诺芬在其他地方（3.11.17）记载，苏格拉底问忒俄多特（Theodote）这位 ἑταίρα[伴妓]，是什么东西让辛米阿斯和克贝斯从忒拜跑来跟他学习（διὰ τί δὲ καὶ Κέβητα καὶ Σιμίαν Θήβηθεν παραγίγνεσθαι; 按：苏格拉底装模作样把自己说成情场宿将、风月老手，说辛米阿斯和克贝斯跟他学习，就是因为苏格拉底有 φίλτρων τε καὶ ἐπῳδῶν καὶ ἴυγγων[媚术、唱咒疗伤术和回心转意术]，其意似在规劝这位仅仅靠身体吃饭的女人，也需要注意灵魂——苏格拉底不仅没有败坏青年，反而还在感化烟花女子）。他们是《斐多》中的主要对话者。要公正地评价历史上的苏格拉底，很重要的一点就是要记住，这两位年轻的毕达哥拉斯派的门徒在菲洛拉俄斯离开忒拜后，就投入了苏格拉底门下，即便吕西斯（Lysis）还在那里传承毕达哥拉斯的统绪。我们从《斐多》可知，当时还有第三位忒拜人在场，蒲法伊东达斯（Phaedondas, 59c2），我们对此人一无所知。从埃戈斯波塔米战争（Aegospotami，按：伯罗奔半岛战争中的最后一战，以雅典的失败而告终）后，雅典与忒拜的 rapprochement [重归于好]说明了这些年轻的毕达哥拉斯派门徒[在雅典]ἐπιδημία[定居]的原因。第欧根尼·拉尔修（2.124）记载了归在辛米阿斯名下的二十三篇著作的名称，这些著作必定都很短，因为它们在一卷（βιβλίον）中就装下了。至于它们是否为真作，则是另外一个问题。拉尔修还提到了克贝斯的三篇对话，名为 Πίναξ[《图景》]、Ἑβδόμη[《第七》]和 Φρύνιχος[《佛吕尼科斯》]，一部名为 Κέβητος Πίναξ（Cebetis Tabula, 按：据 Stanford 的考证，应为《克贝斯论人类生活图景》）的书现尚存世，尽管它不可能是克贝斯的真作。

除了来自忒拜的毕达哥拉斯派门徒外，苏格拉底还有很多外邦朋友。从《斐多》57a 以下，我们知道，佛雷阿希俄斯的厄克克拉特斯（Echecrates of Phlius，希腊语作 Φλειασίων）和他的伙伴都没有能够去雅典，尽管他们对此非常有兴趣，急于想确切地了解那里发生的一切事情，他们从埃利斯的蒲法伊东那儿了解到这个消息。厄克克拉特斯谈起苏格拉底时，满是最大的热情和崇高的敬意

(58d7 和 88c8)。我们由此得知，厄克克拉特斯及其 ἑταῖροι[伙伴们]，与辛米阿斯和克贝斯一样，都是毕达哥拉斯派的门徒。另参第欧根尼·拉尔修《名哲言行录》8.46：τελευταῖοι γὰρ ἐγένοντο τῶν Πυθαγορείων, οὓς καὶ Ἀριστόξενος εἶδε, Ξενόφιλός τε ὁ Χαλκιδεὺς ἀπὸ Θράκης καὶ Φάντων ὁ Φλιάσιος καὶ Ἐχεκράτης καὶ Διοκλῆς καὶ Πολύμναστος, Φλιάσιοι καὶ αὐτοί. ἦσαν δὲ ἀκροαταὶ Φιλολάου καὶ Εὐρύτου τῶν Ταραντίνων [毕达哥拉斯学派的最后成员——阿里斯托克色诺斯曾看见过他们，有来自忒拉克的卡尔希狄人克塞诺菲洛斯，弗利乌斯人方同，以及厄刻克拉特斯、狄俄克勒斯和珀吕纳斯托斯，这三位也都是弗利乌斯人。他们都是塔拉斯人菲洛拉俄斯和欧儒托斯的学生]（溥林译文）。从阿里斯托克色诺斯的这条证据——他亲自见过那些人——来看，很显然，佛雷阿希俄斯与忒拜一样，是传播毕达哥拉斯学说的重镇，因而可以断定，佛雷阿希俄斯的毕达哥拉斯门徒，在伯罗奔半岛战争开始之前（佛雷阿希俄斯站在斯巴达一边），就与苏格拉底过从甚密，而且苏格拉底在相对还很年轻时，必定已经在他们那里形成了深刻而持久的印象。

我们从《斐多》可知，苏格拉底去世时，墨伽拉（Megara）的欧几里得和特尔普西翁就在现场。他们属于爱利亚学派。另参第欧根尼·拉尔修《名哲言行录》2.106：οὗτος（Εὐκλείδης）καὶ τὰ Παρμενίδεια μετεχειρίζετο[他（欧几里得）致力于研究巴门尼德的作品]（徐开来译文；按：或可译作"他掌握了帕墨尼德斯的学说"）。在《帕墨尼德斯》中，苏格拉底还 σφόδρα νέος [相当年轻]，被说成是在与帕墨尼德斯和芝诺本人谈话，因此，苏格拉底与他们在墨伽拉的追随者保持着联系，实际上一点也不奇怪。欧几里得在《泰阿泰德》中，被说成拿着一篇对话向特尔普西翁朗读。这篇对话是欧几里得当时（苏格拉底审判之前）做的笔记，后来他到雅典去的时候（显然是在苏格拉底判刑和执行之间的那个月），还当面向苏格拉底问了一些问题，对这篇对话进行了订正。当然，那可能是虚构的，但它肯定以某些事实为基础。此外，我们还知道，苏格拉底的

那些 ἑταῖροι[伙伴们]在"导师"去世后，退隐到了墨伽拉。我们从《斐多》得知（前揭），居勒尼的阿里斯提珀斯本来也该在场，尽管他没有露面。他当时在埃吉纳。据斯斐托斯的埃斯基涅斯说（引自拉尔修《名哲言行录》2.65），阿里斯提珀斯特地从居勒尼来到雅典，就是 κατὰ κλέος Σωκράτους[慕苏格拉底之名]（徐开来意译作"苏格拉底的名声把他吸引去了雅典"）。那就很清楚了，在伯罗奔半岛战争之前，也就是阿里斯提珀斯才三十来岁时，苏格拉底已经名满整个希腊世界了，尤其在毕达哥拉斯学派和爱利亚学派圈中更是响当当的人物。战争期间，忒拜、墨伽拉和佛雷阿希俄斯都与雅典断绝了关系，但苏格拉底的崇拜者并没有忘记他，而且，当和约缔结后，那些能够前来的崇拜者还到雅典再次看望了他。还可以加上一句，阿尼托斯怀疑苏格拉底对 δῆμος[民众]不忠诚，而这种怀疑只有用如下的方式才能得到确证：那些最近还是敌方的外国人，一旦有安全保障，就成群结队到雅典来看望苏格拉底。

图书在版编目（CIP）数据

克力同章句/程志敏，郑兴凤撰. --北京：华夏出版社，2017.2
（西方传统：经典与解释）
ISBN 978-7-5080-9133-4

Ⅰ.①克… Ⅱ.①程… ②郑… Ⅲ.①柏拉图(Platon 前 427-前 347)－哲学思想－研究 Ⅳ.①B502.232

中国版本图书馆 CIP 数据核字(2017)第 028226 号

克力同章句

作　　者	程志敏　郑兴凤
责任编辑	陈希米　倪友葵
责任印制	刘　洋
出版发行	华夏出版社
经　　销	新华书店
印　　刷	三河市少明印务有限公司
装　　订	三河市少明印务有限公司
版　　次	2017 年 2 月北京第 1 版 2017 年 5 月北京第 1 次印刷
开　　本	880×1230　1/32
印　　张	9.375
字　　数	262 千字
定　　价	59.00 元

华夏出版社　地址:北京市东直门外香河园北里 4 号　邮编:100028
网址:www.hxph.com.cn　电话:(010)64663331(转)
若发现本版图书有印装质量问题，请与我社营销中心联系调换。

西方传统：经典与解释
Classici et Commentarii
HERMES
刘小枫◎主编

古今丛编

孟德斯鸠的自由主义哲学
　　——《论法的精神》疏证　[美]潘戈 著

莫尔及其乌托邦　[德]考茨基 著

试论古今革命　[法]夏多布里昂 著

托兰德与激进启蒙　刘小枫 编

图书馆里的古今之战　[英]斯威夫特 著

但丁：皈依的诗学　[美]弗里切罗 著

在西方的目光下　[英]康拉德 著

大学与博雅教育　董成龙 编

探究哲学与信仰
　　——基尔克果与苏格拉底　[美]郝岚 著

民主的本性
　　——托克维尔的政治哲学　[法]马南 著

梅尔维尔的政治哲学
　　——《切雷诺》及其解读　李小均 编/译

席勒美学的哲学背景　[美]维塞尔 著

果戈里与鬼　[俄]梅列日科夫斯基 著

自传性反思　[德]沃格林 著

黑格尔与普世秩序　[美]希克斯 等著

新的方式与制度
　　——马基雅维利的《论李维》研究　[美]曼斯菲尔德 著

科耶夫的新拉丁帝国　[法]科耶夫 等著

《利维坦》附录　[英]霍布斯 著

或此或彼（上、下）　[丹麦]基尔克果 著

海德格尔式的现代神学　刘小枫 选编

双重束缚　[美]基拉尔 著

古今之争中的核心问题
　　——施米特的学说与施特劳斯的论题　[德]迈尔 著

论永恒的智慧　[德]苏索 著

宗教经验种种　[美]詹姆斯 著

尼采反卢梭　[美]凯斯·安塞尔-皮尔逊 著

舍勒思想评述　[美]弗林斯 著

诗与哲学之争　[美]罗森 著

神圣与世俗　[罗]伊利亚德 著

论古人的智慧　[英]培根 著

但丁的圣约书　[美]霍金斯 著

古典学丛编

探究希腊人的灵魂　[美]戴维斯 著

尤利安文选　马勇 编/译

论月面　[古罗马]普鲁塔克 著

雅典谐剧与逻各斯
　　——《云》中的修辞、谐剧性及语言暴力
[美]奥里根 著

莱园哲人伊壁鸠鲁　罗晓颖 选编

《劳作与时日》笺释　吴雅凌 撰

希腊古风时期的真理大师　[法]德蒂安 著

古罗马的教育　[英]葛怀恩 著

古典学与现代性　刘小枫 编

表演文化与雅典民主政制
[英]戈尔德希尔、奥斯本 编

西方古典文献学发凡　刘小枫 编

古典语文学常谈　[德]克伐夫特 著

古希腊文学常谈　[英]多佛 等著

撒路斯特与政治史学　刘小枫 编

希罗多德的王霸之辨　吴小锋 编/译

第二代智术师
　　——罗马帝国早期的文化现象　[英]安德森 著

英雄诗系笺释　[古希腊]荷马 著

统治的热望
　　——修昔底德笔下的阿尔喀比亚德和帝国政治
[美]福特 著

论埃及神学与哲学
　　——伊希斯与俄赛里斯　[古希腊]普鲁塔克 著

凯撒的剑与笔　李世祥 编/译

伊壁鸠鲁主义的政治哲学　[意]詹姆斯·尼古拉斯 著

修昔底德笔下的人性　[加]欧文 著

修昔底德笔下的演说　[美]斯塔特 著

古希腊政治理论　[美]格雷纳 著

神谱笺释　吴雅凌 撰

赫西俄德：神话之艺　[法]居代·德·拉孔波 等著

赫拉克勒斯之盾笺释　罗逍然 译笺

《埃涅阿斯纪》章义　王承教 选编

维吉尔的帝国　[美]阿德勒 著

塔西佗的政治史学　曾维术 编

古希腊诗歌丛编
诗歌与城邦 [美]费拉格、纳吉 主编
阿尔戈英雄纪（上、下） [古希腊]阿波罗尼俄斯 著
俄耳甫斯教祷歌 吴雅凌 编译
俄耳甫斯教辑语 吴雅凌 编译

古希腊肃剧注疏集
希腊肃剧与政治哲学 [美]阿伦斯多夫 著

古希腊礼法
希腊人的正义观 [英]哈夫洛克 著

廊下派集
廊下派的城邦观 [英]斯科菲尔德 著

希伯莱圣经历代注疏
希腊化世界中的犹太人 [英]威廉逊 著
第一亚当和第二亚当 [德]朋霍费尔 著

新约历代经解
属灵的寓意 [古罗马]俄里根 著

基督教与古典传统
加尔文与现代政治的基础 [美]汉考克 著
无执之道——埃克哈特神学思想研究 [德]文森 著
恐惧与战栗 [丹麦]基尔克果 著
托尔斯泰与陀思妥耶夫斯基 [俄]梅列日科夫斯基 著
论宗教大法官的传说 [俄]罗赞诺夫 著
海德格尔与有限性思想（重订版） 刘小枫 选编
上帝国的信息 [德]拉加茨 著
基督教理论与现代 [德]特洛尔奇 著
亚历山大的克雷芒 [意]塞尔瓦托·利拉 著
中世纪的心灵之旅
——波纳文图拉神学著作选 [意]圣·波纳文图拉 著

德意志古典传统丛编
穆佐书简 [奥]里尔克 著
纪念苏格拉底——哈曼文选 刘新利 选编
夜颂中的革命和宗教
——诺瓦利斯选集卷一 [德]诺瓦利斯 著
大革命与诗话小说
——诺瓦利斯选集卷二 [德]诺瓦利斯 著
黑格尔的观念论 [美]皮平 著
浪漫派风格——施莱格尔批评文集 [德]施莱格尔 著

美国宪政与古典传统
美国1787年宪法讲疏 [美]阿纳斯塔普罗 著

品达注疏集
幽暗的诱惑
——品达、晦涩与古典传统 [美]汉密尔顿 著

阿里斯托芬集
《阿卡奈人》笺释 [古希腊]阿里斯托芬 著

色诺芬注疏集
居鲁士的教育 [古希腊]色诺芬 著
色诺芬的《会饮》 [古希腊]色诺芬 著

柏拉图注疏集
哲学的奥德赛——《王制》引论 [美]郝兰 著
爱欲与启蒙的迷醉
——论柏拉图的《会饮》 [美]贝尔格 著
为哲学的写作技艺一辩
——《斐德若》疏证 [美]伯格 著
柏拉图式的迷宫——《斐多》义疏 [美]伯格 著
哲学如何成为苏格拉底式的 [美]朗佩特 著
苏格拉底与希琵阿斯 王江涛 编译
理想国 [古希腊]柏拉图 著
谁来教育老师——《普罗塔戈拉》发微 刘小枫 编
立法者的神学
——柏拉图《法义》卷十绎读 林志猛 编
柏拉图对话中的神 [德]薇依 著
厄庇诺米斯 [古希腊]柏拉图 著
智慧与幸福
——柏拉图的《厄庇诺米斯》 程志敏 选编
论柏拉图对话 [德]施莱尔马赫 著
柏拉图《美诺》疏证 [美]克莱因 著
政治哲学的悖论
——苏格拉底的哲学审判 [美]郝岚 著
神话诗人柏拉图 张文涛 选编
阿尔喀比亚德 [古希腊]柏拉图 著
叙拉古的雅典异乡人
——柏拉图《书简七》探幽 彭磊 选编
阿威罗伊论《王制》 [阿拉伯]阿威罗伊 著
《王制》要义 刘小枫 选编
柏拉图的《会饮》 [古希腊]柏拉图 等著
苏格拉底的申辩（修订版） [古希腊]柏拉图 著
苏格拉底与政治共同体 [美]尼科尔斯 著
政制与美德——柏拉图《法义》疏解 [美]潘戈 著
《法义》导读 [法]卡斯代尔·布舒奇 著
论真理的本质 [德]海德格尔 著

哲人的无知　[德]费勃 著
米诺斯　[古希腊]柏拉图 著

亚里士多德注疏集
品格的技艺　[美]加佛 著
亚里士多德哲学的基本概念　[德]海德格尔 著
《政治学》疏证　[意]托马斯·阿奎那 著
尼各马可伦理学义疏
　　——亚里士多德与苏格拉底的对话　[美]伯格 著
哲学之诗——亚里士多德《诗学》解诂　[美]戴维斯 著
对亚里士多德的现象学解释　[德]海德格尔 著
城邦与自然——亚里士多德与现代性　刘小枫 编
论诗术中篇义疏　[阿拉伯]阿威罗伊 著
哲学的政治
　　——亚里士多德《政治学》疏证　[美]戴维斯 著

普鲁塔克集
普鲁塔克的《对比列传》　[美]达夫 著
普鲁塔克的实践伦理学　[美]胡芙 著

莎士比亚绎读
莎士比亚的历史剧　[英]蒂利亚德 著
莎士比亚戏剧与政治哲学　彭磊 选编
莎士比亚的政治盛典　[美]阿鲁里斯/苏利文 编
丹麦王子与马基雅维利　罗峰 选编

洛克集
上帝、洛克与平等　[美]沃尔德伦 著

卢梭集
论哲学生活的幸福　[德]迈尔 著
致博蒙书　[法]卢梭 著
政治制度论　[法]卢梭 著
哲学的自传
　　——卢梭的《孤独漫步者的遐思》　[法]戴维斯 著
文学与道德杂篇　[法]卢梭 著
设计论证——卢梭的《社会契约论》　[美]吉尔丁 著
卢梭的自然状态　[美]普拉特纳 等著
卢梭的榜样人生
　　——作为政治哲学的《忏悔录》　[美]凯利 著

莱辛注疏集
汉堡剧评　[德]莱辛 著
关于悲剧的通信　[德]莱辛 著
《智者纳坦》研究版　[德]莱辛 等著
启蒙运动的内在问题
　　——莱辛思想再释　[美]维塞尔 著
莱辛剧作七种　[德]莱辛 著
历史与启示——莱辛神学文选　[德]莱辛 著
论人类的教育——莱辛政治哲学文选　[德]莱辛 著

尼采注疏集
尼采引论　[德]施特格迈尔 著
尼采与基督教——尼采的《敌基督》论集　刘小枫 编
尼采眼中的苏格拉底　[美]丹豪瑟 著
尼采的使命——《善恶的彼岸》绎读　[美]朗佩特 著
尼采与现时代
　　——解读培根、笛卡尔与尼采　[美]朗佩特 著
动物与超人之间的绳索　[德]A.彼珀 著

施特劳斯集
原著
论僭政（重订本）
　　——色诺芬《希耶罗》义疏　[美]施特劳斯 科耶夫 著
苏格拉底问题与现代性（增订本）
　　——施特劳斯讲演与论文集：卷二
犹太哲人与启蒙——施特劳斯演讲与论文集：卷一
霍布斯的宗教批判
斯宾诺莎的宗教批判
门德尔松与莱辛
哲学与律法——论迈蒙尼德及其先驱
迫害与写作艺术
柏拉图式政治哲学研究
论柏拉图的《会饮》
柏拉图《法义》的论辩与情节
什么是政治哲学
古典政治理性主义的重生
回归古典政治哲学——施特劳斯通信集
苏格拉底与阿里斯托芬
研究作品
论源初遗忘
　　——海德格尔、施特劳斯与哲学的前提　[美]维克利 著
政治哲学与启示宗教的挑战　[德]迈尔 著
阅读施特劳斯　[美]斯密什 著
施特劳斯与流亡政治学　[美]谢帕德 著
隐匿的对话——施米特与施特劳斯　[德]迈尔 著
驯服欲望
　　——施特劳斯笔下的色诺芬撰述　[法]科耶夫 等著

施米特集

施米特对自由主义的批判　[美]麦考米特 著

宪法专政
——现代民主国家中的危机政府　[美]罗斯托 著

施米特对自由主义的批判　[美]约翰·麦考米克 著

伯纳德特集

古典诗学之路（第二版）
——相遇与反思：与伯纳德特聚谈　[美]伯格 编

弓与琴（重订本）
——从柏拉图解读《奥德赛》　[美]伯纳德特 著

神圣的罪业　[美]伯纳德特 著

布鲁姆集

巨人与侏儒（1960-1990）

人应该如何生活——柏拉图《王制》释义

爱的设计——卢梭与浪漫派

爱的戏剧——莎士比亚与自然

爱的阶梯——柏拉图的《会饮》

伊索克拉底的政治哲学

大学素质教育读本

古典诗文绎读 西学卷·古代编（上、下）

古典诗文绎读 西学卷·现代编（上、下）

中国传统：经典与解释
Classici et Commentarii

刘小枫　陈少明◎主编

周易古经注解考辨 / 李炳海 著

浮山文集 / [明]方以智 著

药地炮庄 / [明]方以智 著

药地炮庄笺释·总论篇 / [明]方以智 著

青原志略 / [明]方以智 编

冬灰录 / [明]方以智 著

冬炼三时传旧火 / 邢益海 编

《毛诗》郑王比义发微 / 史应勇 著

宋人经筵诗讲义四种 / [宋]张纲 等撰

道德真经藏室纂微篇 / [宋]陈景元 撰

道德真经四子古道集解 / [金]寇才质 撰

皇清经解提要 / [清]沈豫 撰

经学通论 / [清]皮锡瑞 著

松阳讲义 / [清]陆陇其 著

起凤书院答问 / [清]姚永朴 撰

周礼疑义辨证 / 陈衍 撰

《铎书》校注 / 孙尚扬 肖清和 等校注

韩愈志 / 钱基博 著

论语辑释 / 陈大齐 著

《庄子·天下篇》注疏四种 / 张丰乾 编

荀子的辩说 / 陈文洁 著

古学经子 / 王锦民 著

经学以自治 / 刘少虎 著

从公羊学论《春秋》的性质 / 阮芝生 撰

经典与解释辑刊（刘小枫 陈少明 主编）

1 柏拉图的哲学戏剧
2 经典与解释的张力
3 康德与启蒙
4 荷尔德林的新神话
5 古典传统与自由教育
6 卢梭的苏格拉底主义
7 赫尔墨斯的计谋
8 苏格拉底问题
9 美德可教吗
10 马基雅维利的喜剧
11 回想托克维尔
12 阅读的德性
13 色诺芬的品味
14 政治哲学中的摩西
15 诗学解诂
16 柏拉图的真伪
17 修昔底德的春秋笔法
18 血气与政治
19 索福克勒斯与雅典启蒙
20 犹太教中的柏拉图门徒
21 莎士比亚笔下的王者
22 政治哲学中的莎士比亚
23 政治生活的限度与满足
24 雅典民主的谐剧
25 维柯与古今之争
26 霍布斯的修辞
27 埃斯库罗斯的神义论
28 施莱尔马赫的柏拉图
29 奥林匹亚的荣耀
30 笛卡尔的精灵
31 柏拉图与天人政治
32 海德格尔的政治时刻
33 荷马笔下的伦理
34 格劳秀斯与国际正义
35 西塞罗的苏格拉底
36 基尔克果的苏格拉底
37《理想国》的内与外
38 诗艺与政治
39 律法与政治哲学
40 古今之间的但丁
41 拉伯雷与赫尔墨斯秘学
42 柏拉图与古典乐教
43 孟德斯鸠论政制衰败
44 博丹论主权
45 道伯与比较古典学
46 伊索寓言中的伦理

刘小枫集

这一代人的怕和爱［第三版］
沉重的肉身［珍藏版］
圣灵降临的叙事［增订本］
罪与欠
儒教与民族国家
拣尽寒枝
施特劳斯的路标
重启古典诗学
共和与经纶
设计共和
古典学与古今之争
现代性与现代中国：现代性社会理论绪论
诗化哲学［重订本］
拯救与逍遥［修订本］
走向十字架上的真
卢梭与我们
西学断章
现代人及其敌人
好智之罪：普罗米修斯神话通释
民主与爱欲：柏拉图《会饮》绎读
民主与教化：柏拉图《普罗塔戈拉》绎读
巫阳招魂：《诗术》绎读

编修［博雅读本］

凯若斯：古希腊语文读本［全二册］
古希腊语文学述要
雅努斯：古典拉丁语文读本
古典拉丁语文学述要
危微精一：政治法学原理九讲
琴瑟友之：钢琴与古典乐色十讲